U0095195

好的英语

Dreyer's English

反套路英语写作

［美］本杰明·德雷尔　著
Benjamin Dreyer

陈天然　译

九 州 出 版 社
JIUZHOUPRESS

献给我的父母——斯坦利和黛安娜

献给罗伯特

玛莎：那又怎么样？他是个生物学家。挺好的。生物
　　　甚至更好。没有那么……深奥（abstruse）。

乔治：是没那么抽象（abstract）。

玛莎：深奥（ABSTRUSE）！就是晦涩（recondite）的意
　　　思。（朝乔治吐舌头）用不着你教我说什么单词。

——爱德华·阿尔比《灵欲春宵》

（*Who's Afraid of Virginia Woolf?*）

目 录

v

前言——算是个开始吧

我是一名文字编辑。一份书稿由作者写出来，被我称为"编辑"的编辑修改过，经过了可能无数个版本，才终于全部完成，而我的工作就是用我手中的笔，让那份稿子变得更好，更简洁，更清楚。减少废话。不是改写，也不是强行按照所谓正确的文章模板来塑造它，而是让它展现出最好的样子。通过我的工作，让这份稿子更接近它真实的样子。这就是我的职责。

从更基本的层面来说，专业的文字编辑工作要确保稿件没有拼写错误。（完全不会拼写的天才作家像神兽一样不可能存在，但话说回来每个人都有打错字的时候。）有件事你也许早就知道了，但我还是要提醒一句：要把拼写检查和自动更正功能当作你的左膀右臂。我一定是先打开它们再开始打字，但它们也不一定每次都知道你想打的是哪个词。编辑工作还包括重新考虑和安排标点符号的位置——有时候我觉得自己人生的一半时间都花在把句中的逗号拔出来，另一半时间则用来把它们重新钉到别的地方——以及留意缺失的单词（he went to store）和重复的单词

（he went to the the store），还有其他在写作和修改过程中悄悄生长出来的小毛病。还要注意基本的语法，当然，对于有些作品，编辑在语法方面的要求比较严格，其他作品则宽松一些。

以上工作，似乎能用某种高级软件来完成，但事实并非如此，不管是把握文章风格，还是修正语法瑕疵（即便它觉得它能做到），甚至检查拼写，软件都做不到（关于拼写，后面会说到的，会说很多很多）。除了这些基本工作，编辑更是一种真正的手艺。一位作家曾这样对我说："优秀的编辑工作，给人的感觉就像一次深入彻底的牙齿清洁，又像一场出神入化的魔术表演。"

这让我想起一个故事。

几年前我应邀参加一位小说家在自己家里举办的聚会，我做过他的编辑。那是在夏天，下午酷热难耐，上东区时髦联排别墅的小小花园里人头攒动，挤得人有点儿不舒服。

小说家的丈夫是一位大名鼎鼎的戏剧和电影导演[①]，在场有好几位知名演员，所以尽管我汗流浃背，却还是兴奋地看呆了。

女主人热心地介绍我和一位女演员认识，这位演员在舞台上看起来身高两米四，实际却娇小得多——一般都是实际很高，舞台上显得矮吧。她非常可爱，打扮得也很精致，这让我很意外，要知道她可是演母夜叉出名的——我找不到更好的词了。

---

① 如果我不提他的名字就不算炫耀自己认识名人，对吧？（书中注释如无特殊说明，均为作者注。）

这位演员似乎写过一本书。

"我写过一本书。"她告诉我是一本回忆录，"不得不说，编辑稿送过来的时候，我看到那上面都是潦草的字迹，还有各种符号，我可吓坏了。'不！'我大叫，'你根本不懂！'"

这时候她已经抓住了我的手腕，虽然她握得很轻，但我还是不敢想象如果我把手抽回来，会发生什么事。

"可是接下来，我仔细看我的编辑所做的修改。"她接着低声说，但她愿意的话，她的音量可以轻易传到剧院最高的座位上，"我开始明白了。"她靠近我，我的头顶仿佛要被盯出一个洞来，我被迷住了，动弹不得。"继续说下去吧。我对编辑说。"

此处需要一个富有戏剧效果的停顿。

她的声音缓慢而庄重，过了这么多年，每一个清脆的辅音和饱满的元音依然在我脑海中回荡："编辑就像牧师，捍卫着他们的信仰。"

像极了一次祝祷。[①]

大约三十年前，我因为机缘巧合走上了工作岗位。那时，很多人都是误打误撞进入某个行业的，就只是找点儿事情先做着。大学毕业后，我花了几个年头去餐厅做服务员、在酒吧做酒保、去复兴剧院参加双片连映活动，总之就是各种瞎忙。小

---

① 哦，好吧。这位女演员是佐伊·考德威尔，她的这本小书是一本迷人、精致的回忆录，就是《我将饰演埃及艳后》。找来读读吧。

时候不知道自己长大了要做什么，等到你真长大的时候这就成了一个问题。但多亏了我一位作家朋友的劝说，以及他的制作编辑不知哪里来的信心——制作编辑就是出版社里负责协调一本书的编辑和校对流程的人——于是，我就这么做起了自由职业校对：校对完这一本，再校对那一本。过了一段时间，我决定全职做这个工作。

说到校对，它是一个基本的、机械的过程。这是你进入这个行业的第一步，尤其是当你没有任何经验的时候。我的第一份工作就只是确保编辑稿（放在左手边）上的所有修改都体现在排版稿（放在右手边）上面。请注意，这些事发生在花园聚会故事之前，是在纸笔时代的早些时候，所以我在手稿上读到的不仅包括作者的初始文字，还包括用两种笔迹——作者自己的和文字编辑的——留下的层层改写和修订，更不用说那些神秘莫测的潦草字迹和编辑符号了。校对工作对注意力和专注度的要求很高，但工作内容都是非黑即白的，是和否二选一：有些是对的，有些是错的，你应该注意到错的地方，改正它，虽然这会让页面更乱。就像一直在玩乱得见了鬼似的《儿童集锦》（*Highlights for Children*）找碴拼图。

随着我尽职尽责地开展工作，稿件上的东西越来越让我着迷，那是作家和编辑用彩色铅笔进行的对话式决斗。因为通常——几乎总是这样——文字编辑所做的事情已经远远超出了纠正拼写错误、重新安排标点、修正主谓不一致等等，他们还会更深入、更深思熟虑、更主观地挖掘作者的文章内涵：删除句子中可有可无的词，在结构可能过于紧凑的句子中加入一个词，对段落重新排序使其结构更有力，指出作者对其偏爱的形容词或副词的滥用等。文字编辑也可能会暗示某些字词不太得当（会在页边空白处写下"作者：尴尬？"）[1]或者某个短语太迂腐了（作者：陈词滥调？）。有时候，如果文字编辑认为同一个论点重复了太多次，或者显而易见、根本没必要说明，那么整个句子都可能会被划掉，页边空白处的注释会显得很……我觉得有些无礼——作者：知道了。

这并不是说，文字编辑提出的每一条建议都会被作者采纳。虽然作者往往会将修改意见原封不动地留在那里表示默许，或者划掉编辑在空白处写的、画了圈的"OK？"的问号以表示同意，但偶尔也会划掉一两条更正或修改建议，在原文下面画上一排圆点，在旁边写上STET——这是拉丁语，我后来知道了它的意思是"保持原样"，即"你的手不要伸得太长"。作者偶尔还会加上一个感叹号或者几个表达异议的词。[2]

我就是这样学会了做编辑：通过观察，观察编辑是如何工作的、作者是如何回应的；通过记录稿件中出现的各种问题，

---

[1]　写清楚是给作者（AU，author）的，这一点很有必要，因为有时编辑会提到排版人员（COMP，compositor）。

[2]　"你能举个例子吗？"在讨论这一段的时候，我的编辑这样问我。好吧，我们来看两个例子。有这么一位作者，文字编辑对他的那些令人作呕（我必须郑重指出这一点）的句子之一提出了修改意见，而他不屑地在稿子空白处批下了"这叫作风格"几个字。还有一位，编辑在稿子上写了一条正常而得体的建议，结果这位作者用不知道是红色蜡笔还是血的东西狂躁地回复道："滚去写你自己的书吧。"

从差不多算是无可争辩的语法错误，到差不多算是有讨论空间的风格和品位上的偏差问题，以及编辑是如何解决这些问题的。（差不多、或多或少：真的，我不是故意含糊其词。写作中，板上钉钉、无可争议的事情，比你想象中的要少。我会在下文中反复提到这个话题。）

编辑是一种技能。它需要你对语言有优良的感受力，知道好的文字听起来应该是什么样，印在纸上应该是什么样；它要求你具有倾听作者的能力，明白作者想要达到怎样的效果，最好是知道怎样帮助作者将这种效果发挥到极致。如果想做一名专业的编辑，以上能力是可以而且当然应该通过学习来获得的。世界上并不缺语法书，也不缺讲单词怎么用的书。但我确实认为，编辑这门手艺是需要一点儿神秘的天赋的。（我知道大多数文字编辑都有一个共同点，那就是他们都是从小就爱读书，童年的大部分时间都埋首于书中度过。）就像我的一位同事所说：你努力钻进作者的脑子里，为了他们的稿子而在他们的稿子上折腾来折腾去，而作者本人可能已经这么折腾过了，不知道他们有没有也把每个句子都他妈看了六百五十七遍。

兜了这么大个圈子，接下来让我告诉你，亲爱的读者——我一直想说"亲爱的读者"，现在我说了出来，我保证再也不说了——我为什么要谈这些问题。

我们每个人都是写作者：我们写学期论文、办公备忘，我们给老师写信，我们写产品评论、文章、博客，发表政治见解和呼吁。有的人会写书。我们每个人都会写电子邮件。[①]而且，至少据我观察，我们都希望能写得更好：我们想将观点表达得更清晰、更优美；我们希望读者喜欢我们写下的文字，希望更言简意赅地表达；我们希望——说真的——少犯错误。

如我所说，这种工作我已经做了很久，我最喜欢的事情仍然是为作者提供协助，并在页面上与他们对谈，即使稿件已经不再是桌上的一沓纸，而变成了屏幕上的一个 Word 文件。

这本书，则是下一个话题。我有机会与你们分享我做的一些事情，供你们参考使用，这些心得总结自我遇到的那些细节问题，即使是熟练的作家也会无意中被它们绊一跤，还有一些能让已经比较成熟的文字变得更好的神奇小窍门。

又或者，你只是好奇其他人对序列逗号有什么看法。

那我们就开始吧。

不，等等。先说明一下：

这本书之所以不叫《规范手册，这一本就够了》(*The Last Style Manual You'll Ever Need*)，或者其他类似的可怕名字，是因为它就不是那样的书。没有哪本书能够囊括关于写作的所有知识——而且，恕我多说一句，每本书都有自己的观点，从来没有哪两本写作书是不会打架的——而在着手写这本书时，我给自己设定了基本原则：写那些我在编辑稿子时最常遇到的

---

① 此外，许多人也发短信和推特，这些文字活动有它们自己的规则，且所有这些都不在本书的讨论范围之内。

问题，以及我是如何想办法解决这些问题的；写那些我认为我真的有话可说的话题；写那些让我感兴趣或者只是觉得好玩的知识。另外，我不会重复那些详尽的写作指导书已经讲过的东西，这些书现在和将来都会被放在我自己的桌子上，被我频频翻阅。①而且，我应该补充一点，那就是我会记得，至少时不时地想起，大方承认我有自己的特殊品位和怪癖，并允许这一点存在，仅仅因为我认为有些东西是好的、恰当的、漂亮的，并不意味着你也一定要那样觉得。

尽管你应该也那样觉得。

那么，为了给出有选择性的、独特的并且（我希望是）有益的建议：

我们开始吧。

---

① 特此说明：《写作规范》（*Words into Type*），一本很早就绝版但很容易在网上找到电子版的书；《芝加哥手册》（*The Chicago Manual of Style*），我并不总是赞同这本书中的条文，但它那种权威的气势让人感到莫名安心。我还向你推荐《韦氏英语惯用法词典》（*Merriam-Webster's Dictionary of English Usage*），当然，我的意思是你一定要有一本词典；给自己买一本《韦氏大学英语词典》（*Merriam-Webster's Collegiate Dictionary*）吧，我在撰写本书时，这本词典出到了第十一版。每当我在本书中提到"大砖头写作指导书"时，指的就是以上这些书。

第一部分

写在前面

第 一 章

怦然心动的（文章）整理魔法 ①

你要迎接的第一项挑战是：

坚持在一星期的时间内，写文章时不使用下面这些词。

- very（非常）

- rather（相当；有些）

- really（真的）

- quite（很）

- in fact（实际上）

你可以在这个列表里加入 —— 也就是从你的写作习惯里去掉 —— 的词还有 just（"公正的"义项可以用，"只是"义项不能用）以及 so（"极其"，不过作为连词表示"所以"时它也没多少可取之处）。

---

① 此处化用了近藤麻理惠的畅销书《怦然心动的人生整理魔法》的书名。——译者注

哦，对了！还有pretty（十分，极其）。比如pretty tedious（十分啰唆）或者pretty pedantic（极其迂腐）。不要犹豫，把这个备受喜爱的词也扔掉吧。

接下来是of course（当然），毫无疑问它也得出局。还有surely（无疑）和that said（话虽如此）。

那么actually（事实上）呢？这辈子都不再用它也没关系。[①]

坚持一周的时间，写文章时不用这些"苍白无力加强语气词（Wan Intensifiers）"和"清嗓子词（Throat Clearers）"，那么一周后你的写作水平将会有显著提升。我只是不让你写，没有不让你说——不然大多数人，尤其是英国人，都会变成哑巴了。

说明一

好吧，写东西时用这些词也不是不可以。我不想让你每句话都磕磕绊绊写不下去。但是，写好之后，请回头读一读，把这些词删掉。有一个删一个，一个都不留。不要心慈手软，觉得最后仅剩的那个词看起来可爱又可怜就把它留下。如果你感觉删过一遍的文字好像缺了些什么，那就想出一种更好、更有力、更到位的方式来表达你的观点。

---

① 无论写文章还是讲话，频繁使用actually一直是我的缺点。我第一次意识到这个口头禅会传染，是听到我两岁大的侄子说话时，他一本正经地宣布："事实上，我挺喜欢豌豆的。"

说明二

趁你还没反应过来，还没激动地说着"但是但是但是"来反驳我，我要澄清一下，不是说再也不让你用这些词了[①]——不信你数数这本书里有多少个 very。我只是请你用一周的时间试试看。短短的一个星期就行。为了表示诚意，为了证明再任性的人也能够而且应该不时鼓起一点儿勇气努力一下，我本人在此保证，这是你最后一次在这本书里看到 actually 这个词。

至于你需要做的嘛，如果你可以在一周内不使用这十二个词，也不再继续读这本书，多一个字也不看——到此打住，连下一段也不要瞟——我就心满意足了。

好吧，我并不会满足。

但是这样说听起来很不错。

[①] 除了 actually，因为，说实在的，这个词除了惹人不高兴就没有别的用处了。

第二章

规则和不算规则的规则

我对规则没有任何意见。玩大富翁或者金罗美纸牌时，游戏规则是必不可少的，正是因为规则的存在，这些游戏才能让你愉快地打发地铁上的通勤时光。至于法治规则嘛，我更是非常支持。

但是，对于英语这门语言，我们很难设定规则来约束它。在英语的发展过程中，编纂整理的工作做得不足，每当有外来者踏足不列颠群岛，这门语言就会吸收新的词汇和语法结构，并继续无秩序地演化——更不用说过去几个世纪美国人对它做的那些恶作剧了。英语中没有强制性的法则，更别说有谁去强行实施这不存在的法则了①，这一点还挺令人沮丧的。

某些文法规则是无可争议的。比如，一句话的主语和与其搭配的动词在数（number）上应该一致。再比如，在 not only x but y（不仅 x 而且 y）结构中，x 与 y 必须是并列的成分。（关于

<hr>

① 在法国，有一个拥有几百年历史的法兰西学院，它在维护和规范法语这门语言，这使得现代的法语读者要读懂莫里哀，会比现代的英语读者读懂莎士比亚容易。

这一点，第六章有详细论述。）为什么这些会成为规则呢？我想这是由于它们已经根深蒂固，大家都懒得再争论，而且它们能帮助我们达到使用文字的首要目的：与读者清楚顺利地交流。我们不妨把这些规则的成因归纳为4C：Convention（惯例）、Consensus（共识）、Clarity（清楚）、Comprehension（易懂）。

　　还有一个简单的原因是，语法结构较完善的句子更好听。真的，用耳朵听起来更让人觉得舒服，我可以向你保证。要判断你的文章写得好不好，有一个非常管用的方法是把它读出声。如果你感觉一句话朗读起来有些费劲，那么它多半需要重写。

　　我经常说，写得好的句子，即使再长，也能够让读者从头到尾都跟得上，不会让人摸不着头脑，一遍没读懂还要倒回去重读。而导致读者困惑不解的原因包括：作者误用或者遗漏了重要的标点，选用了含糊不清或令人误会的代词，无意中误导了读者，等等。（如果你就是故意想让读者晕头转向，那是你自己的事情。）

　　我喜欢讲规则，可我也欣赏"规则就是用来打破的"这个观念。但是我得赶紧补充一句——打破规则的前提是你已经掌握了规则。

　　不过，此时此刻，我们不妨来看一看英语中我认为不需要遵守的几条规则吧。你肯定都遇到过，很有可能上学的时候就在课堂上学到了。我希望你能将自己从这些规则中解放出来。它们没有什么用，唯一的作用就是让你思路堵塞，惹得你不自在，写东西的时候仿佛分裂出另一个自己来自我监视，当然没有人的身体能真的做到这一点，而你精神上也会感到很痛苦。希望①你可以摆脱这些条条框框，把精力放在那些更重要的事情上。

为什么这些规则不应该算作规则？我认为，因为它们没有益处，没有作用，毫无意义地限制人。另一个原因是，它们的起源成疑：凭空被制造出来，流传下去，直到笃信者众，最终变得僵化死板。多年来，远比我专业的语言学家们致力于推翻这些人为制造的束缚，但它们难以被撼动，简直比滚石乐队的基思·理查兹和米克·贾格尔加在一起还长盛不衰。我必须补充一点，那就是造成这个问题的部分原因是，这些规则中有一些就是由语言学家提出的。也许他们的出发点是好的，而导致的结果是：要推翻这些规则，就像是让狗狗停止追逐自己的尾巴。

我会简单直接地否定掉这些规则，希望你相信我已经做了足够的功课，愿意挥手和它们告别。我没有忘记格特鲁德·斯泰因②是如何描述埃兹拉·庞德③的："他就像一个乡村的向导，喋喋不休地向来客介绍村里的风土人情。对这个村子来说，这是好事。对其他人来说，就没什么好的了。"谁都不想成为那样

---

① 嗯，确实只是希望。等你读到第九章时就知道了。
② 美国小说家、诗人、剧作家，主要作品有《三个女人》《艾丽斯自传》等。——译者注
③ 美国诗人、文学评论家，代表作有《在地铁站内》等。——译者注

的人。此外，我的经验告诉我，如果你坚持认为这些所谓规则是真实有效的，是必须要遵守的，那么即使我引用了全世界语法专家的观点，也无法让你的想法产生一点儿改变。

我承认：作为一名编辑，我的一项主要工作是帮助作者免受非难，无论是公正的批评，还是——说起这个还挺令人伤心的——鸡蛋里挑骨头。就是有自以为是的人会这么做，还有些人专门写邮件向出版社抗议。因此，对于来源有些可疑，但并没有什么危害的规则，我在嘲讽它们的时候，会倾向于保留一些火力。另外，尽管下面提到的所谓规则都是一派胡言，我还是要提醒你，一旦你不遵守它们，就会有一些读者在网上给你留言，说你肚子里没什么墨水。没关系，勇敢打破这些规则吧。很有趣的，而且还有我在支持你。

三大陈规

1. and 和 but 一定不能放在句首。

不，以and（而且）或but（但是）开始一句话，是可以的。如果你想这样写，那就放手写吧。伟大的作家们经常这样。不太伟大的作家，例如本书作者，也已经写了几个这样的句子了，而且还会继续这么写下去。

但是，我还是要温柔地提醒各位：

对一句话来说，用and或but［常被认为不适合用在句子开头的词还有：for（为了）、or（或者）、however（然而）、because（因为）］开头，并不见得能让你的表达有力。如果你频繁使用这种句式，读者很快会感到厌倦。说不定你根本就不需要那个and，一个逗号或分号就足以让上下句连贯起来。仔细读读你写的句子，再认真考虑一下吧。^①

我们来看两个例子。

Francie, of course, became an outsider shunned by all because of her stench. But she had become accustomed to being lonely.

弗朗西身上臭臭的，大家自然都躲着她。但是她已经习惯了孤零零一个人。

Francie, of course, became an outsider shunned by all because of her stench, but she had become accustomed to being lonely.

弗朗西身上臭臭的，大家自然都躲着她，但她已经习惯了孤零零一个人。

这句话摘自贝蒂·史密斯的《布鲁克林有棵树》（*A Tree Grows in Brooklyn*），你觉得作者采用的是哪个版本呢？是前者。如果我是她的编辑，可能会建议她采用第二种写法，没必要把一句连贯的、合乎逻辑的话断成两句。也许她会同意我的观点，

---

① 作为一名编辑，我向来对雷同的重复用词保持警惕，无论其是否属于作者的"笔头禅（pet word）"——写作者都有自己偏爱的特定词语或句子结构。在一个自然段中，如果两句话的开头用了同一个引导词（尤其是but），就太多了，一个足矣。

也许她还是坚持自己原本的写法，好像有神圣庄严的钟声在指引她这么做似的。很多时候，作家确实倾向于保留文字在落笔时的原貌。[①]

再来体会体会下面这两种写法的不同味道：

In the hospital he should be safe, for Major Callendar would protect him, but the Major had not come, and now things were worse than ever.

到了医院他应该就安全了，卡伦德市长会保护他的，但市长并没有来，现在事态陷入了最糟糕的境地。

In the hospital he should be safe, for Major Callendar would protect him. But the Major had not come, and now things were worse than ever.

到了医院他应该就安全了，卡伦德市长会保护他的。但是市长并没有来，现在事态陷入了最糟糕的境地。

这是 E.M. 福斯特《印度之行》（*A Passage to India*）中的一句话，如果我告诉你作者选择的是第二个版本，你应该不会觉得惊讶。第一句有些过长了；更重要的是，第二个版本中那个不容分说的句号，更明确地传达了希望破灭、命运急转直下的感觉。

---

① 我承认，只摘录个别句子出来就裁定孰优孰劣，并不是特别公平。编辑在审阅稿件时，并不是孤立地看单个句子，而是一段一段、一页一页地看，从更大的范围中去理解文本，体会它的节奏。

上面讲到的这些，是写作者在创作中需要斟酌的，也是编辑在审稿时需要留意的地方。一本书就是这样一点点成形的。

补充一点：有的作者厘不清句子之间的联系，在并没有转折关系的地方，习惯性地加入 but、however 这样的词语，试图给读者造成转折的错觉。这样写是没有意义的，也逃不过编辑的法眼。

2. 千万不要用分裂不定式。

我们这个时代有句使用了分裂不定式（split infinitive）的名言，来自电视剧《星际迷航》（*Star Trek*）——所以不是我原创的——勇敢航向前人未至之地（to boldly go where no man has gone before）。①

关于分裂不定式，能举的例子多了去了。比如十九世纪的文本考据家亨利·奥尔福德的那些理论，但我不想提他，我猜你也不太感兴趣。还是这么说吧：所谓分裂不定式，一般是指在"to+动词（verb）"结构中间插入一个副词（adverb）。也就是说，《星际迷航》中的那句台词，不使用分裂不定式的版本是 boldly to go where no man has gone before 或者 to go boldly where no man has gone before。也许这两种说法你都不喜欢，其实我也是。

---

① 近来已经改成 to boldly go where no one has gone before 了，值得赞赏。在后文中我会谈到一件与此相关的事，是关于一九六九年人类登月时留在月球上的那块牌匾的。它不仅有性别歧视的问题，文法句式也不怎么样。

我感觉它们听起来就像是从瓦肯语①翻译过来的。

要不我们换个例子，谈谈雷蒙德·钱德勒吧。提起分裂不定式，大家都爱援引《星际迷航》，也经常引用钱德勒的话，之所以如此，是有他妈的（原文如此）②原因的。钱德勒曾给《大西洋月刊》（*The Atlantic Monthly*）的编辑写信，对审稿意见提出不满。

> 对了，请代我向读了您的校样的那位语言正统主义者问好，另请告诉他（她），本人使用的是具有破碎感和方言气息的语言，有点儿类似瑞士的服务员讲话的风格。你看到我用了分裂不定式，那就是我要把不定式分开，去他妈的，老子就是要在中间插进去一个词。
>
> 举例完毕，我就说到这儿。

3. 句子的结尾千万不要是介词。

提起这个话题，就免不了老生常谈，把丘吉尔的名言拿出来炒冷饭——虽然，实际上，丘吉尔没说过也没在文章里写过这句话：这种彻头彻尾的迂腐规矩我可受不了（this is the kind of

---

① 瓦肯语是《星际迷航》中外星种族瓦肯人的语言，而 to boldly go where no man has gone before 出自片中人类舰长柯克的独白。——译者注

② "原文如此［*sic*］"是编辑术语，详见第三章。此处化用了下文中钱德勒的话。——译者注

arrant pedantry up with which I will not put）。①

　　要我说，句子以介词（preposition）[as（作为）、at（在）、by（通过）、for（为了）、from（从）、of（……的）等等②] 结束，不见得是个好主意，主要是因为我们应尽量给句子一个有力的结尾，而不是把它写得绵软无力，像泌尿功能欠佳的老人在滴滴答答一样。在我看来，一个句子好不容易到了该结束的时候，末尾却是一个介词，就容易显得比正常语序的句子弱一些。

　　What did you do that for?
　　你那样做是因为？

　　这样说是可以的，不过

　　Why did you do that?
　　你为什么那样做？

　　是更加干脆利落的表述。
　　但为了避免介词出现在句子末尾而强行改变语序，就像打

---

① 此处有一个关于丘吉尔的故事：一位编辑修改了丘吉尔的句子，把本来置于句末的介词移到了前面，于是丘吉尔故意写下了这句语序别扭的话以示讽刺。正如作者所说，这个故事是捏造的，但流传甚广。——译者注
② 老师是不是教你"等等"不要用缩写的etc.，而是要拼出完整的et cetera或者用and so on之类的东西？我的老师也是这么教的。嗯……好吧。

了一个死结，不利于你的表达，也不自然。好的写作者不会那样做，读者也没有必要浪费精力纠结在那里。[①]

你懂我的意思吧。

著名的以介词结束句子的故事

一场豪华晚宴上，两位女士并排坐在一起。其中一位像是马克思兄弟（Marx Brothers）电影中玛格丽特·杜蒙饰演的那种上了年纪的女人，但是更冷淡些。另一位是个随和的南方姑娘。为了故事的视觉效果，让我们假设她穿了一件很粉嫩的荷叶边晚礼服。

南方姑娘亲切地对冷若冰霜的老女士说："那您是来自？（So where y'all from?）"

毫无疑问，冷若冰霜的老女士透过她的长柄眼镜打量了一下南方姑娘，说："我来自的那个地方，大家说话的时候最后一个词不会是介词。"

南方姑娘思考了一下，甜美地回应道："好的，所以您是来自哪里啊，婊子？（OK. So where y'all from, bitch?）"

---

① 作者有意让这句话以介词结尾（...and no eager reader should have to contend with）。——译者注

七小陈规

除了以上三大陈规，我知道细小的所谓规则也有很多，但以下七条是我最经常被问到（或被人质疑）的。

1. 正式文章中不可以用缩约形式。

如果你想让自己的英语听起来像地道的火星语，那这条规则可能是需要遵守的。但don't（不要）、can't（不能）、wouldn't（不会）以及其他被人们自然而然使用着的缩约形式（contraction），是完全可以用的，没有了它们，很多文章都会显得僵硬呆板。如果你写的不是随笔，用I'd've和should've（本应该）这种词确实会显得有些散漫不经，但总体来说：上帝发明撇号（apostrophe）就是为了让人用在缩约形式当中的，所以请好好利用它们吧。

说到should've：

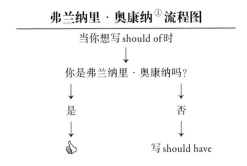

弗兰纳里·奥康纳①流程图

当你想写should of时

你是弗兰纳里·奥康纳吗？

是　　　　　否

写should have

---

① 美国作家，主要作品有《好人难寻》《上升的一切必将汇合》等。——译者注

正确的缩约形式是should have［以及could have（本可以）、would have（会）等］。如果你不是弗兰纳里·奥康纳，也不是佐拉·尼尔·赫斯顿①或者威廉·福克纳②，当你想准确传达笔下某个角色说话的声音时——我还得给你打个预防针，这样写可能会出现语音对话方面的危险，这个我后面会详细讲——为了你自己着想，请用should've、could've、would've就好，它们的读音和should of、could of、would of是完全一样的，这样写就没人会吼你了，大家都会好过得多。

2. 避免使用被动语态。

在主动语态中做宾语的成分，在被动语态（the passive voice）的句子中做主语。即：

主动语态：The clown terrified the children.（小丑吓到了孩子们。）
被动语态：The children were terrified by the clown.（孩子们被小丑吓到了。）

在被动句中，动作的受动者前置，施动者置于句子末尾。上面的例子中，无论是主动句还是被动句，我们都很容易明白吓人的是小丑。

---

① 美国作家，主要作品有《他们眼望上苍》等。——译者注
② 美国作家，主要作品有《喧哗与骚动》《押沙龙，押沙龙！》等。——译者注

一种常见的情况是，在被动句中，施动者是完全被省略掉的。之所以这样做，有时候是因为希望让读者注意到某个问题，但又不想责备谁［the refrigerator door was left open（冰箱门没关）］；而有时候，则是想狡猾地逃避责任，例如 mistakes were made（错误已经铸成），这句话被布什家族的人用于各种场合，简直可以作为他们政治王朝的座右铭了。

告诉你一个在编辑之间口耳相传的实用窍门，可以帮你在写作时自我评估：如果你写的句子末尾加上 by zombies（被僵尸）或者 by the clown（被小丑）仍然读得通，那么这句话就用了被动语态。

话虽如此，被动语态的句子本身并没有什么问题。你只是在选择想要强调句子中的哪个部分而已。比如说，下面这句话，我觉得没什么毛病。

The floors were swept, the beds made, the rooms aired out.
地板打扫干净了，床铺好了，房间通了风。

因为关注点在于房间的干净整洁，不在于打扫的人是谁。

但对很多句子来说，把重点描述对象放在开头会更好，所以这件事情需要考虑一下（so that's something to be considered[①]）。

---

① by zombies（被僵尸）。

弄明白被动语态是什么，也是一件好事，尤其是当你对某些被动句强烈不满的时候。

A car rammed into counter-protesters during a violent white nationalist rally.

在一场激烈的白人民族主义集会中，一辆汽车冲向了反对者。

上面这句话，可能会被批评没有指明到底是谁在驾驶这辆车，这种批评是有道理的；不过，在这个例子中，这种避重就轻的做法是道德上有问题，而不是语法上有问题。

3. 残缺句不好。

给你看我最钟爱的小说开头，来自查尔斯·狄更斯的《荒凉山庄》(*Bleak House*)。

London. Michaelmas Term lately over, and the Lord Chancellor sitting in Lincoln's Inn Hall. Implacable November weather. As much mud in the streets as if the waters had but newly retired from the face of the earth, and it would not be wonderful to meet a Megalosaurus, forty feet long or so, waddling like an elephantine lizard up Holborn Hill. Smoke lowering down from chimney-pots, making a soft black drizzle, with flakes of soot in it as big as full-grown snow-flakes—gone into mourning, one might imagine, for the death of the sun. Dogs, undistinguishable in mire. Horses, scarcely better; splashed to their very blinkers. Foot passengers, jostling one another's umbrellas in a general infection of ill-temper, and losing their foot-hold at street-corners, where tens of thousands of other foot passengers have been slipping and sliding since the day broke (if this day ever broke), adding new deposits to the crust upon crust of mud, sticking at those points tenaciously to the pavement, and accumulating at compound interest.

Fog everywhere. Fog up the river, where it flows among green aits and meadows; fog down the river, where it rolls defiled among the tiers of shipping, and the waterside pollutions of a great (and dirty) city. Fog on the Essex marshes, fog on the Kentish heights. Fog creeping into the cabooses of collier-brigs; fog lying out on the yards, and hovering in the rigging of great ships; fog drooping on the gunwales of barges and small boats. Fog in the eyes and throats of ancient Greenwich pensioners, wheezing by the firesides of their wards; fog in the stem and bowl of the afternoon pipe of the wrathful skipper, down in his close cabin; fog cruelly pinching the toes and fingers of his shivering little 'prentice boy on deck. Chance people on the bridges peeping over the parapets into a nether sky of fog, with fog all round them, as if they were up in a balloon, and hanging in the misty clouds.[①]

---

① 在尝试阅读《雾都孤儿》和《远大前程》均宣告失败之后——毫无疑问，我之所以没能读下去，是因为相比读小说，看电影更快也更省事——我拿起了《荒凉山庄》这本书。我对它一无所知，但一翻开书就完全被迷住了，一看到狄更斯的恐龙式开篇就被迷住了。这部维多利亚风格浓郁的小说，总让我感到不可思议。正如一位狄更斯研究专家后来点醒我的那样，狄更斯总是能精准及时地发现公众会被什么东西吸引，然后他就发挥自己表演者的天性，将其发扬光大，因此，对于书中的结局，读者不应该感到惊讶。尽管几乎我认识的每个人读过《荒凉山庄》后，都会说他们第一次读这本书时是多么惊喜——剧透警告——人体自燃。哇哦，真是太令人惊叹了。

伦敦。米迦勒节开庭期刚过,大法官坐在林肯法学协会大厅里。无情的十一月天气。满街泥泞,好像洪水刚从大地上退去,如果这时遇到一条四十来英尺长的斑龙,像一只庞大的蜥蜴似的,摇摇摆摆爬上荷尔蓬山,那也不足为奇。煤烟从烟囱顶上纷纷飘落,化作一阵黑色的毛毛雨,其中夹杂着一片片煤屑,像鹅毛大雪似的,人们也许会认为这是为死去的太阳志哀哩。狗,浑身泥浆,简直看不出是个什么东西。马,也好不了多少,连眼罩上都溅满了泥。行人,全都脾气暴躁,手里的雨伞,你碰我撞;一到拐角的地方就站不稳脚步,从破晓起(如果这样的天气也算破晓了的话)就有成千上万的行人在那里滑倒和跌跤,给一层层的泥浆添上新的淤积物;泥浆牢牢地粘在人行道上,愈积愈厚。

到处是雾。雾笼罩着河的上游,在绿色的小岛和草地之间飘荡;雾笼罩着河的下游,在鳞次栉比的船只之间、在这个大(而脏的)都市河边的污秽之间滚动,滚得它自己也变脏了。雾笼罩着厄色克斯郡的沼泽,雾笼罩着肯德郡的高地。雾爬进煤船的厨房;雾躺在大船的帆桁上,徘徊在巨舫的樯橹绳索之间;雾低悬在大平底船和小木船的舷边。雾钻进了格林威治区那些靠养老金过活、待在收容室火炉边呼哧呼哧喘气的老人的眼睛和喉咙里;雾钻进了在密室里生气的小商船船长下午抽的那一袋烟的烟管和烟斗里;雾残酷地折磨着他那在甲板上瑟缩发抖的小学徒的手指和脚趾。偶然从桥上走过的人们,从栏杆上窥视下面的雾天,四周一片迷雾，恍如乘着气球，飘浮在白茫茫的云端。①

首先，这个开头是不是特别棒？你就不想冲过去把整本小说都读完吗？去读吧！我在这里等你三个月。其次，请你数一数这段节选中有几个句子是完整的，如果你能找出来哪怕一句，请告诉我。②

也许你不是查尔斯·狄更斯，但残缺句（sentence fragments）如果运用得当（在这段节选中，则是大量残缺句），是可以引人入胜的。

话虽如此，如果你打算写残缺句，请明确这样做的目的，并且用心去写。最近我发现有很多作品，特别是在小说中，作者想用残缺句来刻画男性叙事口吻，希望表现出这个人毛发旺盛、满身是汗、该洗澡了的感觉，但这样做的结果往往只能让人觉得他哮喘发作喘不过气来了。

4. 描述一个人时必须用who。

我不明白为什么不遵守这个奇怪的规定会让一些人抓狂，但事实就是这样，他们甚至会暴跳如雷。

所以，不妨同样大声地回击，让那些高高在上多管闲事的

---

① 节选自《荒凉山庄》，黄邦杰、陈少衡、张自谋译，上海译文出版社，2022年出版。——译者注。
② 可能有人会说"满街泥泞"那句的后半句是一个完整的独立句子。我不太愿意认同这个观点，不过请自便啦。

人也听得到：描述一个人时可以用that。

当艾拉·格什温写下《逃脱的人》（"The Man That Got Away"）这首歌的歌词时，他非常清楚自己在做什么。这样表述没有问题：the man that got away（逃脱的人），the teachers that attended the conference（与会教师），the whoevers that whatevered（做了某事的某人）。

顺便说一句，描述一个事物也可以用who，例如an idea whose time has come（一个成熟的想法），因为你一定不愿意把它写成an idea the time of which has come，或者其他更糟糕的写法。（不过应该没有比这更糟糕的写法了。）

5. none是单数形式，而且，该死，只能是单数形式。

如果你能听出none of us are going to the party（我们没有人要去参加派对）这句话中的错误，那你的耳朵比我的灵。[①]

如果你想强调的是集合中的个体互不相干，none（一个也没有）当然可以用作单数，如none of the suspects, it seems, is guilty of the crime（看起来，嫌疑人中并没有谁犯了罪）。但如果你想强调的是群体的感受或行为，那么我们编辑也不会阻止你的（none of us copy editors are going to stop you from doing that）。

---

① 　也比H.W. 福勒、威尔逊·福莱特和罗伊·H. 科珀拉德这些名字很有韵味的人的耳朵灵。（三人分别著有《现代英语用法词典》《现代美国英语用法指南》和《美国英语用法与规范》。——译者注）

6. whether 永远不能和 or not 一起出现。

在很多句子中，尤其是在 whether（是否，不论）被单纯用来替代 if 使用的句子中，不需要有 or not。

Not only do I not care what you think, I don't care whether you think.
我不仅不在乎你在想什么，我连你有没有在想都不在乎。

而对于下面这个句子：

Whether or not you like movie musicals, I'm sure you'll love *Singin' in the Rain*.
无论你是喜欢歌舞片还是不喜欢，我都确信你会喜欢《雨中曲》。

试试删掉这句话里的 or not，看看效果如何。

就这么简单：如果你删掉了 whether or not 中的 or not，句意不受影响，那就删掉。否则，就别删。

7. 列举事物时一定不要用 like。

二十世纪的伟大作家，比如伊迪丝·沃顿[①]、西奥多·德莱塞[②]和威廉·福克纳……

---

① 美国作家，主要作品有《纯真年代》《欢乐之家》等。——译者注
② 美国作家，主要作品有《嘉莉妹妹》《珍妮姑娘》等。——译者注

Great writers of the twentieth century like Edith Wharton, Theodore Dreiser, and William Faulkner...

在语法警察看来，这句话在歧途上越走越远，语法警察会开着警车将它紧急逼停，你都能听到刺耳的刹车声。他会要求你把like（例如）改成such as（例如）。

我要有些内疚地承认，就像许多人一样，我脑子里也被灌输了根深蒂固的观念，觉得列举事物时只能用such as，而用like就意味着是在做比较。根据这种逻辑，上面的例句就应该理解为，沃顿、德莱塞和福克纳可能像是（like）伟大的二十世纪作家，但他们本身（themselves）并不是伟大的二十世纪作家。

但真有谁会在读到这句话的时候这样想吗？

问题经常就出在这里，不是吗？不只是写作，其他很多事也是如此：别人教我们什么，我们就接受什么，完全不动动自己的脑子。

我后来才了解到，这个站不住脚的规矩是在二十世纪中叶才冒出来（sprung up）[1]的，没有什么牢固的根基，不必太当回事。你知道了这一点也会觉得开心吧。

话说回来，用such as没有问题，这样会更接近那种好听的大词儿。不过，喜欢用like就用吧。

---

[1]　要写邮件向出版社控诉的自以为是的人，请你们等一下。用sprung是完全正确的，而不是sprang。去查查词典吧。

第 三 章

关于标点符号：
六十七件要做（和不要做）的事

标点符号教条化，就跟与读者沟通的其他手段教条化一样愚蠢。

这些形式上的东西，

都应该取决于写作者想要传达的内容和想要达到的效果。

——亨利·詹姆斯[①]

如果说词语是一篇文章的骨肉躯体，那么标点符号（punctuation）就是它的呼吸。当你仔细选定了文章的用词之后，还要考虑自己希望读者如何阅读这篇文章，希望它被人读出声时有怎样的效果，而标点符号是传达这些信息的最佳手段。逗号（comma）听起来的感觉和分号（semicolon）不同；括号（parenthesis）的声音效果也和破折号（dash）不一样。

有的作家会想尽一切办法在作品中尽可能多地使用标点符

---

① 美国作家、文学批评家，代表作有《螺丝在拧紧》《一位女士的画像》等。——译者注

号。（上面引用的那位詹姆斯先生特别爱用标点符号，简直令人怀疑他的稿酬金额是按那些点点圈圈的数目来计算的。）有些作家则是能少用就少用。

有的作者对标点符号的使用颇有印象主义味道，而我作为一名编辑会尽力提供支持，只要最终呈现的效果不影响读者的理解，并且前后一致就行。[1]但并非所有的标点用法都能由作者自由决定。一个小小的逗号——事实上，这种情况常常出现在逗号身上——就可以传递关键的信息。你写的东西越是常规，请原谅我下面的用词，越是循规蹈矩，我就越建议你遵循规范和传统的标点符号用法。

说明一点：我会谈到我最常遇到的那些标点问题——就像热门金曲精选合辑一样——以及我觉得最有趣的标点争议、问题、纠结点、疑难点等。书中给出的每个例子，都有其独特的难点——不仅仅是标点方面的——而这只能通过讲解一个个具体案例来具体解决。另外，我不会谈那些极少出现的标点问题，遇到它们时我也需要小步快跑去找我的大砖头写作指导书呢。这就是那些大砖头书的意义所在，所以记得把它们放在随手能拿到的地方，就放在这本轻薄而实用的书旁边吧。

还要说明另一点，是与文化相关的：我发现这几十年来，各类作者都越来越倾向于少用标点符号。我猜这是因为现今每

---

[1]　并非所有作家都希望自己的作品容易被人理解或者具有前后统一性，就像詹姆斯·乔伊斯和格特鲁德·斯泰因那样。好编辑应该有能力识别这一点，并予以尊重。即便是在一般情况下，编辑能做的也只是提供建议，至于是否采纳，则由作者本人来决定。

个人都变得越来越急躁的普遍趋势。倒不是说少用标点符号有什么坏处，我相信你把那些逗号或者连字符什么的节省下来，会在别的地方用得到的。

句号

1.

问：一句话的句号（period）之后应该空两格，对吗？

答：错。我知道，你在七年级的打字课上，曾在史密斯科罗娜牌皇冠自动12型号打字机上，像小鸟啄食一样学习打字，那时候你的老师蒂格内尔女士告诉你，要在句子末尾的句号后面空两格。但你早就不是七年级的学生了，也不再用打字机打字，而且蒂格内尔老师也不在你身后盯着了。改掉这个习惯吧，或者在写完之后，用全文搜索功能查找哪里有连续的两个空格，这个操作不仅能帮助你去掉句号后多余的空格，还能帮你检查出你在修改文章（例如剪切、复制、粘贴）时，不小心遗留的多余空格。如果你不听，那就由我来检查吧。①

---

① 空两格的做法最早是从哪里来的呢？围绕这个问题有很多争论，并没有公认的说法，我在这里搬运一位网友的解释吧，他总喜欢讲些有的没的我其实本不太感兴趣的事情："在打字机手打时代，每个字符的宽度都一样，而句号位于字符间距的正中央，因此就会和它前面的字母有一定的距离，所以在句号后面只好再多留一点儿空，这样间距看起来才正常。而电脑上的字距是成比例的，句号紧跟着前一个字母，并没有空隙，因此句号后面也不再需要额外增加空格了。"

我遇到过某些老前辈，他们极力坚持句子之间应该空两格的死板规矩。这样的人很可能也反对淘汰长 s（ſ），那我就祝他们成功（fucceſs）吧。如果你是个只用电脑键盘打字，没用过打字机的年轻人，那么很有可能你根本没有学过空两格的事情，所以请带着你们这代人摇头晃脑漫不经心的气质，滑过这个话题就好了。

2.

首字母缩略词（acronym 和 initialism）①中加句号的做法已经过时，所以现在我们很少见到 F.B.I. 或者 U.N.E.S.C.O. 这种写法了，取而代之的是 FBI 和 UNESCO。至于学位的缩写，我不太喜欢 BA、MD 和 PhD②的写法（B.A.、M.D. 和 Ph.D. 比较好），不过也已经习惯了，尤其是那些有四个或者更多字母的学位，还有那些用好几个学位给自己的名字贴金的人③，我没必要为了这种事情去吵架，省省吧。④

3.

USPS（United States Postal Service，美国邮政服务公司）——我很想把它写成 U.S.P.S. 但是我忍住了——的信封上常见的由两

---

① Acronym 是指被作为单词来读的缩略词，例如 NASA（National Aeronautics and Space Administration，美国国家航空航天局）或者 UNESCO（United Nations Educational, Scientific and Cultural Organization，联合国教科文组织）。英国人喜欢把这样的词写作 Nasa 和 Unesco，最糟糕的是他们把 AIDS（Acquired Immune Deficiency Syndrome，获得性免疫缺陷综合征，即艾滋病）写作 Aids（aid 意为援助、辅助设备），简直让我牙痒痒。当 acronym 变成普通单词——也许你已经忘记了 radar（雷达）是 RAdio Detecting And Ranging（无线电探测和测距）的缩写（有几个人还记得这事啊）；laser（激光）是 Light Amplification by Stimulated Emission of Radiation（通过受激辐射扩大的光）的缩写（这个也没人记得吧）——就完全不需要大写字母了，就像我刚才写的那样。

Initialism 是指逐个字母来读的缩略词，例如 FBI（Federal Bureau of Investigation，美国联邦调查局）或者 CIA（Central Intelligence Agency，美国中央情报局）。
② BA，Bachelor of Arts，文学学士；MD，Doctor of Medicine，医学博士；PhD，Doctor of Philosophy，博士学位。——译者注
③ 拜托各位，乔纳斯·索尔克博士要么是 Dr. Jonas Salk，要么是 Jonas Salk, M.D.，而不是 Dr. Jonas Salk, M.D.。你不想想那个 D 代表的是什么吗？
④ 顺便说一句，你有学士学位的话，写作 a bachelor's degree 而不是 a bachelors degree；你有硕士学位的话，写作 a master's degree 而不是 a masters degree。说不定这两个学位你都有。

个字母组成的州名缩写是不带句号的，比如MA（马萨诸塞）、NY（纽约）、CA（加利福尼亚）等等。另外，这样的写法不应该出现在信封和包裹之外的任何地方。在参考文献和注释中，以及其他需要缩写州名的地方，请使用老派也更美观的Mass.、N.Y.、Calif.，或者干脆像个成年人那样好好把全名写出来。

4.

有些人写U.S.（美国）这个词时总是带着里面的句号，可能是习惯使然，也可能是因为US看起来像we（我们）的宾格us（大写就像是大声喊出这个词一样）。有人在学校学到的是U.S.（或上述另一种写法）只能作为形容词，例如U.S. foreign policy（美国外交政策），而要表达名词意义的"美国"时只能使用非缩写的United States。我坚决支持这种区分，因为……因为我就是坚持。

5.

对于貌似问句而实际上并不是问句的话，结尾可以用句号而不是问号。这也是成立的，不是吗。

逗号

6.

我刚到兰登书屋时，就得知这里没有统一的稿件处理风格。

也就是说，编辑会根据每份稿件的特点和需要，有针对性地进行编辑加工，而不是对所有稿件一刀切，像希腊神话中"适用于所有人，管你喜欢不喜欢"的普洛克儒斯忒斯之床（Bed of Procrustes）[①]那样。我们不会为了维护所谓出版社引以为荣的普适正确标准，而忽视稿件在标点、语法等方面的特点，强行做统一处理。

不过，也不完全是这样。我们出版社确实是有下面这么一条编辑标准，适用于我们经手的每一份稿子。

序列逗号

序列逗号（the series comma）是指在列举一系列事物中的最后两个时，在结尾的连词and或or甚至but之前的那个逗号，如：

apples, pears, oranges, tangerines, tangelos, bananas, and cherries

苹果、梨、橙子、橘子、橘柚、香蕉和樱桃

"bananas, and"这里的逗号，就是序列逗号。

很可能在你的认知中这个逗号叫作牛津逗号（Oxford comma）——因为老师告诉过我们，牛津大学出版社的编辑们

[①] 普洛克儒斯忒斯是一名强盗，有一张铁床。他邀请过路旅人住宿，说这张床的大小对任何身高的人都合适。当客人入睡后，普洛克儒斯忒斯会把高个子客人搭在床边的脚砍掉，把矮个子客人的腿活生生拉到和床一样长。——译者注

有使用这种逗号的传统。我不想让这个故事流传下去，因为我是一名爱国的美国人，而且它听起来像个都市传说。也许你熟悉这种逗号的另一个名字"连环逗号（serial comma）"，但"连环"会让我联想到"杀手（killer）"，所以这个名字我也拒绝。

无论你管它叫什么：重点是要用它。我不想太啰唆，也不是在跟你商量。只有邪恶的野蛮人才不用序列逗号。

没有一句话是因为加了序列逗号而出现问题的，并且有许多句子是因为加了它而变好的。

在上面的待采购物品清单中，序列逗号的作用是避免最后两样东西被误认为有特殊关系，或者被误认为是跟在一系列单数物品后的一对事物。更加复杂的情况是这样的：当我想提出一些漂亮的观点时，我麻利地把相关的所有要说的东西都说了，并落脚到最后一个漂亮的观点上，这时序列逗号可以让读者知道，倒数第二个漂亮观点和倒数第一个漂亮观点不是一个大的漂亮观点，它们各是各的。

我注意到，很多记者在打字时特别不喜欢用序列逗号，因为他们接受的训练就是如此，他们看到序列逗号会抓狂，就像序列逗号的拥护者看到别人不用它时也会很恼火一样。很多英国人，甚至包括英国牛津人，也不用它。不管你怎么想，反正我在美国出版业碰到的每个人都会用它。

不过有一点要说明：逗号不是万能的，即使是序列逗号也一样。有这么一句话，普遍认为是《泰晤士报》（*The*

Times）① 上刊载的，它经常被人拉出来作为支持序列逗号的依据。尽管我看它已经看烦了，还是要把它放在这儿，告诉你用这句话来证明序列逗号的必要性，恰恰是站不住脚的。

Highlights of his global tour include encounters with Nelson Mandela, an 800-year-old demigod and a dildo collector.

他环球之旅的亮点包括与纳尔逊·曼德拉、一位八百岁的半神和假阳具收藏家的邂逅。

哦啦啦，读到这句话的人会愉快地注意到，纳尔逊·曼德拉真的是一位八百岁的半神和假阳具收藏家吗？

哦啦啦，我发现，即使给这句话加上序列逗号：

Highlights of his global tour include encounters with Nelson Mandela, an 800-year-old demigod, and a dildo collector.

曼德拉依然可能是一位八百岁的半神。

---

① *The Times*（《泰晤士报》）是一份英国报纸，它的名字以前不是、现在不是、以后应该也不会是 *The London Times*（《伦敦时报》）。*The New York Times*（《纽约时报》）是一份美国报纸，你可能把它称作与 *The Times* 很类似的 the *Times*，虽然它冠冕堂皇一意孤行地坚持自称 The Times。

有些句子的标点没必要改；应该做的是整句重写。[①]

7.

针对"在需要加序列逗号以使句意清晰时，就加上；不需要时，就不用"学派，说两点看法：

7a. 对句意的理解因人而异，一个人觉得句意清楚，另一个人可能满脸问号。我发现声称拥护这个学派的作家们，经常在不使用序列逗号也不会影响句意的情况下使用它，而在必须要加序列逗号的时候，偏偏没有用它。

7b. 每次都用上序列逗号这个玩意儿就得了，还能省点儿脑细胞，至于省下来的脑细胞干吗用，不如用在解决更严重的问题上，比如语法错误以及滥用 murmur（低语道）这个词的问题。

8.

规则的例外情况：在列举时，不用 and 而用表示"与"的 &（ampersand）符号——这种情况一般只出现在书名或电影名中，

---

① 可以这样写：Highlights of his global tour include encounters with a dildo collector, an 800-year-old demigod, and Nelson Mandela. 这能有多难呢？还有，认真地问一句：这个环球之旅到底是怎么回事啊？

以及律师事务所（还有希望自己看起来像律师事务所一样有声望的公司）的名称中，其他地方都不会出现，但你还是要知道这个符号的用法——有它出现时，就不需要加序列逗号了，主要是因为不美观。因此，举例来说：

Eats, Shoots & Leaves[①]
《吃饭，开枪，离开》

而一定不是

Eats, Shoots, & Leaves
《吃饭，开枪，离开》

后面这种会显得有些多此一举了，你不觉得吗？

9.

如果你是个吝惜逗号的人，可能会这样写：

---

① 这是一本讲标点用法的畅销书，作者是琳恩·特拉斯（Lynne Truss）。书名来自一个笑话：一只熊猫走进一家饭店，吃完饭后掏出一把枪，放了几枪后往门外走去。服务员问熊猫为什么要这样做，熊猫答道：你查一查词典。服务员发现词典上写着：Panda, eats, shoots and leaves.（shoot有名词"嫩芽"之意，也有动词"开枪"的意思；leaves既可理解为动词"离开"，也可理解为名词"树叶"的复数形式。由于eats后加了逗号，shoots和leaves都应作动词解，因此句意为"熊猫吃饭，开枪，离开"。）正确的写法应该是Panda, eats shoots and leaves，即"熊猫以嫩芽和树叶为食"。——译者注

On Friday she went to school.

周五她去了学校。

或者

Last week Laurence visited his mother.

上周劳伦斯去看望了他的母亲。

只要不加逗号句子仍然清晰易懂，就没关系。

引导性的部分越长，需要逗号的可能性越大：

After three days home sick with a stomachache, she returned to school.

因胃痛在家休息了三天后，她回到了学校。

On his way back from a business trip, Laurence visited his mother.

出差回来的路上，劳伦斯去看望了他的母亲。

10.

但要注意，切勿因为没加逗号而使得专有名词（proper noun）撞车，例如：

In June Truman's secretary of state flew to Moscow.

读者会搞不明白June Truman（琼·杜鲁门）是谁，究竟是什么东西进入了她的国务卿体内。[①]

或者以第6条开头的那句话为例，on arrival at Random House I was informed[②]，你可能会有那么哪怕一毫秒的时间，觉得还会有Random House II和Random House III。[③]

11.

有时候逗号是毫无意义的。

Suddenly, he ran from the room.

突然，他跑出了房间。

逗号的加入让事情显得没那么突然了，不是吗。

12.

逗号粘连（comma splice）是指用逗号将两个独立成句的分

[①] 应在June后加逗号，句意为"六月，杜鲁门的国务卿飞往莫斯科"。——译者注

[②] 第6条的原文为on arrival at Random House, I was taught that，即有逗号将House与I隔开。——译者注

[③] 据说，艾伦·贝内特一九九一年的戏剧作品《疯狂的乔治三世》（*The Madness of George III*）被拍成电影时，片名被硬生生改成了《疯狂的乔治王》（*The Madness of King George*），以免一些观众因片名对电影敬而远之——尤其那些无知的美国佬——他们很可能会以为没看过《疯狂的乔治》（*The Madness of George*）和《疯狂的乔治II》（*The Madness of George II*）就看不懂《疯狂的乔治III》。尽管有很多像这样好得不真实的故事被证明完全是胡编乱造的，但这个故事在某种程度上是真实的。

句连接起来——随便举个例子吧。

> She did look helpless, I almost didn't blame him for smiling at her that special way.[①]
> 她看起来确实很无助，我几乎不怪他用那种方式对她微笑。

应避免逗号粘连，这是规则，但也有例外。当独立分句较短且关系密切时，可以用逗号连接，这种情况并不少见：he came, he saw, he conquered（他来，他看到，他征服[②]）或者 your strengths are your weaknesses, your weaknesses are your strengths（你的优势就是你的弱点，你的弱点就是你的优势）。另一种例外情况出现在小说等具有虚构性质的作品中，可以用逗号粘连将有紧密联系的内心想法连接起来，或者表现匆忙的动作，甚至可以用在分号——后面会详细讲分号的优点——因停顿较长而不够理想时。

再随手举个例子，出自一部不应被埋没的小说，沃尔特·巴克斯特一九五一年的《悲悯俯瞰》（*Look Down in Mercy*）：

[①]　还是告诉大家吧，二〇一八年二月二日，我本来计划要写关于逗号粘连的这部分内容，却读起了吉普赛·罗斯·李的小说《丁字裤谋杀案》，这个例句就是从这部小说里摘出来的。

[②]　此句为佩特拉乐队（Petra）的歌曲名。——译者注

He had never noticed [the sunset] before, it seemed fantastically beautiful.

他以前从未注意过（夕阳），它看起来美得如梦似幻。

这句话中虽然出现了逗号粘连，但并没有造成什么问题，而且不影响对句子的理解，因此是可以接受的。

逗号粘连的结果就是——你可能还记得中学英语课上学过这个——粘连句（run-on sentence）。有些古老的长句子，拐弯抹角，有数不清的成分，分号、破折号、括号令人眼花缭乱，不少人一遇到这样的句子就认定它是粘连句。不不不。长句子是长句子，只有逗号用得不标准时才算粘连句（a long sentence is a long sentence, it's only a run-on sentence when it's not punctuated in the standard fashion）。比如刚刚这一句。

13.

呼格逗号（vocative comma）——或者放在直接称呼（direct address）之前的逗号——是指用于分开被称呼人（有时是物）的名字（或头衔以及其他识别身份的词）的逗号。就逗号而言，这种做法基本没有争议。没有人——至少在我看得上的人中没有——会喜欢下面这种说法：

I'll meet you in the bar Charlie.

而不喜欢这种说法：

I'll meet you in the bar, Charlie.

（我们酒吧见，查理。）

对吧？

同理还有以下例句：Good afternoon, Mabel（下午好，梅布尔）；I live to obey, Your Majesty（我为服从而生，陛下）；Please don't toss me into the hoosegow, Your Honor（请不要把我扔进监狱，法官大人）；I'll get you, my pretty, and your little dog too（我会抓住你的，我的宝贝，还有你的小狗）[①]。

但是——总会有"但是"——编辑在编校时经常遇到类似这样的句子：

And Dad, here's another thing.

然后爸爸，还有一件事

或者

But Mom, you said we could go to the movies.[②]

但是妈妈，你说过我们可以去看电影的。

---

① 这句台词出自电影《绿野仙踪》。——译者注
② 不要和下面这句完全正确的句子混淆了：But Mom said we could go to the movies.（但是妈妈说我们可以去看电影）。

编辑总会把它们改正为：

And, Dad, here's another thing.
But, Mom, you said we could go to the movies.

对于添上的这个逗号，编辑们隔三岔五就会遭到作者反对，通常伴随着一句恼怒的"可是这样我的节奏就没了！"但编辑们应该坚持，作者们应该学着接受。只是一个逗号而已，而且是恰当的、有意义的逗号，它带来的停顿，并没有长到让人句子读了一半跑去街上溜达一圈再回来的地步。①

既然说到这里了，我觉得不妨再说一下，带有尊称的名字或者代替名字的尊称，首字母要大写②，就像前面出现过的例句那样：

I live to obey, Your Majesty.

和

---

① NSA（美国国家安全局）可能会看你的电子邮件和消息，但我不会。如果相比于 Hi, John 你更喜欢 Hi John，那就请你自便啦。
② 不适用于普通称呼如 mister（先生）、miss（小姐）、sir（长官）或 ma'am（女士），也不适用于像 sweetheart（甜心）、darling（亲爱的）、cupcake（美人）或 honey（宝贝）这样的昵称［除非那位 honey 宝贝的大名就是 Honey（霍尼）］。

Please don't toss me into the hoosegow, Your Honor.

类似地，当一个人对母亲或父亲说话时：

I live to obey, Mom.

我为服从而生，妈妈。

和

Please don't toss me into the hoosegow, Dad.

请不要把我扔进监狱，爸爸。

但是，非正式地提及妈妈或爸爸，而不是直接称呼时，mom 和 dad 的首字母不要求大写。

对于下面这样的句子，编校上会有一些争议：

I'm on my way to visit my Aunt Phyllis.

我正在路上，要去看望菲莉丝阿姨。

很多编辑会弄巧成拙，把它改成：

I'm on my way to visit my aunt Phyllis.

作者们常常拿不准编辑改得对不对，而我倾向于支持作者原本的写法。我本人就有一位叫菲莉丝的阿姨，对我来说，她的名字是 Aunt Phyllis。因此我提到她时，总是称呼她为我的 Aunt Phyllis。[1]

另外，我会说 my grandmother Maude（我的外祖母莫德），因为那就是她的身份，而不是我对她的称呼。[2]

顺便提一下，请注意我没有说 my grandmother, Maude，因为我——我想每个人应该都是这样——有一个外祖母还有一个祖母（two grandmothers）。[3]不过我也可以说 my maternal grandmother, Maude（我母亲的母亲，莫德）。（请参阅后面的第16条："唯一的"逗号。）

14.

读小学时，我们都被耳提面命，在下面这种句子结构中，引语的前面或后面要加上逗号。

Atticus said dryly, "Do not let this inspire you to further glory, Jeremy."[4]

阿提库斯严肃地说："杰里米，不要让这件事再刺激你去冒

---

[1] 我注意到，传记作者确实会写 Henry VIII's aunt Mary Tudor（亨利八世的姑姑玛丽·都铎），也就是说认定亨利不会亲昵地把她称为"玛丽·都铎姑姑（Aunt Mary Tudor）"。

[2] 你非要问的话，我叫她 Nana（姥姥）。

[3] 我祖母的名字是莉莲（Lillian）。

[4] 出自小说《杀死一只知更鸟》。——译者注

险了。"

或者

"Keep your temper," said the Caterpillar.[①]
"保持冷静。"毛毛虫说。

但我们应该注意的是，当引语之前或之后有 to be 动词的某种形式（is、are、was、were 等）时，这个规则就不再适用了，例如：

Lloyd's last words were "That tiger looks highly pettable."
劳埃德的遗言是"感觉那只老虎摸起来不错"。

或者

"Happy New Year" is a thing one ought to stop saying after January 8.
"新年快乐"这话在一月八日之后就不应该再说了。

在上面两例中，引号中的话作为整体更像是一个名词，而

---

① 出自童话《爱丽丝漫游奇境》。——译者注

不像对话，因此不需要加逗号。

15.

Will you go to London too?

Will you go to London, too?

问：对于以 too 结尾的句子，什么时候应该在 too 前面加上一个逗号，什么时候不加？

答：不管加不加，好像都不对劲。如果加了逗号，就会觉得还是没有比较好；如果没加逗号，又会觉得还是加了好。

多年来，我定期重读那些又大又厚的砖头写作指导书，试图把关于 too 的规则弄懂并铭刻在心，但似乎从未成功。上面的两句话，哪句是想表达"你去巴黎，那你也会去伦敦吗"，哪句是在说"你妈妈去伦敦，你也和她一起去吗"，我也分不清楚。所以也别管那么多了，如果你的脑中有个声音说 too 前面应该有个逗号，那你就尽管加上。如果你觉得不需要逗号，那就不用加。

16. "唯一的"逗号

如果作者写了这样一句话：

He traveled to Pompeii with his daughter Clara.

他和他的女儿克拉拉一起去了庞贝旅行。

如果编辑不了解情况，就会在页边空白处提出疑问：

AU: Only daughter? If so, comma.

请作者确认：是独生女吗？如果是，请加逗号。

因此我习惯把这种情况所说的逗号——因为我一直分不清语法术语 restrictive（限制性的）和 nonrestrictive（非限制性的），记不住它们到底哪个是哪个——称为"唯一的"逗号（the "only" comma）。

"唯一的"逗号（除了在句子结尾的逗号，它们是成对出现的）的用途是修饰名词，这个名词在句中具有唯一性。例如：

Abraham Lincoln's eldest son, Robert, was born on August 1, 1843.

亚伯拉罕·林肯的长子，罗伯特，生于一八四三年八月一日。

一个人只能有一个长子，在这句话中，长子叫什么名字，是可以引起读者兴趣和注意，但非必要的信息。因此如果这句话改成：

Abraham Lincoln's eldest son was born on August 1, 1843.

亚伯拉罕·林肯的长子生于一八四三年八月一日。

读者也能确定说的是罗伯特，而不是他的弟弟爱德华

（Edward）、威利（Willie）或者泰德（Tad），即便句中并未指明长子名叫罗伯特。

相反，如果句中没有唯一性修饰词 eldest，那就必须说明是在说哪个儿子：

Lincoln's son Robert was an eyewitness to the assassination of President Garfield.

林肯之子罗伯特目击了加菲尔德总统被刺。

或者：

George Saunders's book *Lincoln in the Bardo* concerns the death of Abraham Lincoln's son Willie.

乔治·桑德斯的书《林肯在中阴》讲述了林肯之子威利的死亡。

在上面这个例句中，我们要让读者知道句中所说是林肯的儿子威利，不是罗伯特，也不是爱德华或泰德。再说一次，这是非常重要的信息，它的作用不仅仅是使句子的内容更丰富。

另外，请注意不要在并没有唯一性的地方使用"唯一的"逗号，例如：

The Pulitzer Prize–winning novelist, Edith Wharton, was born in New

York City.

普利策奖获奖小说家，伊迪丝·沃顿，出生于纽约。

沃顿只是普利策奖众多获奖者之一，所以句中不应使用"唯一的"逗号。

关于"唯一的"逗号的必要性的最佳解释例句——我匆匆想到的

Elizabeth Taylor's second marriage, to Michael Wilding

伊丽莎白·泰勒人生中的第二场婚姻，丈夫是迈克尔·怀尔丁

Elizabeth Taylor's second marriage to Richard Burton

伊丽莎白·泰勒①与理查德·伯顿复婚

---

① 著名美国演员，代表作有电影《灵欲春宵》《埃及艳后》等，曾获奥斯卡最佳女主角奖。迈克尔·怀尔丁是泰勒的第二任丈夫，理查德·伯顿则是泰勒的第五、六任丈夫。——译者注

17.

如果你因为分不清 that 和 which 的用法而苦恼，"唯一的"逗号规则也可以帮助你。

假如你要说的信息是不可或缺的，就用 that，并且不需要逗号。

Please fetch me the Bible that's on the table.

请把桌子上的那本《圣经》递给我。

也就是说：我要的《圣经》是桌子上那本，不是沙发下边的那本，也不是美美地摆在窗边座位上的那本。

如果你提供的信息对句子是有益的扩充，但删掉也没关系，那就用逗号加上 which 来连接：

Please fetch me the Bible, which is on the table.

请把《圣经》递给我，在桌子上。

说的就是那本《圣经》，也只有那一本。

但我必须指出，关于 that 和 which 的这个规则并不是放之四海皆准的。有的作者认为这个规则太死板，他们倾向于通过句子读起来的感觉来选择用哪个词。就我个人而言，我觉得这个规则很有用，作为一个喜欢稳定性的人，我乐于始终遵守这个规则。

18.

根据有始有终的原则，以逗号开头的插入语，后面也要跟一个逗号。例如：

> Queen Victoria, who by the end of her reign ruled over a good fifth of the world's population, was the longest-reigning monarch in British history till Elizabeth II surpassed her record in 2015.
>
> 维多利亚女王在位末期曾统治着世界五分之一的人口，她是英国历史上统治时间最长的君主，直到伊丽莎白二世在二〇一五年打破了她的纪录。

我希望你特别留意下 population 后面的那个逗号，因为它很容易被弄丢。漏掉这种逗号的英国文章太多了，以至于我一度以为他们有什么这方面的国家规定，不允许用这个逗号。并没有，他们只是比较粗心。

有时插入语后面又插入了带着括号的内容，一层又一层就像特大啃（turducken）①一样，这时后面的逗号就更容易被作者遗漏了：

> Queen Victoria, who by the end of her reign ruled over a good fifth of the

---

① 一种食物。火鸡（turkey）、鸭（duck）、鸡（chicken）各一只，去骨后，将无骨鸡塞入无骨鸭之中，再将这个无骨鸭塞入无骨火鸡之中。也叫火鸭鸡、火鸡鸭。——译者注

world's population (not all of whom were her own relatives, though it often seemed that way), was the longest-reigning monarch in British history till Elizabeth II surpassed her record in 2015.

维多利亚女王在位末期曾统治着世界五分之一的人口（并不是所有人都和她有亲戚关系，尽管看起来如此），她是英国历史上统治时间最长的君主，直到伊丽莎白二世在二〇一五年打破了她的纪录。

有不少相当内行的编辑也发现不了这种错误，希望你比他们机灵点儿。

冒号

冒号（colon）不仅具有引导的功能，还有呈现的功能。冒号就像是在说：这里有东西出现啦！你可以把冒号想象成高亢的小号声，它让人的耳朵为之警觉，惹人注意。而且声音很大。所以不要经常使用冒号，以免让读者感到头痛。

19.

如果冒号后面跟的是一个完整的句子，那么这句话第一个单词的首字母要大写，这是为了告诉读者：即将出现的文字含有主语、动词等全套东西，要把它当作完整的句子来读。

如果冒号后面跟的是一系列事物或者短语，那么首字母应小写：items on a grocery list（杂货清单上的物品），the novels of a particular author（某位作家的几部小说），等等。

做这种区分，并不是公认的推荐做法，真正遵守的人就更少了。有的作家接受的训练是，冒号后面无论跟什么，首字母都要小写（这种惯例做法让我很疑惑，因为即使冒号后面是个完整的句子，首字母也不大写，让人感觉这不是正规的一句话），因此他们对我说的规则感到恼火，但我觉得这种做法能让读者知道接下来的文字是什么性质的东西。如果冒号后面本来是一整句话，你却让读者误以为不是；或者冒号后面并不是一句完整的话，你却让读者误以为是，那他们还得回过头再读一次，就会觉得很不爽。所以我觉得这个规则是有价值的。

撇号

20.

先不说在什么情况下使用撇号（apostrophe），我先跟你说说在什么情况下不要使用撇号。

往后退一点儿，我要按下大写锁定键了。

任何时候都不要用撇号来表示一个词的复数形式。任何时候都不可以，永远不可以。

好了我说完了，你可以走近点儿了。

在英国，有些果蔬店主（greengrocer）在招牌上把香蕉和土豆的复数形式写成 banana's 和 potato's（或者 potatoe's 甚至 potato'es）。为了表示对该错误的不满，英国人把这种用错的撇号叫作"果蔬店主的撇号（greengrocer's apostrophes）"。美国没有果蔬店主，所以我觉得我们要给这种被误用的弯弯的符号再起个名字。曾有人教我说它叫"白痴撇号（idiot apostrophe）"①，但这样说不大好，对吧。

我们就直接把它称为"错误的撇号（errant apostrophes）"吧，听起来还有点儿高级感（classy）呢，是不是？②

无论如何，不要用撇号表示复数。无论是复数的香蕉（bananas）、土豆（potatoes）、贝果（bagels），还是复数的公主（princesses）、杜鲁门（Trumans）、亚当斯（Adamses）或者奥巴马（Obamas），或者其他任何你能想到的有复数形式的人事物。

只要你每月付我一点儿钱，我就愿意随时随地在你想要用撇号表示一个单词③的复数形式时，往你的手上扇一巴掌。

21.

缩写词的复数也不需要撇号。CD（光盘）的复数形式是 CDs，ID（身份证件）的复数形式是 IDs，ATM（自动柜员机）

---

① 最近才有人告诉我，德语中有个固定说法 Deppenapostroph（即"白痴撇号"），所以"白痴撇号"是一位母语为德语的人告诉我的也就不足为奇了。既然说到了西欧就说一下荷兰吧，有人告诉我，荷兰语中的某些复数形式的确会用到撇号，那就祝他们好运吧。
② 形容一个东西有品位、很高级，英语中没有比 classy 更不高级的词了。如果有，记得告诉我，我还挺想知道是什么的。
③ 我要补充一下，这句话的重点是"单词"。详见下面的第24条。

的复数形式是ATMs，以此类推。

22.

至于dos and don'ts、yeses and nos这种用法，就更不用说了[①]。

23.

没有their's这个词。还有your's也是错的。

24.

不过，有一种重要的特殊情况是：字母的复数形式要用撇号表示。

One minds one's p's and q's.

谨言慎行。

One dots one's i's and crosses one's t's.

认真检查细节。

One brings home on one's report card four B's and two C's.[②]

某人带回家的成绩单上写着四个B和两个C。

---

① 有人觉得nos作为no的复数不太好看，提倡用noes，但这个也漂亮不到哪里去。

② 有人认为在表示大写字母的复数时可以省略撇号，但我不愿意看到这种用法，因为用As表示A的复数或者用Us表示U的复数显然是有问题的。

25.

我敢打赌你很熟悉撇号表示简单所有格的用法：

the dog's toy

狗狗的玩具

Meryl Streep's umpteenth Oscar

梅里尔·斯特里普的第无数次奥斯卡获奖

至于以 s 结尾的普通名词——也就是说，不是专有名词——不要像下面这样写，至少近年来的出版物①中都没有这种写法：

the boss' office

老板的办公室

the princess' tiara

公主的王冠头饰

我觉得这样写非常惊悚。对大多数人来说，

the boss's office

the princess's tiara

---

① 有时候我会去读旧书，不仅是为了获取信息，也是为了享受古怪的老式文体带来的愉悦感。我们都要给自己找点儿乐子嘛。

是不费力气就能想到的写法。

但是，当专有名词的最后一个字母是 s 时，麻烦就出现了。比如，当我们谈到《远大前程》（*Great Expectations*）和《我们共同的朋友》（*Our Mutual Friend*）的作者，或者谈到《美国大城市的死与生》（*The Death and Life of Great American Cities*）的作者、那位社会活动家①，或者谈到这位活动家兼作家的那位死对头②时，所有格形式具体应如何表示呢？

我可以告诉你我是怎么做的：

Charles Dickens's novels

查尔斯·狄更斯的小说

Jane Jacobs's advocacy

简·雅各布斯的主张

Robert Moses's megalomania

罗伯特·摩西的自大控制欲

你可能在别处看到过这种说法："s+撇号"后是否要再加 s，

---

① 即简·雅各布斯，出生于美国，后加入加拿大籍，记者、作家、城市规划学者。主张保护城市空间的活力和丰富多样性，尊重并协调城市居民的复杂需求，反对粗暴、机械、单一化的城市建设方式。——译者注
② 即罗伯特·摩西，曾任纽约市公园管理局局长，在城市规划问题上与简·雅各布斯针锋相对。——译者注

取决于发音①、惯例，或者今天星期几、心情好不好这种不靠谱的理由，但我想你会发现，和序列逗号的规则一样，如果你不纠结于此，而是在所有"s+撇号"后一律加 s，反倒会省下很多犹豫不决的时间。

我甚至建议你对古代人和神的名字也一视同仁：

Socrates's

苏格拉底的

Aeschylus's

埃斯库罗斯的

Xerxes's

薛西斯的

Jesus's

耶稣的

26.

警告：

急急忙忙打字时，很容易打错，把

---

① 有观点认为，甚至可以根据发音来决定撇号后面是否加 s，这种说法貌似有道理，但专有名词所有格的发音是没有通用规则的，它们的发音相对于写法构造来说，不确定性更大。而且，如果拼法是由发音决定的，就不会有 knight 这种单词了（k 不发音——译者注），是吧。

Jane Jacobs's activism

简·雅各布斯的行动主义

错打成

Jane Jacob's activism

打字时一不留神就会犯这种错误，而且打错了自己还不知道。要留心。

27. 小唐纳德·特朗普的所有格形式：
堪称一幕惊悚戏剧

二〇一七年七月，我们国家最优秀的、也许还有点儿自鸣得意的地方性杂志之一[①]，赫然把这样一个标题刊登了出来：

DONALD TRUMP, JR.,'S LOVE FOR RUSSIAN DIRT

小唐纳德·特朗普对俄罗斯土地的热爱

编剧迈克尔·科尔顿发推特表示自己被这种所有格的写法惊呆了，并将其称为"句号——逗号——撇号狗屁"，这可能

---

① 指《纽约客》（*The New Yorker*）杂志。这篇文章的作者是埃米·戴维森。——译者注

不是准确的术语，但也挺有道理的。

关于这个问题，我这样说吧：

这样搞是不行的。这个东西，这样搞完完全全不行。

如果你比较年轻或者有远见，那么你可能早就不在像是复制粘贴出来的后代名字里加逗号了，也就是：

Donald Trump Jr.

那么例句就很简单了：

Donald Trump Jr. is a perfidious wretch.

小唐纳德·特朗普是个背信弃义的无耻之徒。

以及：

Donald Trump Jr.'s perfidy

小唐纳德·特朗普的背信弃义

但老派的做法是给 Jr.[①]加上逗号，也就是：

---

① 说到这里还要提一下，Sr. 与之相对应，但按照先来后到的原则，作为名字的第一代拥有者，一般是没必要加这个头衔的（女性极少有名字带 Sr. 或 Jr. 的情况，一般只出现在男性身上）。

Donald Trump Jr., is a perfidious wretch.

所以现在其所有格形式，有以下几种选项：

- 像刚才提到的那篇文章的标题那样写，我不想再重复一次了。
- Donald Trump, Jr.'s perfidy（应当承认，这样显得有些不平衡）。
- Donald Trump, Jr.'s, perfidy（更平衡一些，而且至少没有丑得让人想自戳双目）。

你来选吧。①

28.

接下来让我们看一看复数专有名词的所有格，这是一个说多了都是泪的重灾区，尤其是写圣诞贺卡的时候。

首先，我们要把复数形式本身写对。也就是要这样写：

Harry S. and Bess Truman = the Trumans（哈里·S. 杜鲁门和贝丝·杜鲁门合称杜鲁门夫妇）

---

① 嘶——选中间那个啦。

John F. and Jacqueline Kennedy = the Kennedys[①]（约翰·F.肯尼迪和杰奎琳·肯尼迪合称肯尼迪夫妇）

Barack H. and Michelle Obama = the Obamas（贝拉克·H.奥巴马和米歇尔·奥巴马合称奥巴马夫妇）

回望我们的共和政体诞生之时的开国元勋：

John and Abigail Adams = the Adamses（约翰·亚当斯和阿比盖尔·亚当斯合称亚当斯夫妇）

以 s 结尾的专有名词似乎难倒了不少人，约翰和阿比盖尔是亚当斯夫妇（the Adamses），约翰·昆西·亚当斯（John Quincy Adams）和路易莎·亚当斯（Louisa Adams）也是一样，拉瑟福德·B.海斯（Rutherford B. Hayes）和露西·海斯（Lucy Hayes）是海斯夫妇（the Hayeses），姓氏以 s 结尾的总统好像就这几位，但你应该能明白该怎么写了。

如果你有朋友是姓琼斯的夫妇（the Joneses），你给他们寄过贺卡——我敢打赌琼斯夫妇收抬头是 the Jones's 的贺卡都收烦了——而你在遇到亚当斯夫妇、海斯夫妇、雷诺兹夫妇（the

---

① 人们经常不小心栽在以 y 结尾的专有名词的复数形式上，以为它们也要遵循普通名词的规则，例如 jelly（果冻）的复数是 jellies，kitty（猫咪）的复数是 kitties。不要把肯尼迪夫妇错写成 the Kennedies。

Reynoldses）、狄更斯夫妇（the Dickenses）等的时候仍可能迟迟下不了笔。但随你怎么扭捏，游戏规则就是这样。[①] 如果你觉得麻烦，可以在圣诞贺卡上写：亚当斯一家（the Adams family）。

至于所有格形式，那就相对容易多了：

the Trumans' singing daughter

杜鲁门夫妇的歌手女儿

the Adamses' celebrated correspondence

亚当斯家的著名家书

the Dickenses' trainwreck of a marriage

狄更斯夫妇灾难般的婚姻

29.

假如珍妮特有一些铅笔，纳尔逊也有一些铅笔，并且珍妮特和纳尔逊的铅笔归各自所有，那么我们会说这些铅笔是：

Jeanette's and Nelson's pencils

---

① 唉，这个傻瓜也能明白的复数表示法，并不能轻易套用在非英语的s结尾的名字上。即使是我也知道，假设勒内·笛卡尔（René Descartes）有老婆，而我要给他们夫妇写圣诞贺卡，不应该把他们称作the Descarteses。

珍妮特的铅笔和纳尔逊的铅笔

但假如珍妮特和纳尔逊出于高尚的情怀，打算放弃对铅笔的私有，改为共同拥有，那么这些铅笔就会是：

Jeanette and Nelson's pencils

珍妮特和纳尔逊的铅笔

嗯，我当然希望这些铅笔真的是他们共有的，不过你懂的。

30.

问："农民市场"的哪种写法是正确的，farmer's market、farmers' market 还是 farmers market？

答：我想应该有不止一位农民，所以先排除掉 farmer's market。

至于剩下的两个选项，想想这个市场是所有权属于农民，还是说农民们在这个市场中做生意？

我认为是后者，所以应该是

farmers market[①]

---

① 不过，让我们坚持用 ladies' room（女卫生间）的写法，哪怕只是为了与 men's room（男卫生间）平起平坐呢。

（我有理由相信，也真心希望，没有人误以为 farmers market 是指用于买卖农民人口的市场。）

31.

有这么一种写法：在所有格加标题的结构中，将标题里的 the 省略。对此，有人是支持的。例句如下：

Carson McCullers's *Heart Is a Lonely Hunter*

卡森·麦卡勒斯的《心是孤独的猎手》

但看到这种写法我总会忍不住想皱鼻子。还有这种让人看了目瞪口呆的：

James Joyce's *Dead*

《死者》詹姆斯·乔伊斯

简直像是令人震惊的报纸头条或都柏林某个厕所里的涂鸦。

分号

32.

I love semicolons like I love pizza; fried pork dumplings; Venice, Italy; and the operas of Puccini.

我喜欢分号就如同我喜欢比萨饼；猪肉煎饺；威尼斯，那个意大利的城市；还有普契尼的歌剧。

为什么上面这个句子中用了分号？

因为当被列举的成分中含有逗号时，就要用分号来划分层次，这是它最基本的功能。在这句话中，含有逗号的就是 Venice, Italy。

如果我不想用分号，可以重新排列句子中的成分：

I love semicolons like I love pizza, fried pork dumplings, the operas of Puccini, and Venice, Italy.

但是，如果你要写下面这样的句子，就必须用到分号了：

Lucy's favorite novels are *Raise High the Roof Beam, Carpenters;Farewell, My Lovely;* and *One Time, One Place.*

露西最喜欢的小说是《抬高房梁，木匠们》《再见，吾爱》和《某时某地》。

如果只用逗号，就会是这样：

Lucy's favorite novels are *Raise High the Roof Beam, Carpenters, Farewell, My Lovely,* and *One Time, One Place.*

到底是在说几部小说呢？三部还是五部？

我不得不说，露西的文学品位不俗。

不过，如果这就是分号的全部用法，它就不会招致某些不懂事的作家古板无聊的嘲讽了。

例如：

不要用分号。它是雌雄同体的异装癖，没有任何意义。它唯一的作用就是让人知道你上过大学。①

我想用刘易斯·托马斯《水母与蜗牛》（*The Medusa and the Snail*）中一段很棒的见解来反驳上面的观点：

The things I like best in T. S. Eliot's poetry, especially in the *Four Quartets*, are the semicolons. You cannot hear them, but they are there, laying out the connections between the images and the ideas. Sometimes you get a glimpse of a semicolon coming, a few lines farther on, and it is like climbing a steep path through woods and seeing a wooden bench just at a bend in the road ahead, a place where you can expect to sit for a moment, catching your breath.

我最喜欢T.S.艾略特的诗，尤其是《四首四重奏》的一

---

① 要指名道姓的话——这句话是库尔特·冯内古特说的。有人认定这只是一句玩笑话，但我不相信，而且即便是玩笑，它也完全不好笑。

点，是里面的分号。你听不到它们，但它们就在那里，将意象与感觉之间的联系铺陈开来。有时你瞥见几行之后会有一个分号，那种感觉就像你沿着树林里一条陡峭的小径往上走，看到前面拐弯处有一个木头长椅，于是你知道等一下可以去那里坐下歇一歇，喘口气。

很多人知道我坚持一个观点，即要说分号有多好，只说一件事就够了，那就是雪莉·杰克逊（Shirley Jackson）喜欢用分号。[①]也有很多人知道我为了证明这一点而引用过她的杰作《邪屋》（*The Haunting of Hill House*）开头的这段话：

No live organism can continue for long to exist sanely under conditions of absolute reality; even larks and katydids are supposed, by some, to dream.Hill House, not sane, stood by itself against its hills, holding darkness within; it had stood so for eighty years and might stand for eighty more. Within, walls continued upright, bricks met neatly, floors were firm, and doors were sensibly shut; silence lay steadily against the wood and stone of Hill House, and whatever walked there, walked alone.

没有生命体能够清醒地在绝对的现实中长时间存活；即

---

① 你很可能在高中的时候就读过杰克逊的短篇小说《摸彩》。她是二十世纪一位非常伟大、风格独特的作家，可惜的是除了我们这些崇拜她的人，其他人对她的才华并不重视。

使是百灵鸟和蝈蝈也会在一定程度上做梦。希尔山庄是神志不清的，它独自在山脚下矗立，内心阴暗；它已经这样矗立了八十年，也许还会继续矗立八十年。在希尔山庄里面，墙依然竖立，砖块整整齐齐叠在一起，地板坚固，门很明显是关着的；希尔山庄的木头和石头沉浸在寂静之中，无论是谁到那里去，都是孤身一人前往的。[①]

一段话，三个分号。我想，换作别人，也许会改用句号，并将从句都作为独立的句子来写。但那样的话，如此紧密编织的、渲染出幽闭恐惧氛围的句子就会显得游离、分散。原本紧紧攫住你的手，押着你从头走到尾的一段话，就会沦为几个简单老套的句子。

既然说到这个话题了，我还想赞美一下这段话最后的那个逗号，它可能是所有文学作品中我最喜欢的一个标点了。可能有人说这个逗号没有必要——从语法角度来看是多余的，但它就是在那里，它是这段话的最后一次呼吸，你仿佛听到作者在说："这是你放下这本书去做点儿其他事情的最后机会，你可以去花园侍弄花草，或者沿街散步买个冰激凌甜筒吃。因为从这里开始，就只有你和我，还有那个在走，并且是孤身一人在走

---

①　这段话不是我在网上随手一查就复制粘贴过来的，而是自己打出来的，因为这样能让我感到些许兴奋。很久之前，我曾把杰克逊的短篇小说《叛徒》全文手打了一遍，想看看这样能不能让我更好地理解这个故事的美妙结构。确实可以。有时间的话，建议你用自己喜欢的作品来试试看，这是个不错的练习方法。

的人，留在希尔山庄里了。"

我谅你也不敢走开。

圆括号

33.

一句话中间的用括号括起来的作者旁白（比如这里）以小写字母开头，结尾处不用（除非插入的是问句或者感叹句！）句末点号。

当括号中的内容不成一句，并且出现在一句话的末尾时，要记得确认整句话的句号在括号外（像这里）。

（只有当插入的成分是一整句话时，首字母才可以大写，并且用句末点号结尾，例如这句话。）

34.

下面这句话是正确的：

Remind me again why I care what this feckless nonentity (and her eerie husband) think about anything.

我究竟为什么要在乎这个软弱无能的人（和她那奇怪的丈夫）的看法。

这是不正确的用法：

Remind me again why I care what this feckless nonentity (and her eerie husband) thinks about anything.

无论出于任何原因，使用括号（或逗号、破折号）把复数主语分开，并不会影响主语的复数性质。假设没有and，而是用to say nothing of（更不必说）、as well as（还有）或not to mention（更别提），那么主语就是单数而非复数了：

Remind me again why I care what this feckless nonentity (to say nothing of her eerie husband) thinks about anything.[①]

35. 这条我做得也不好，
所以请听我的话，但不要学我的做法。

作为一名滥用括号的惯犯，我提醒你不要用太多括号，尤其是在只可意会的微妙的幽默时刻。如果在文中加入过多做作的旁白，身为作者的你看起来就会像是王政复辟时期喜剧（Restoration comedy）中的花花公子，走到舞台脚灯前，手弯成弧形放在嘴边，对观众窃窃私语。除非你脸上点了一颗美人痣，头戴一顶男子假发，不然怎么都让人觉得别扭。

---

① 我的编辑负责任地指出，"你这样说可能会引火烧身"，因为《芝加哥手册》（甚至《韦氏英语惯用法词典》也）不同意这种用法。没关系，向我开火吧。

36.

我认识的一位杂志记者曾坦言，他写稿时会避免使用括号，因为他的编辑为了最大限度地减少对宝贵印刷资源的浪费，会瞄准所有的括号，然后删除，删除，再删除。

方括号

37.

方括号（brackets）——也有人管它叫square brackets，管圆括号（parentheses）叫round brackets——作用有限，但很关键。

首先，如果你在被括号括起来的解释说明中再插入带括号的解释说明，那么后者就要用方括号。但这样在纸面上呈现出的效果会极其不美观[我会想办法采用别的表达方式（我是说真的，你觉得这样好看吗），尽量不这样写]，所以请你避免套用括号。

其次，只要你在引文中插入你自己的话（例如，当原始引文中的人名只提及了姓氏，而你为了让文意更清楚，补全了名字），或者通过别的方式改动了引文，你就必须——我说，是必须——把你的话用方括号括起来。①

---

① 我要很自豪地指出，兰登书屋对于印刷在书封上的书评，即使是微不足道的改动，也会用方括号标明，并用省略号表示删掉的部分。即使是把this great novel that tells us many things about the human condition（这部杰出的小说展现了人类境况的许多面向）改成[A] great novel...about the human condition［（一部）关于人类境况的杰出小说］这样小的改动也不例外。尽管我有些同事快要被这种事搞疯了，但我想这充分说明了我们的诚实。

啊对了，有个例外，总是有个例外：如果对于引用的文字，你需要把句首单词的首字母由大写改为小写，或由小写改为大写，是可以不加方括号的。

也就是说，如果你要引用萧伯纳的 patriotism is, fundamentally, a conviction that a particular country is the best in the world because you were born in it（爱国心就是确信某个国家是全世界最好的，因为你出生在这里），你有权将这句话写成 patriotism is, fundamentally, a conviction 等等。

反过来说，引用萧伯纳的 all government is cruel; for nothing is so cruel as impunity（所有政府都是残酷的，因为没有什么比免受惩罚更残酷了）时，你可以这样说：

"Nothing is so cruel as impunity," Shaw once commented.
萧伯纳曾说过："没有什么比免受惩罚更残酷了。"

例外的例外出现在法律文件以及容易引起争议的学术研究中，你要特别严谨以避免麻烦；所以你需要像下面这样做：

Shaw once wrote that "[a]ll government is cruel."
萧伯纳曾写道："所有政府都是残酷的。"

我知道不怎么美观，但方法就是这样的。

39. [*SIC*] 能把人惹毛

让我们花点儿时间来谈谈 [*sic*]（意为"原文如此"）。*Sic* 来自拉丁语，意为"如此，这样"，习惯上使用这个词时要用斜体，并且一定要加方括号。[*sic*] 用于引语中，目的是告诉读者为了忠实于原文，你保留了其中的拼写错误或者古怪的、与事实不符的地方，这些问题不是你的问题，而是原文的问题。举个例子，下面这句话，百分百是我凭空捏造的，推特（Twitter）上可没有：

Their [*sic*] was no Collusion [*sic*] and there was no Obstruction [*sic*].
没有串通，没有阻挠。

好了，认真点儿说：

如果你引用了很多，比如说，十七世纪的文字，你想保留那些数不清的老掉牙带 -ism（主义）后缀的单词，那么你最好在文章开头的某个地方，加一段作者按语或者脚注之类的文字，来说明你在一字不差地引用那些珍贵的资料。这样，你就不用在引文中到处注明 [*sic*] 了，不过你可能偶尔还是需要用 [*sic*] 来标注文中的某些错误或晦涩之处，以免读者误会或者读不懂。

有时，非虚构文章的作者在引用古文或者其他较为罕见的资料时，会不加说明就把其中过时或错误的拼写、不规范的大写字母、奇怪的标点或缺少标点的地方悄悄改正。我不太喜欢这种做法——主要是因为，我觉得倒不如保留原文中那种怪异的韵味——但我能理解，这样做可能是由于非虚构作品是面向大众的，它不是学术文章。如果你要这样做，再说一次，要提前告知读者。这才是妥当的处理方法。

不要——也不是说绝对不可以——用 [*sic*] 作为讽刺的武器，来暗示你引用的东西很愚蠢。我是说讽刺单词本身的意思，而不仅仅是拼写错误。你可能觉得自己眼光犀利，发现了别人的观点有靠不住的地方；但是要我说，看起来判断力有问题的不是别人，正是你。

这样写文章，就跟穿着印有"我正和傻子在一起"的 T 恤一样迷人（charming）。

还有，看在上帝的分上，如果你是美国人，引用了英国作品；或者你是英国人，引用了美国作品，拜托不要写出下面这种话。我向上帝保证，它是我在一家英国报纸上看到的：

...which it said had been "a labor [*sic*] of love."[①]

它将其称为"为爱而甘之如饴"。

引号

我的少年时代在长岛的艾伯森度过，那里基本就是纽约

---

① 　labor 是美式英语写法，英式英语写作 labour，意为劳动、工作。习语 a labor of love 出自《圣经》，指出于爱好而做的困难工作。——译者注

市一个很没有存在感的郊区。妈妈会定期让我骑着我的施文牌（Schwinn）自行车去附近的面包店，买一个黑麦面包（切片的）或者一个白面包（不切片）或者六个单价八美分的面包卷（也可能是八个单价六美分的面包卷），好的时候，还能买一盒黑白配。［就是黑白相间的饼干，我认识的外邦人（gentiles）[①]喜欢叫它黑白配。］

在面包店里，黑麦面包货架的上方，有这么一句标语：

TRY OUR RUGELACH! IT'S THE "BEST!"

尝尝我们的羊角面包吧！它是"最好的"！

我被深深吸引了。就像漫画书里的人物都有个"元故事（origin story）"那样，这个故事就是我的元故事。

所以，就让我把它拆开来讲给你听吧。

40.

歌名、诗的题目、短篇小说和电视剧（TV series[②]）中单集的标题用罗马字体（roman type，直上直下的，就像这句话里的

---

① 犹太人对非犹太人的通称（本书作者是犹太人）。前文提到的白面包（challah）是犹太人在安息日及其他节假日食用的一种传统食物。——译者注

② series的复数形式还是series，这简直就像read的过去式还是read一样烦人。不过话说回来，如果把series的复数形式误写作serieses，不仅不对，而且看起来很可笑。

英文字体）加上引号（quotation marks）来表示。音乐专辑名①、
诗集名、长篇小说或非虚构著作、电视剧名则用斜体表示。

"Court and Spark"

歌曲《示爱求婚》

Court and Spark

专辑《示爱求婚》

"Song of Myself"

诗歌《自我之歌》

Leaves of Grass

诗集《草叶集》

"The Lottery"

短篇小说《摸彩》

The Lottery and Other Stories

《摸彩：短篇小说集》

"Chuckles Bites the Dust"

---

① 很久以前，单个的唱片是装在有套的集子里的——像相簿（album）一样。后来唱片不
这样包装了，但用album这个词来指音乐专辑的习惯还是保留了下来。

《咯咯笑小丑死掉了》①

The Mary Tyler Moore Show (also known as, simply, *Mary Tyler Moore*)

《玛丽·泰勒·摩尔秀》（又被称作《玛丽·泰勒·摩尔》）

这样看来就比较简单了：小的东西用罗马字体加引号表示，大的东西用斜体字表示。②

41.

单个的艺术作品——有标题的绘画和雕塑——的名字一般用斜体表示，比如《草地上的午餐》（*The Luncheon on the Grass*）；不过艺术品的非正式名称，比如胜利女神像（the Victory of Samothrace）经常用罗马字体表示，并且不加引号。③

42.

引号也用于展示对话，但有些作家（我立马就想到了E.L.多克托罗④、威廉·加迪斯⑤和科马克·麦卡锡⑥）不给对话加引号，关于这一点，我这么简单说吧：这样做需要有极深的功力，

① 《玛丽·泰勒·摩尔秀》第六季第七集的标题。——译者注

② 戏剧的标题一律用斜体表示，短小如埃德娜·圣文森特·米莱的奇特作品《返始咏叹调》，巨作如尤金·奥尼尔的九幕戏剧（中间有晚餐休息时间）《奇异的插曲》，标题都用斜体。

③ 关于这个问题，还有其他神秘高深的艺术作品，例如古典音乐作品题目的书写规则，如果你想了解更多，就去看那些大砖头指导书吧，上面讲得非常全面详尽。

④ 美国小说家，代表作《拉格泰姆时代》。——译者注

⑤ 美国小说家，代表作《小大亨》。——译者注

⑥ 美国小说家，代表作有《血色子午线》《老无所依》等。——译者注

能让人一眼看出你是在记叙还是在写对话。

43.

我称之为"清晰的沉思（articulated rumination）"的句子，在很久之前的常见用法中，是用引号标示的：

"What is to become of me?" Estelle thought.
"我会变成什么样呢？"埃斯特尔想。

不过，上述写法逐渐被下面这种替代了：

What is to become of me? Estelle thought.

现在，你通常会看到这样的写法：

What is to become of me? Estelle thought.[①]

最后一种写法是最好的。[②]

---

① 为了确保 what is to become of me? 和 Estelle thought 不被误认为都是心理活动的内容，我不反对把它写成 what is to become of me?, Estelle thought，但我可能是唯一一个不反对这样写的人。
② 当然，没有人会觉得连续六个单词都用斜体有什么不好，但我要提醒你的是，连续设置成斜体的内容不要超过一句话。一方面，斜体字会使眼睛疲劳；另一方面，多段斜体用于标示梦境描写，而读者总是喜欢跳过关于梦境的段落。

44.

前面提到的羊角面包的例子中，引号是不应该用于表示强调的。不然上帝干吗发明斜体字呢。

严格来讲，这个例子中的引号也不属于着重引号（scare quotes）。着重引号是指，作者用引号来表示他对引号中词语的不认同，比如觉得这个词太俚语化了，不像那么回事儿（我有一些旧书，里面的年轻人不是听爵士乐而是听"爵士乐"；我每次看到都会哈哈大笑），或者表达对这个词的嘲笑态度。不要用着重引号，它会让你显得目中无人，而且，再过二十年，会让你不仅显得目中无人，而且因为跟不上时代而变得滑稽。①

45.

不要在so-called（所谓）这个词后面用引号。例如，我不是

a so-called "expert" in matters copyeditorial

一位所谓文字编辑方面的"专家"

我只是一个

---

① 有些人——比如贝尔·考夫曼的小说杰作《桃李满门》中西尔维娅·巴雷特的学生查斯·H. 罗宾斯，又比如第四十五任美国总统，还有其他一些人——胡乱地使用引号［查斯管它叫"银号（quotion marks）"］，该用的时候不用，不该用的时候瞎用。虚构的小说中一个受教育程度不高的高中生这样误用引号，有助于塑造有趣的人物形象；而一个自由国家的所谓领导者，发条推特连引号都用不对，就让人笑不出来了。

so-called expert in matters copyeditorial

所谓文字编辑方面的专家

在"所谓"后面用引号，不仅多此一举，而且会加重句子本来就有的品头论足的意味。

如果你觉得必须要在known as（被称为）后面加引号，我不会反对，我也时常觉得应该这样做，尤其是在介绍一个奇怪或者新奇事物的时候。例如，我可能会这样说

the long-haired, free-loving, peace-marching young folk known as"hippies"

被称为"嬉皮士"的留着长发、热爱自由、追求和平的年轻人

如果这句话是写于一九六七年的话。①

46.

如果是不带感情色彩地单纯提及一个或几个单词时，有的人喜欢用引号，有的人喜欢用斜体：

----

① 根据韦氏大词典的可爱编者们的说法，hippie这个词用于表示喜爱蓄发的反主流文化者，出现于一九六五年，比我说的要稍早一点儿。关于词典有个好玩的事情是，不管你想到什么词，都可以查一查它是什么时候开始进入书面英语中的。如果你正在写关于某个特定时期的小说，希望能准确传达那个年代的气息，尤其是在对话中，那么词典的这个功能就很有用了。有一次我编辑一本时代背景设定在一八六三年纽约征兵暴动时期的小说，才知道我们现在说的hangover（宿醉）这个词在一八九四年才出现——在这之前，形容宿醉的词，不是别的，是个写作katzenjammer的词。请注意我刚刚使用的引号。在这里我需要用引号。

The phrase "the fact that" is to be avoided.

应避免使用短语"事实是"。

或者

The phrase *the fact that* is to be avoided.

我觉得用引号更有聊天的感觉，让人觉得是有人在说话，而用斜体就更有科技文章或者教科书的感觉。至于选哪个，取决于作者的品位。

47.

在一句话的末尾有引用的内容，同时句子以叹号或问号结束时，如果叹号或问号属于整句话而非引号中的内容，就要把它放在引号外，例如：

As you are not dear to me and we are not friends, please don't ever refer to me as "my dear friend"!

我不是你的亲爱的，我们也不是朋友，所以请不要叫我"我亲爱的朋友"！

或者

Were Oscar Wilde's last words truly "Either that wallpaper goes or I do"?[①]

奥斯卡·王尔德的遗言究竟是不是"破旧的墙纸和我，总有一个要先消失"？

如果引号中的内容和这整句话都需要加强语气或表示疑问呢？要写成下面这样吗？

You'll be sorry if you ever again say to me, "But you most emphatically are my dear friend!"!

你会后悔的，别再说什么"但你绝对就是我亲爱的朋友啊!"！

或者

Were Oscar Wilde's last words truly "I'm dying, do you seriously think I want to talk about the decor?"?

奥斯卡·王尔德的遗言会不会是"我都要咽气了，你真觉得我想跟你聊房子装修问题吗？"？

不，不这样写。你需要判断叹号或者问号是放在引号内还是引号外效果更好，做出取舍。（上面两例，我会选择保留引号

---

① 不，并不是。

外的叹号、引号内的问号。）或者重写句子，不要让叹号或问号扎堆出现。

48.

如你之前所见，在美式英语中，用双引号标示引用的文字。如果双引号中还有需要加引号的内容，则在双引号中使用单引号。例如：

"I was quite surprised," Jeannine commented, "when Mabel said to me, 'I'm leaving tomorrow for Chicago,' then walked out the door."

"我挺惊讶的，"让尼娜说道，"梅布尔跟我说，'我明天动身去芝加哥'，然后就走出了门外。"

如果在单引号中又有需要加引号的内容，那么就要再用回双引号，也就是说：

"I was quite surprised," Jeannine commented, "when Mabel said to me, 'I've found myself lately listening over and over to the song "Chicago,"' then proceeded to sing it."

"我挺惊讶的，"让尼娜说道，"梅布尔跟我说，'我发现我最近老是听《芝加哥》那首歌'，然后她说着就唱起来了。"

但是，请尽量避免这种俄罗斯套娃式的标点符号，这对读者的眼睛和大脑都不友好。

关于引号套用的问题，我还要提醒你的是：一不留神你就会忘记自己在做什么，顺手就在双引号里面又套了双引号。要注意点儿。

49.

分号这种难以捉摸、特立独行、神神秘秘的标点，要放在后引号的外面，而句号和逗号——我说上一千次也不为过，相信我，我会继续强调这件事——永远都放在后引号的里面。

永远。

连字符

50.

打开《韦氏大学英语词典》（第十一版），你会发现这两个词：

light-headed
头晕目眩的
lighthearted
轻松的

从这两个词你就差不多能看出来连字符（hyphen）的用法了，也就是说，没什么靠谱的规则，对吧。

如果你写的是lightheaded（我注意到我的拼写检查并没有

弹出来说不对）或者 light-hearted，连字符警察肯定不会追究，我甚至都注意不到，但是：

如果你想把复合的形容词、动词、名词中的连字符用对，而且你喜欢让别人告诉你该怎么做的话，那就拿起词典查一查好了。词典里的写法是正确的。

51.

话说回来，你可能会注意到——如果你喜欢留意连字符这种东西，不管是出于职业原因还是其他原因——复合词有这样一种趋势，即随着时间流逝，它们会丢弃不必要的连字符，变得越来越紧凑。在我的职业生涯中，我见证了 light bulb（电灯泡）先是演化为 light-bulb，又变成了 lightbulb，而 baby-sit（临时代为照看小孩）逐渐让位于 babysit，以及重量级词汇 Web site（网站）演变为 Web-site，然后，令人喜闻乐见地，变成了 website。①

为什么会有这样的变化，它又是如何发生的呢？让我告诉你一个小秘密吧：是你让它发生的。对，是你，就是你。某个词的写法你看不下去了，比如说 rest room（洗手间）吧（我说，它并不是指用来休息的房间，对吧），于是你往里面插了一个连

①　在兰登书屋的时候，我很乐意推荐大家用 website 这种写法——如果某个词你一天要碰到几十次，你会希望它越简单越好——但我对于自己默许 email（电子邮件）这种用法的行为还是感到懊悔不迭——e-mail 不是看起来更好吗？而且更重要的是，从发音上来看写成 e-mail 也更合理。但不管我愿不愿意，email 已成事实，很多时候事情就是这样，你要么跟随潮流，要么就被潮流抛弃。

字符，然后你和新诞生的 rest-room 和平共处了二十分钟，你很快便厌倦了那个连字符，终于，砰的一声，restroom 出现了。成百上千的复合词都是这样演化的，于是你眼看着这门语言从你面前呼啸而过，奔向未来。然后你会看到词典在努力跟上你的脚步，因为词典的运行机制就是这样的。有一次我和一位编纂词典的朋友一起吃寿司，他告诉我，词典是从人们正在使用的语言当中来的：如果用这门语言写作的人不去主动改变，那么词典也就会一直沿用下去。

如果你想让你的 best-seller（畅销书）变成 bestseller，那你就必须做出自己的努力。如果你想玩 videogame（电子游戏）而不是 video game，那你就要用行动说话。

我希望这能让你感觉到自己是有力量的。理应如此。

52.

如果刚才说的小秘密还没有让你觉得头晕目眩，我们就沉下心来专心探讨几个特殊的知识点吧。

为了清楚起见，我们用连字符将名词之前用于修饰名词的两个或者若干单词连起来，例如：

first-rate movie

一流的电影

fifth-floor apartment

五楼的公寓

middle-class morality

中产阶级道德

nasty-looking restaurant

苍蝇馆子

all-you-can-eat buffet

自助餐

　　但是，在某些情况下，不容易引起误解的词可以不用连字符，这是惯例（又名传统，又名共识，又名别废话就这么办）。例如：

real estate agent

房地产经纪人

high school students

高中生

　　既然我摆出了这两个词，你看到可能会疑惑estate agent是否真的real，或者school student是清醒还是high过头，不过我强烈建议你不要盯着这两个词组钻牛角尖，不要纠结，继续往下读。（盯着词看不是什么好主意。如果你注视the超过十秒钟，就会感觉整个世界都变得不真实了。）

　　一般来说——对，不包括例外情况，因为总会有例外——

连字符用于名词前（before-the-noun，你看这里又有连字符出现了）具有形容词性质的部分，目的是不让读者的心里闪过一些不必要的嘀咕。

你可以想想看 a man eating shark 和 a man-eating shark 的区别，在这里连字符是至关重要的，没有连字符的话，是人吃鲨鱼，而加上连字符，就是吃人的鲨鱼了。再比如 a cat related drama，指的是一只会说人话的猫咪在谈论戏剧，而 a cat-related drama 才是"一部与猫有关的戏剧"的正确写法①。

说到这儿，我想起曾经遇到的一句让我摸不着头脑的话：

Touch averse people who don't want to be hugged are not rude.

我非常纳闷，averse people 到底是什么人啊？而且你为什么要让我去摸他们，都说了他们不喜欢和人拥抱……等一下，什么情况？

然后我恍然大悟：不喜欢身体接触、你想要拥抱他们但他们拒绝了你，这样的人，不是不礼貌的。我明白了。

请注意，这个困惑的过程从开始到结束大概持续了几秒钟。向你保证，我没有刻意装傻；很可能你第一次读就正确理解了句子的意思，但我没懂。不过，当然，把句子写成下面这样，

---

① related 可以理解为动词 relate（叙述）的过去式，也可以用作形容词，意为"有关的"。——译者注

就可以直接避免这种误会了：

Touch-averse people who don't want to be hugged are not rude.
抗拒肢体接触的人不喜欢被人拥抱，但他们并非不讲礼貌。

当我们艰难地梳理了这些令人头痛的（migraine-inducing）细枝末节、令人费解的（impossible-to-understand）差异和不能一概而论的（inconsistently applied）规则之后，你是否会疑惑，为什么我在migraine-inducing和impossible-to-understand中加了连字符，而inconsistently applied没有加？

因为，由一个以-ly结尾的副词（adverb）和一个形容词（adjective）或分词（participle）构成的词组，不需要加连字符：

inconsistently applied rules
不能一概而论的规则
maddeningly irregular punctuation
令人抓狂的不合规矩的标点
beautifully arranged sentences
排列优美的句子
highly paid copy editors
高薪的编辑

为什么呢？

因为，他们都说，这样的词组让读者误会的概率基本为零，所以没必要用连字符。

或者，如果你更喜欢听简单点儿的解释：

因为所以。①

53.

现代用法中，单词的前缀和主要部分（名词、动词、形容词）是无缝衔接的，没有连字符：

antiwar

反战的

autocorrect

自动更正

codependent

相互依赖的

extracurricular

课外的

hyperactive

过分活跃的

---

① 来自脚注的突击小测验：那为什么 scholarly-looking teenagers（有书卷气的少年）和 lovely-smelling flowers（芬芳的花朵）要加连字符呢？因为不是所有以 -ly 结尾的词都是副词。有的是形容词。Really（真的），不好意思。

interdepartmental

部门间的

intradepartmental

部门内的

nonnative

非本地的

outfight

战胜

preexisting

预先存在的

pseudointellectual

伪知识分子

reelect[1]

改选

subpar

低于标准的

unpretentious

谦逊的

---

[1]　某杂志有一种著名的做法——你可能就会说，简直就是臭名昭著的做法，反正我会这样说——在含有重复元音的单词中加上分音符（diaeresis），也就是那种两个点点的符号，也有人称它为变音符（umlaut），例如preëxisting、reëlect。该杂志还把青少年写成teen-agers。如果你们出版社或者杂志社想要树立自己的风格，请不要尝试这种显眼得连太空中的宇航员都能看到的怪异风格。

我建议你遵循这种简洁合理的写法——我知道读到这里的你可能已经开始不爽地咬牙了——因为如果不这样写，就会显得老掉牙，甚至更糟糕，显得土里土气的（rubelike）。[①]

不过：如果你发现书本上某些带有连字符的单词很费解，或者丑得惨不忍睹，也是没有关系的。但是，请发挥属于你的那份力量，让这样的词成为历史。[②]

54.

然而，例外情况是有一些的。

总有例外，不是吗？

recreate的意思是娱乐消遣，如果想表达"再创造"的意思，就要写成re-create。让一个没规矩的孩子改过自新重新做人，是reform，而re-form是说你把他大卸八块然后又重新拼成了人形。辞掉工作、和公司解除合同，是resign，而签过一次的合同还可以再签，叫作re-sign。

---

① 我马上会详细说的，少安毋躁。

② 现在我可以说了：很多人觉得没有连字符的coworker（合作者）一词看起来呆笨可笑，因此co-worker这种写法广泛存在。但我也有个也许别人都没有的厌恶点——我不喜欢coauthor（合著者），所以你可以看到兰登书屋的书，护封和封面上用的都是co-author。好了，你可以用那句people in glass houses shouldn't throw stones（住在玻璃房子里的人，不要向别人扔石头；每个人都会犯错，所以不要随意指责他人）来为自己的偏好辩护了。

55.

有前缀（prefix），就有后缀（suffix）①。我们通常不会专门去想后缀要不要带连字符，因为一般没有这种习惯：比如encroaching（侵占，蚕食）的后缀不会写成 -ing，Darwinism（达尔文主义，达尔文学说）的后缀不会写成 -ism，hopelessness（绝望）的后缀不会写成 -less 和 -ness，其他的后缀也是一样。但是，如果你不喜欢前文中的 rubelike 这类写法——这个词跟俄罗斯的货币（Russian money）②是不是有关系？还是在说某种诡异的立方体玩具（insidious cube toy）③？——那我建议你换个说法，找个没有后缀的词来表达你的意思吧。好了，让我给这段话也加一句后缀吧——这个话题就说到这里。

56.

孩子年龄的写法，难倒了一堆有孩子的人。

My daughter is six years old.

我女儿六岁了。

My six-year-old daughter is off to summer camp.

我六岁的女儿要去参加夏令营了。

---

① 原文为 as ye prefix, so shall ye suffix，化用了习语 as ye sow, so shall ye reap（源自《圣经》，意为"种瓜得瓜，种豆得豆"）。——译者注
② 指卢布（rouble）。——译者注
③ 指魔方（Rubik's Cube）。——译者注

My daughter, a six-year-old, is off to summer camp.

我女儿，今年六岁，要去参加夏令营。

我们经常会遇到 a six-year old girl（一个六岁的老女孩）这种写法，还有 six year-olds（六个年龄均为一岁的人），不过如果是在讨论刚过完一岁生日的六胞胎婴儿，这么写还真没错。

57.

有件事你知道了可能会很惊讶——也不一定惊讶——几十年来，有很多编辑的工时（man-hour[①]）是花在修改常见粗鄙用语上面的。有这么一个迷人的常见粗鄙词语，是用来形容口交行为的。那个词的两个部分，是用空格隔开，还是用连字符连起来，还是直接合成一个词？

不用连字符，直接合成一个词。粗鄙用语还讲究什么连字符，太滑稽了。

58.

怎么，你以为我不敢明说 blowjob 这个词吗？

---

① 我知道说 person-hour 或者 work-hour 比较好，但我做不到，所以没这样用。请原谅我。

破折号

59.

破折号（dash）有两种：长破折号（em dash，很多人直接把它称作dash）和短破折号（en dash）。它们之所以得名，是因为按照惯例，长破折号的长度和该字体中大写字母M的宽度相同（现如今长破折号会更长一点儿），而短破折号的长度和小写字母n的宽度相同。

这是长破折号：——。

短破折号会稍微短一些，但还是比连字符要长：——。

你应该不需要我教你长破折号的用法，因为大家好像都经常用到它。

它用于表现说话时被打断的情况，可能是讲话人说着说着自己插入了别的话：

"Once upon a time—yes, I know you've heard this story before—there
lived a princess named Snow White."

"在很久很久以前——没错，我知道你听过这个故事——有
一位白雪公主。"

这种打断也可能来自外界：

"The murderer,"she intoned,"is someone in this—"
A shot rang out.

"凶手，"她肃穆道，"是这里的某个——"

一声枪响。

长破折号让一部分文字与其他内容拉开了一定距离——因为那些文字是插入性的，比如这句，但作者又不想用括号把它括起来——而这是逗号做不到的：

He packed his bag with all the things he thought he'd need for the weekend—an array of T-shirts, two pairs of socks per day, all the clean underwear he could locate—and made his way to the airport.

他把他觉得周末会用到的东西全都装进包里——一堆T恤，每天两双袜子，他能找到的所有干净内衣——然后去了机场。

根据编辑惯例——至少传承到我这里的编辑惯例是这样——一句话中的长破折号不应该超过两个，我觉得这个建议挺好——不适用的情况除外。

短破折号是编辑界的行业秘密，绝大多数普通人都用不到它，也不知道它是什么东西，甚至不知道怎么用键盘打出这个符号①。

---

① 用Mac打出短破折号的方法是按住option键，然后选择hyphen。在iPhone上，轻按住连字符键，就会出现短破折号以及长破折号和项目符号（bullet）。在PC上，我猜大概是按一下command之类的，再按个3，然后像变戏法似的弄一弄，应该就行了吧。

我非常愿意把这个秘密分享给大家。

要想将单词连接起来，一般来说连字符就够用了，但短破折号可以将由多个单词组成的专有名词组或者别的什么东西——其实基本上什么东西都可以——连接起来。这到底是什么意思呢？看这几个例子：

a Meryl Streep–Robert De Niro comedy

一部由梅里尔·斯特里普和罗伯特·德尼罗主演的喜剧

a New York–to–Chicago flight

一趟从纽约飞往芝加哥的航班

a World War II–era plane

一架二战时期的飞机

a Pulitzer Prize–winning play

一部普利策获奖戏剧

基本上，用连字符稍显吃力的地方，就可以用短破折号来连接。

请注意，在上面的第二个例子中，我用了两个短破折号，而不是一个短破折号搭配一个连字符，但 Chicago 明明是一个单词而不是词组，这是为什么呢？其实仅仅是因为两个短破折号的视觉效果比较均衡。

因为

a New York–to-Chicago flight

对我来说 —— 希望你也看出来了，并且能一直记在心上 ——这种用法看起来头重脚轻，不平衡。

对于第四个例子，我还见过用两个连字符来连接的，也就是：

a Pulitzer-Prize-winning play

这样看起来也不太好，对吧。

不过，还是建议你不要滥用短破折号。它在视觉上效果不错，但在含义上有局限性。比如

the ex–prime minister
前首相

当然能表达清楚意思，也不算错，但

the former prime minister

其实就可以了。

以及，像

an anti–air pollution committee

空气污染防治委员会

就不如

an anti-air-pollution committee

或者再想想有没有更好的说法。

短破折号还用于以下情况：

页码（pp. 3–21，第 3–21 页）

体育运动比分（the Yankees clobbered the Mets, 14–2，洋基队以 14–2 的比分将大都会队打得落花流水）①

法庭判决（the Supreme Court upheld the lower court's ruling by a 7–2 vote，最高法院以 7 票对 2 票的投票结果判定支持下级法院的裁决）

问号和叹号

60.

这条建议限用于较随意的散文或文章中的对话部分：如果

---

① 一开始我写的是"大都会队将洋基队打得落花流水"，但我的一位朋友看到之后，坚持让我调换一下，说"这才符合实际情况"。你可以看出我对棒球（不，我不会说"橄榄球"的，即使是我也知道这种玩笑太没水平了）有多不了解。

一句话的结构像是疑问句，但实际并没有疑问的意思，那么你可以考虑句末用句号，不用问号（question mark）。例如，That's a good idea, don't you think?（这个想法挺好的，你不觉得吗？）和 That's a horrible idea, isn't it.（真是个馊主意，不是吗。）这两句话的含义还是很不一样的。

61.

少用叹号（exclamation point）。太多的叹号会让你的文章显得专横跋扈，虚张声势，最终会令读者厌倦。有的作家建议一本书中的叹号不要超过十二个；有些作家则坚持认为一个人一生写的所有东西中叹号的总数不要超过十二个。

62.

话虽如此，有时语气中的强调意味必须通过叹号来传达，比如 Your hair is on fire!（你的头发着火了！）这句话，如果末尾不加叹号，谁会相信你呢？再比如 What a lovely day!（真是美好的一天啊！）这种句子，如果它是以句号而不是叹号结尾（也有人把叹号叫作 bang），那就会有种讽刺感或者是沮丧感。

63.

如果你的年龄超过了十岁，如果你不是在画漫画，那就不要在句子末尾连用两个叹号或两个问号。

64.

我们不探讨"？！"或"！？"的用法，因为英语里不能这样写①。

65.

我们也不会探讨疑问惊叹号（interrobang）②的用法，因为大家都是文明的成年人。

66.

开头是 I wonder（我想知道；我纳闷）的句子不是疑问句——只是表示在思考而已——句末不要用问号。

I wonder who's kissing her now.③

我想知道是谁正在吻她。

I wonder what the king is doing tonight.④

我好奇国王今晚在做什么。

I wonder, wonder who—who-oo-oo-oo—who wrote the book of love.⑤

我不知道是谁——谁咿耶咿耶——谁写下了爱之书。

---

① 也可能你的文章里出现了这样的用法，如果我是你的编辑，就会告诉你不要这样做。也许你愿意听我的（那可就太好啦），也许你坚持不改（我大概会皱皱鼻子，不过你是作者你说了算）。

② 即"？"，也叫问叹号。——译者注

③ 这句话同时是一部电影的名字，中文译名为《艳吻留香》。——译者注

④ 出自音乐剧《凤宫劫美录》中的同名歌曲。——译者注

⑤ 出自美国演唱组合 The Monotones 的歌曲《爱之书》。——译者注

67.

以 guess who（猜猜是谁）或 guess what（猜猜是什么）开头
的句子不是疑问句。其实，它们更像祈使句。

Guess who's coming to dinner.[①]
猜猜看谁要来吃晚餐。

---

① 这句话同时是一部电影的名字，中文译名为《猜猜谁来吃晚餐》。——译者注

第 四 章

1, 2, 3，开始: 数字的处理

一般来说，在非科学技术类写作中，大于一的数字，都可以用单词来表示——也就是说，250可以大略说成two hundred（两百），1823可以简单写成eighteen hundred（一千八百）。为了节省印刷空间，期刊一般要求大于九或十的数字不能用单词表示，但要我说，如果空间足够，在纸面上单词会比数字看起来舒服。

财经类文章算是例外，它一般含有相当多的数据，并且通常用阿拉伯数字表示。总之，你要灵活决定是否遵循通用的数字写作规则，仔细考虑对读者来说怎样表述才美观，容易阅读和理解，尤其是一段话中有密集的数字时。我觉得这应该是不言自明的，但还是想提醒你，如果你按照一般规则写作，但写出来的东西看起来怪怪的或者让人摸不着头脑，那就再想想吧。

下面是一些有用的建议:

1.

在一段话中（有人认为是在一整页中），如果某个数目是用阿拉伯数字表示的，那么与它相关的所有数字都应该用阿拉伯数字表示。例如下面这句话就是不规范的：

The farmer lived on seventy-five fertile acres and owned twelve cows ,
    thirty-seven mules, and 126 chickens.

这位农夫靠着七十五英亩的肥沃土地过日子，有十二头奶牛、
三十七头骡子和 126 只鸡。

而应写成：

The farmer lived on seventy-five fertile acres and owned 12 cows, 37
    mules, and 126 chickens.

牲畜的数量以阿拉伯数字表示；土地的面积属于另一个单
独的类别，可以用英文单词表示。这是一个很小的区别，但这
样一来页面会更美观，也让读者知道哪些数字应该用于比较，
并且便于比较，尤其是需要和好几段之后的数字进行比较时。

2.

一般来说，尽量不要在对话中使用阿拉伯数字。例如：

"I bought sixteen apples, eight bottles of sparkling water, and thirty-two
    cans of soup," said James, improbably.

"我买了十六个苹果、八瓶气泡水和三十二罐汤。"詹姆斯的

话令人难以置信。

而不要写成

"I bought 16 apples, 8 bottles of sparkling water, and 32 cans of soup," said James, improbably.

上面这个句子给人的感觉是，接下来作者要说"如果詹姆斯把苹果分一半给卢埃拉"，而我们不希望把文章写出数学题的感觉。

但也不必矫枉过正。相信你一点儿也不想看到下面这样的写法：

"And then, in nineteen seventy-five," Dave recounted, "I drove down Route Sixty-six, pulled in to a Motel Six, and stayed overnight in room four-oh-two, all for the low, low price of forty-five dollars and seventy-five cents, including tax."

"后来，在一九七五年，"戴夫回忆道，"我沿着六十六号公路，开到六号汽车旅馆，在四〇二号房间里睡了一晚，房费很便宜的，含税才四十五美元七十五美分。"

2a.

文中的人物在讲话时，是应该说 I arrived at four thirty-two（我是四点三十二分到的）还是 I arrived at 4:32？

　　请记住，如果你不是在描写科茨沃尔兹一个古镇上的凶杀悬案，不是在描写法医的调查过程，那么拜托你，只要让人物这样说就好："我四点半刚过就到了。"

　　一个人也可能会说 I left at 4:45（我 4：45 的时候走的），我觉得这样也可以（当然如果你非要这样写，请不要用数字，要写成 I left at four forty-five），但其实不如写成 I left at a quarter to five（我五点差一刻走的）。

3.

　　一般认为，一句话不应该以阿拉伯数字开头，这种写法不好。

　　　　不要这样写：1967 dawned clear and bright.（1967 年的开头充满希望。）

　　　　稍微好一些，但也不太推荐的写法是：Nineteen sixty-seven dawned clear and bright.

　　　　尽管语义重复，但比上一种好点儿的说法：The year 1967 dawned clear and bright.

　　比上一种更好的做法：重新组织句子，别把年份放在句首。不会耽误你多少时间的。

4.

关于时刻的表示法，我比较喜欢这样：

five A.M.

清晨五点

4:32 P.M.

下午4：32

用个头小一些的大写字母［它有个昵称叫小型大写字母（small caps①）］，而不是用正常大小的A.M./P.M.或者看起来随随便便的a.m./p.m.（AM/PM和am/pm根本不在讨论范围内）。

顺便说一句，6 A.M. in the morning这种常见说法犯了成分冗余的错误，注意避免这么用。

5.

年份的表示方法是：

53 B.C.

公元前53年

---

① 在微软Word中输入小型大写字母的方法是，打出小写字母，选中，按Command + Shift + K键，如果这个方法不好记，你可以打出小写字母，选中，找到屏幕上方的"格式"中的"字体"进行设置。

A.D. 1654

公元1654年

请注意，B.C.［即 before Christ（耶稣诞生之前），我可能不需要提醒你这一点］永远放在表示年份的数字的后面，而A.D.［即拉丁语 anno Domini，意为耶稣诞生之年（in the year of the Lord），虽然你可能不需要我提醒，但我还是说一下吧］是需要放在表示年份的数字之前的。

也许你学到过淡化宗教色彩的B.C.E.［即 before the Common Era（公元前）］和C.E.［即 of the Common Era（公元）］，它们都位于年份数字的后面：

53 B.C.E.

1654 C.E.

我发现，至少以我个人的经验来看，偏好使用B.C.和A.D.的人依然占压倒性优势，而B.C.E.和C.E.的拥护者，就像在美国使用公制单位的人一样少得可怜。

不管你用哪种表示法，拜托把字母放对地方。要是我有机会到月球（the Moon①）上去，我非常确定要做的第一件事是带

---

① 关于提到月亮时用 Moon 还是 moon（就是那个唯一的月亮），提到太阳时用 Sun 还是 sun（同理，唯一的太阳），以及用 Earth 还是 earth（表示"地球"的义项，而非"土壤"义项），你可能听到过不同的说法。请根据上下文的具体情况来决定。

一支记号笔，到那块说人类于JULY 1969, A.D.成功登月的纪念牌那里去[①]。

1969年7月，公元，
来自地球的人类首次登陆月球。
我们为全人类和平而来。

尼尔·阿姆斯特朗
（宇航员）

迈克尔·柯林斯
（宇航员）

小埃德温·尤金·奥尔德林
（宇航员）

理查德·尼克松（美国总统）

6.

　　我将1960年到1969年（the years from 1960 to 1969[②]）称为sixties（必要时写作'60s），将曼哈顿区第六十街到第六十九街的那片区域称作Sixties。有的人习惯反过来用，我们不要计较。

---

① 纪念牌上的错误不止那一处，但那就是另一个话题了。
② 注意不要写成the years from 1960–1969，因为如果你用了from，就要搭配to。

非要计较的话，那也是我赢。

7.

如果你用美国人习惯的方式写日期，请留意年份前后那两个固定不变的逗号：

Viola Davis was born on August 11, 1965, in St. Matthews, South
Carolina.
维奥拉·戴维斯[①]于1965年8月11日出生在南卡罗来纳州的圣马修斯。

而美国之外地区的写作习惯一般是不写那两个逗号：

Viola Davis was born on 11 August 1965 in St. Matthews, South
Carolina.

另外请注意，即使你心里想的是August eleventh，也不要写作August 11th，无论上下文是怎样的。我也不知道为什么，但一般就是不这样写。

---

① 美国演员、制片人，主演电影《藩篱》、电视剧《逍遥法外》等。——译者注

8.

电话号码555不管是写在书里，还是在电影或电视剧^①台词中出现，都让人觉得有点儿傻^②。一点儿小技巧就可以巧妙避开这个问题。

"What's your phone number?"

I jotted it down on a scrap of paper and handed it to her.

"你的电话号码是多少？"

我把号码写在纸片上，递给了她。

9.

杂记：

- 温度［a balmy 83 degrees（温和的83度^③）］和经纬度［38°41'7.8351"，要注意这里除了度数符号（degree symbol），还有竖直的角分符号（prime mark），不要把它和有个性的弯弯的引号混淆了］最好用阿拉伯数字表示。

- 《圣经》中的章节也用阿拉伯数字表示［例如 Exodus 3:12

---

① 在美国的影视作品中出现的电话号码，都会以555开头，这是影视专用号段，在实际生活中并不存在，目的是防止号码雷同给民众生活造成困扰。——译者注

② 这句话可以避免写成以数字开头的555 phone numbers are just as silly-looking，简单吗？挺简单的。

③ 83华氏度约为28摄氏度。——译者注

（出埃及记3:12）]。

- 除对话外，百分数应该用数字表示，不过我强烈建议你用单词 percent 而不是百分号（the percentage sign）——除非你写的东西含有大量的百分数，那样的话就别写 95 percent 了，写 95% 吧。

- 强调数量多少的事物，例如球赛比分 [the Yankees were up 11-2（洋基队以 11-2 的比分领先）] 和最高法院的裁决 [the 7-2 decision in the Dred Scott case（斯科特案投票结果是 7-2）]，用数字表示的效果最好。而且还给了你机会展示一下短破折号的用法。

10.

在写作时碰到军队编号、法院判决编号、古典音乐相关的比如莫扎特的作品编号（Köchel catalog）①时，我会到我的大砖头写作指导书中去找答案，我强烈建议你也这样做。

11.

关于数字，有一件非常重要、至关重要的事情。无论你怎么表述，都要做到：

数字是准确的。

---

① 莫扎特的作品编号由奥地利音乐学家路德维希·冯·克歇尔编定，条目编号以 K（代表 Köchel）或 KV（代表 Köchel Verzeichnis，即克歇尔编制目录）开头。——译者注

　　只要作者写下了"十二条给大学毕业生的求职建议"这样的句子，编辑就会核实数字的准确性。你都不知道有多少文章说列出了十二条，实际却只写了十一条的。写作者很容易忽略这件事，请一定留意，不要犯错。不然你就会发现，你写的"关于标点符号：六十七件要做（和不要做）的事"这一章中，实际上只写了六十六件事。我跳过了第38条，你注意到了吗？

第 五 章

外交事务

1. 标准的做法是将外语单词的字体设置成斜体。外来的单词或短语，不管它是如何演化过来的，只要被收录进《韦氏大学英语词典》（第十一版）的正文部分，你就要把它当作英文单词。如果这个单词或短语出现在词典最后的外语单词附录中（或者词典里压根就没收录），那么你就不能把它当作英语词汇来对待。

因此，可以认为以下词语是英语单词：

bête noire

讨厌鬼（源自法语）

château

庄园（源自法语）

chutzpah

肆无忌惮（源自希伯来语）

façade

建筑物的正面（源自法语）

hausfrau

家庭主妇（源自德语）

karaoke

卡拉OK（源自日语）

mea culpa

我的错（源自拉丁语）

ménage à trois

三角同居关系（源自法语）

non sequitur

不合逻辑的推论（源自拉丁语）

retsina

松香味希腊葡萄酒（源自希腊语）

schadenfreude

幸灾乐祸（源自德语）

weltschmerz[1]

悲观厌世（源自德语）

以下词语不是英语单词：

concordia discors

---

[1]　尽管德语中名词的首字母都要大写，但我觉得如果一个德语名词已经被英语吸收了，那它就应该像英语中的普通名词一样，首字母小写。

不和谐的和声（拉丁语）

dum spiro, spero

只要一息尚存，就怀抱希望（拉丁语）

n'est-ce pas?

不是吗？（法语）

und so weiter[①]

诸如此类（德语）

2. 变音符号（diacritical mark）——也有人喜欢叫它重音符号（accent mark）——是指很多外来词里会有的那种装饰在字母上的花哨小玩意儿，它一般是在字母（大部分都是元音）的上方，个别情况下也有在字母下方的（比如 façade 中的 ç），甚至在某些东欧的语言中，有的变音符号会从字母的中心穿过。书面英语偶尔会省略这些变音符号，词典也常常会允许你略过它们，但是说起来，住在 chateau 里，肯定远不及住在 château 里开心。还有，如果你在求职时，发给我的是 resume 而不是 résumé（简历），我很可能不会雇用你。[②]

3. 既然说到这里了，那就顺便说一下：如果你非要在文章

---

① 就是 and so on 的意思。

② 通常来说，没几个人会喜欢变音符号，但是即使不喜欢，你也必须承认，resume 这种写法和 rezz-ooh-may 这个发音是对不上号的，不是吗。还有人把两种写法折中了一下，写成 resumé，我想这么喜欢搞折中的人，估计来自中卡罗来纳州或者中达科他州吧（美国有北卡罗来纳州、南卡罗来纳州、北达科他州、南达科他州，并没有中卡罗来纳州或者中达科他州。——译者注）。

里用n'est-ce pas这个短语［这是法国人爱说的一句没什么实际含义的口头语，相当于美国人说的you know（知道吗）或英国人口中的innit（对吧）］，那你就必须要把它拼写正确，另外，除非你是用法语写作，否则我建议你压根就别写这句话。

4. 不过，还有一种情况：假设你在写一部小说，里面有个人物能够在英语和另一门语言之间切换自如，比如英语和西班牙语好了。那么，我建议你考虑一下，不要把西班牙语（或其他你想设定的外语）的内容设置成斜体。斜体会强调说这是外来的东西。如果你想表现这个人物讲话流利，就不要区分两种语言的字体，都用罗马字体就好。［若干年前，我编辑了一本回忆录，书中一位菲律宾裔美国人讲英语时夹杂着他加禄语（Tagalog），从那时起我就建议作者们采用上述做法了。作者们觉得这个办法不错，而且锦上添花的是，这样书中的斜体字就变少了，我们知道过多的斜体字是会让读者的眼睛疲劳的。①］

另外，如果你写的小说是关于一位去巴黎生活的英国姑娘的，她人生地不熟，无论是生活习惯、语言还是人际关系，都让她感到不知所措，那么你在写作时，无论是叙事还是描写对话，都要把其中涉及的法语用斜体字标出，这样效果会很好。你要让文中的每一处法语，都带给人陌生的感觉。

5. 我还记得十几岁时读了一本十九世纪的小说，作者似乎

---

① 如果你希望读者跳过你写的大段文字，那就把它设成斜体好了。多段的斜体，通常表示冗长的内心独白或是其他恐怕没人愿意读的东西。

觉得读者都精通古希腊语和拉丁语。所以我强烈建议你想清楚点儿，体贴一下读者，不要随便在文中插入大量的外语文字，就好像每个人都懂外语（很多作者似乎都是这样想的）似的，比如法语。不是每个人都懂的，并不是。

6. 不管你如何设置文中外语部分的字体，要注意外语中的专有名词一律用罗马字体，例如：

Comédie-Française

法兰西喜剧院（法语）

Déclaration des Droits de l'Homme et du Citoyen①

《人权宣言》（法语）

Galleria degli Uffizi

乌菲兹美术馆（意大利语）

Schutzstaffel

---

① 像 the Declaration of Independence（《独立宣言》）这种文件的标题是不用斜体的，这里的《人权宣言》也是一样。这一点和小说标题不同，比如小说 Les Misérables（《悲惨世界》）、鸿篇巨制 À la recherche du temps perdu（《追寻逝去的时光》）等。关于这个话题我还想说，对只懂英语的人而言，法语中作品名的规范挺难弄明白的。法语作品名一般只有第一个单词的首字母大写，而如果第一个单词是冠词，那么第二个单词的首字母也要大写，如果标题中有些词和前两个词一样重要，那首字母可能也要大写……嗯，就是有这个规定。作为一名编辑，遇到这个难题的时候，我一般会去网上找可靠的针对具体标题的指南或者工具。如果要把英语中作品名的大写规则——名词、动词、形容词等的首字母大写，冠词、介词等的首字母小写——硬套在法语上，那你首先得有能力识别法语单词的性质，但这还是会让行文中的法语显得不地道：按英语的规则，《追寻逝去的时光》的标题应该写作 À la Recherche du Temps Perdu，你也可能根据省略大写字母中的重音符号的传统，将其写成 À la recherche 之类的。英语的规则是相对简洁的，这是我喜欢编辑英语书的原因。

党卫军（德语）

还有，尽管我们现在已经不经常说到或写到francs（法郎）和lire（里拉）了，但如果提到了，它们是不设成斜体的。

7. 你可能在书的注释和参考文献中见过从外语中衍生出来的词汇：

et al.

等等（源自拉丁语 et alii/et aliae/et alia）

ibid.

出处同上（源自拉丁语 ibidem）

op. cit.

出处同前面提及的该作者著作（源自拉丁语 opere citato）

更不用说

etc.

等等（源自拉丁语 et cetera）

以上这些词要设置成罗马字体。

既然说到了外国人，那就趁这个机会谈谈下面这个话题吧。

如何避免文章有英国味儿

我们大洋彼岸的表亲们，曾有机会统领全球，掌管人类的语言。在某个时间点——我记得是《印花税法案》（Stamp Act）和某些茶叶被倾倒入海[1]的那个时候——我们决心走出自己的路，不仅要建设我们自己的政治体系，还要在诺亚·韦伯斯特[2]的带领下，构筑我们自己的语言。

英国人[3]的单词让我觉得好笑，挪用的时候我还会觉得不好意思，但稍微举几个例子就很能说明问题了，太多的话我自己也觉得糟心。美国人住的公寓不叫 flat，美国人住的是 apartment。英国人管套头毛衣叫 jumper，而美国人管它叫 sweater；如果一个美国人穿了一件 jumper，意思是指那种有损形象的无袖罩衫［在英国人那里叫作 a pinafore dress（背心裙）］。我们乘坐的电梯是 elevator，他们乘坐的是 lift。他们往车里灌的汽油是 petrol，我们灌的是 gasoline。我们的 chip 是袋装薯片，他们的 chip 是炸薯条（french fries），就像"炸鱼薯条"里的薯条

---

① 指一七七三年波士顿倾茶事件。——译者注
② 美国词典编纂家，编有《韦氏词典》（*Merriam-Webster Dictionary*）。——译者注
③ 现在可以说了：爱尔兰（Ireland）往东的那个岛叫大不列颠（Great Britain），或者就叫不列颠（Britain）。大不列颠由苏格兰（Scotland，在最上面）、威尔士（Wales，在左下方）和英格兰（England，中间的那一大块）组成。苏格兰人和威尔士人能够勉强接受你称他们为 British（英国人），但切记，不要误把他们称作 Englishpeople（英格兰人）。
　　为你自己着想，千万不要把爱尔兰人叫英国人。爱尔兰人就是爱尔兰人。
　　截至本书写作时，大不列颠及北爱尔兰联合王国（the United Kingdom of Great Britain and Northern Ireland）由英格兰、苏格兰、威尔士和北爱尔兰（Northern Ireland）等组成。

那样，而他们管我们的 chip 叫作 crisp。我们吃的 zucchini（西葫芦）、eggplant（茄子）和 arugula（芝麻菜），在他们那里分别叫作 courgette、aubergine 和 rocket（不得不承认，用 rocket[①] 这个词形容沙拉里面的绿叶菜，真是惊天动地）。英国人嘲笑我们把做数学题叫作 doing math，因为他们做的是 maths。这样的例子太多了，说都说不完。[②]

当然，也有些词汇漂洋过海，在这片土地上生根发芽了。记得二十世纪八十年代我第一次遇到 twee（矫饰的）这个词，那时候在词典里还查不到它；现在到处都能看到它了，尤其是在那种故作可爱的、总要用到尤克里里的流行音乐中[③]。再比如，我们现在经常用到 queue（队列）这个词，尽管爱国的美国人还是 get in line（排队）而不是 queue up（排队）。（除非他们是某个特定年龄段的纽约人，那些人爱用 get on line 的说法。）

但也不能因为厌倦了美式英语，就没完没了地挪用英式英语里面的词。美国人不应该把字母 z 读作 zed，在美国发生的对话中也不会有人冷不丁说出 cock-up（差错）这种词，这样会让人显得像个——等我查一下常用语手册—— cockwomble（傻

---

① 有"火箭"之意。——译者注
② 有的词在大西洋的两岸含义不同，造成了很多误会和笑话，比如 pissed、fanny、fag，更不用说 pants，我想这个话题还是先打住吧。（pissed 在英式英语中意为"烂醉的"，在美式英语中意为"怒气冲冲的"；fanny 在英式英语中指的是女性阴部，在美式英语中指的是屁股，fag 在英式英语中意为"香烟"，在美式英语中是对男同性恋者的蔑称；pants 在英式英语中指的是内裤，在美式英语中指的是裤子。——译者注）
③ 指 twee pop 类型的音乐，一般译为童稚流行乐或矫饰流行乐。——译者注

子，讨厌的人）。

其他的用法、拼写和标点问题包括：

- 在美国，"兰登书屋在出书"的说法是：Random House is publishing a book. 在英国，则是：Random House are publishing a book. 英国人经常（不是每次都这样，但经常）在集合名词作主语时，使用复数形式的谓语动词。

- 英国人觉得 gotten（得到）这个词显得很白痴，而且他们会毫不犹豫地指出你这一点。

- 在美国，traveled（去旅行过）、canceled（取消了）、marvelous（了不起的）这几个词是这样写的，省下你的 l 留到别的地方用吧，不要写成 travelled、cancelled 和 marvellous。

- 避免英式的 ou，例如 neighbour（邻居）、colour（颜色）、harbour（港口）、labour（劳动力）等。按美国的习惯，要写成简单明了的 neighbor、color、harbor、labor。[①]（不过，专有名词是应该按照该国习惯来写的。美国人不应该把英国工党写成 Labor Party，而应该写作 Labour Party，同理英国人也不应该把珍珠港写成 Pearl Harbour。）

---

① 那种做成刻字效果的 —— 或者是山寨刻字效果的 —— 邀请函，会告诉客人午宴（luncheon）的时间是十二点半，并要求回复（requesting the favour of a reply）。你可以自己考虑邀请函要不要这样写。

如果你喜欢一致性，告诉你一个好消息，在 Big Water[①]两岸，glamour（魅力）这个词的拼法是一样的。你可能在美国偶尔见到——概率非常低——glamor 这种拼法，但它非常乏味、没有魅力（unglamorous），不是吗？另外，没错，glamorous（迷人的）是通行的拼法，没有 glamourous 这个词。

我承认，对于 armor（盔甲）这个词，我更喜欢英国人的拼法 armour——字母 u 似乎给这个词增加了一点儿金属叮叮当当响的感觉——但我们还是得遵守规则。［注意专有名词的例外情况，那个为人们供应冷盘肉片和肉酱的品牌名叫 Armour——此处 Armour 是一个姓氏——还有，那个生产光滑、贴身的运动装的牌子，却管自己叫 Under Armour（安德玛）。］

- 英国人用的 -re，比如 mitre（主教冠）、sceptre（权杖）、fibre（纤维）、centre（中心）等词中都有的，就相当于我们的 -er，即 miter、scepter、fiber、center。

  虽然不太常见，但美式英语中也可以用 sepulchre（坟墓）这种拼法，它比 sepulcher 看起来阴森多了，词典中也是认同的。

---

① 指大西洋。美国前总统特朗普曾在谈到波多黎各（Puerto Rico）时提到：This is an island, surrounded by water. Big water. Ocean water.（它是一座岛，周围都是水。大量的水。海水。）——译者注

真正值得探讨的是 theatre 这个词。它在美国存在的时间比较长，所以我们很多剧场建筑都用的这种拼法，再说一次，对专有名词的英式拼法是要予以尊重和保留的。百老汇（Broadway）大部分剧院的名字都用的 Theatre，例如 Shubert Theatre（舒伯特剧院）和 the St. James Theatre（圣詹姆斯剧院），但要注意别把本来不是 -re 结尾的给拼错了：曼哈顿上城的 Lincoln Center Theater（林肯中心剧院），还有下城的 Public Theater（公共剧院），都是 Theater 而非 Theatre。（我有一个特别在意的问题要跟《纽约时报》商榷。他们一直将其对 theater 的偏好强加给并非这样命名的国内外建筑物和企业。该报纸坚持将位于伦敦的国家剧院称为 National Theater，这一做法在各种层面上都是令人难堪和愤怒的。那个剧院不叫这个名字。）

对于 theatre，有些美国人坚持这样的立场：戏剧上演的地方叫作 theatre，电影上映的地方叫作 theater（美国人不会把电影院叫作 cinema）；或者戏院这种建筑叫作 theater，而戏剧艺术叫作 theatre。对这些人我想说：你知道，你之所以这样认为，是因为你觉得 -re 的拼法更高端，而我希望你不要再这样想了。

- 英国人会在 encyclopaedia（百科全书）上阅读关于 foetus（胎儿）的知识，而美国人在 encyclopedia 上阅读关于 fetus 的知识。还有，"考古学"和"美学"这两个词，我们的拼法是 archaeology 和 aesthetic。

- 英国的manoeuvre（移动）一词真是独树一帜，我总觉得它的发音大概和猫咪吐毛球的声音差不多。

- 在他们那边，这几个词的过去式是这样的：learnt（学习了）、burnt（烧焦了）、spoilt（宠坏了）和smelt（闻到了）。在我们这边，则是learned、burned（除非下一个词是sienna①）、spoiled和smelled②。

- 我们说zero（零），他们说nought。

- 请把whilst（在……时）、amidst（在……之中）尤其是amongst（在……当中）让给我们的英国表亲；我们自己用while、amid和among就足够了。

- 英国人在移动时喜欢backwards（向后）、forwards（向前）和towards（向着），而美国人喜欢backward、forward和toward。③

- 还有，多得是：英国人的"分析"是analyse，我们的是analyze。我们的"询问"是inquire，他们的是enquire。他们的"撬开"是prise，我们说pry（在某些必要情况下用prize）。他们耕田是plough，我们犁地是plow。他们喜欢用

---

① sienna意为黄土，burnt sienna意为熟褐色。——译者注
② 除了在那个以dealt it结尾的与嗅觉有关的习语中。（指he who smelt it dealt it，即谁第一个说闻到臭味，就是谁放的屁。有"贼喊捉贼""此地无银三百两"之意。——译者注）
③ 在美国出版物中，这些以s结尾的词并未完全销声匿迹，但大部分美国编辑会把这些s删掉。所以Bob's your uncle［这是一句英式英语俚语，意为"这样就行啦""就这么简单"。相传英国前首相罗伯特·塞西尔（Robert Cecil，Bob是Robert的昵称）曾安排自己的外甥担任政府要职，人们对这种裙带关系感到不满，因此用Bob's your uncle表示讽刺，后来这句话就用来表示很简单、不必担心的意思。——译者注］。

practise 表示动词练习、用 practice 表示名词练习，而我们的练习无论动词名词都是 practice。他们的执照是 licence，我们的执照是 license。〔诚然，专有名词保留原样，比如詹姆斯·邦德电影 *Licence to Kill*（《007 之杀人执照》）〕。他们把 judgement（判断）和 judgment 混着用，而我们用的是后者……

● 哦，说了这么多，我最喜欢的还是这个：英国人用 grey 形容灰烬的颜色和女神雅典娜眼睛的颜色，而美国人偏好的拼写是 gray，但你要是敢在编校过程中告诉作者这个词应该改成 gray，你就等着他大怒吧。这么多年，我纠正了不知道多少拼写问题，从没遇到过像这个词一样阻力那么大的。我秉持的理念是——随你解读—— grey 这种拼法是某些人在深受喜爱的经典童书里面看到的，从此就深深印在了心里，对它产生了特殊的情结。

　　也有可能，我也说不好，可能他们就是比较顽固吧。①

● 在关于标点符号的那一章中我提到过，对于引用的内容，美式英语中先是用双引号，第二层引用的内容则使用单引号，例如：

---

① 如果你愿意请我喝杯鸡尾酒，我就详细告诉你，为什么如果深究起来，gray 和 grey 其实是两种不同的颜色。我承认这种观点有些奇怪。前者是有光泽的，那种色彩的光辉接近银色，而后者更加沉重、灰暗，有些湿漉漉的感觉。

"Mabel," I said, "whether you spell the word 'armour' or 'armor' is of no
　　consequence to me."

"梅布尔，"我说，"不管你把那个词拼成'armour'还是'armor'，
对我来说都无关紧要。"

　　而英国人的做法通常是 —— 也有例外 —— 正好反过
来，也就是像下面这样：

'Mabel,' I said, 'whether you spell the word "armor" or "armour" is of no
　　consequence to me.'

　　我还注意到，有些英国人会把单引号叫作inverted
comma（倒过来的逗号），我想也不是没有道理，所以这里
就不提意见了。
● 英国人通常把句号或逗号放在后引号的外面。

英式写法：

When it comes to Beatles songs, Queen Elizabeth is particularly fond of
　　'Eleanor Rigby', but her absolute favorite is 'Drive My Car'.

说到披头士乐队的歌，伊丽莎白女王尤其喜欢《埃莉诺·里
格比》，但她最喜欢的还是《开我的车》。

美式写法：

When it comes to Beatles songs, Queen Elizabeth is particularly fond of
"Eleanor Rigby," but her absolute favorite is "Drive My Car."

要说有什么会让英国人看不起美式英语的标点，那就是这个了。"歌名当中并没有逗号或者句号啊，"他们咆哮道，"为什么你要让它杵在引号里面呢？"不知为何，"美式英语就是这样的"这种回答并不能让他们满意。但这的确就是美国式的做法，我能明白英国式写法的逻辑，但这并不代表我要去颠覆美式英语的普遍习惯。此外，我觉得让那些句号和逗号独自待在后引号外面，是件挺悲伤的事情。在我看来，它们显得孤零零的，没有人爱。

- 在英国的书中，你经常能看到有人为破折号－就像这样－找各种苍白无力的借口，而我们美国人在打断句子时是这样的－当然了－用真正的破折号。我们的更好。

第 六 章

对语法一知半解是很危险的事①

我要透露给你一个小秘密：

我讨厌语法。

嗯，好吧，其实也不完全是。我不讨厌语法。我讨厌语法术语。

我想，读到这里的人当中，肯定也有人像我一样，上学的时候对语法的枝枝节节一知半解。我刚开始做编辑时才发现，对于语法，大部分东西我都是本能地知道的。也就是说，我懂得大部分——当然不是全部——的语法规则；我只是不知道这些规则和术语的准确名字。

即便是现在，我也答不上来独立主格（nominative absolute）是什么，我还觉得所有格（genitive）这个词听起来有点儿下流②，而且，我当然不知道，也懒得知道如何用图解法（diagram）

---

① 原文为 A Little Grammar Is a Dangerous Thing，化用了英语谚语 A little learning is a dangerous thing，意为一知半解是危险的。——译者注

② genitive 一词与 genital（生殖器）一词形似。——译者注

分析句子。

希望没有吓到你。

但在某个时刻，我忽然明白了，如果语法是我赖以生存的职业技能，我是不是应该稍微学那么一点儿，于是就那样做了：我学了一点儿。只学了需要的那一点儿。只要遇到一点儿不懂的地方，哪怕问题再不起眼，我也会跑去查我的大砖头写作指导书，我想我会一直这样的。

不过，我确实认为，作为一名写作者，如果你知道如何去写，那么即便不知道语法规则叫什么，也没有很大关系。所以在本章中，我将谈到自己最常遇到的语法错误，我会尽量处理得简单、实际一些，不纠结于语法术语。

1.

这里有一条令人恼火的语法规则（here's one of those grammar rules that infuriate people）：

就是这句。这就是规则，或者至少是一个例句：这句话中动词的正确形式不是 infuriates 而是 infuriate。

我知道你想让句中的 one 和单数动词保持一致，但在这句话里面……

我在我手边那本《写作规范》的第三百五十五页贴了一个不干胶标签，因为经过这么长时间我也发现了，当我坚持这个观点的时候，很多人不相信我，而引用别的书里面的说法往往可以支持自己的观点。

那一页书上是这么说的：The verb in a relative clause agrees with the antecedent of the relative pronoun, which is the nearest noun or pronoun and is often the object of a preposition, as in the phrase *one of those who [or] one of the things that.*（关系从句中的动词与关系代词的先行词一致，先行词即最近的名词或代词，并且经常是介词的宾语，例如短语 one of those who 或者 one of the things that。）

如果你像我一样，讨厌 relative clause[①] 这种短语，那你就需要想想别的办法来记住它了。（我的方法是，无论什么时候看到 one of those 或 one of the 这种词，就拿来我那本《写作规范》，翻到贴着标签的那一页。）

值得注意的是，一贯无懈可击的科尔·波特写的 one of those bells that now and then rings / just one of those things（不时响起的钟声，只是那些事物的一种）这句歌词，韵律极佳，但语法令人不敢恭维。

另一件值得注意的事情是，至少有一个版本的《只是那些事物的一种》，完美至极的莉娜·霍恩唱的是 one of those bells that now and then ring，注意是 ring 不是 rings，她改正了语法，但破坏了歌词的韵脚。

在语法的编校问题上，这条规则使我收获了最多的热烈反

---

① 我本来想开一个 Mrs. Santa（圣诞老人夫人）的玩笑来着，但还是算了，即使我对于玩笑也有自己的标准的（relative 有"亲戚"之意，clause 形似 Claus，而 Santa Claus 是"圣诞老人"的意思。——译者注）。

驳——人们的反应有简单的"真的吗"，也有来自东边的人说的"这个嘛，可能这是你们美国的做法吧"——所以我可能会承认，发明这个规则就是为了让编辑证明外行人不懂行的。

是的，我知道我刚说了什么。我会继续这样做的。

2.

在我打下这些字的时候，我正听着一位出色歌手的歌曲。我曾数次观看这位歌手的演出，还是无法接受斯人已逝二十载。（Even as I type these words, I'm listening to a wonderful singer whom I saw onstage repeatedly and who I didn't realize had died twenty years ago.）

借用马克·吐温（Mark Twain）并没说过的一句话①，whom一词即将消亡的说法纯属夸大其词，所以你最好学会如何正确使用这个词，或者至少学会不在使用它时犯错，这一点可能更重要。②

whom的基本用法应该不算难。如果你能记得把who想成I、he、she和they（做事情的人，即主语）的表亲，把whom想成me、him、her和them（事情的承受者，即宾语）的表亲，就八九不离十了。

---

① 他确实说过的是——确切地说是写下来的——"我的堂弟詹姆斯·罗斯·克莱门斯两三周前在伦敦病倒了，但现已康复。他得病的消息传着传着传成了是我得病；有关我死亡的报道是夸大其词（the report of my death was an exaggeration）"。

② 我在意的是你怎么写作，而不是你怎么说话，所以如果你喜欢说it's me（是我）而非it is I，或者喜欢说who do you love（你爱的是谁）而不是whom do you love，我没有意见，相信其他想像正常人那样说英语的人都没有意见。

The man whom Shirley met for lunch was wearing a green carnation in
  his lapel.

和雪莉共进午餐的那个人，西服翻领上别着一朵绿色康乃馨。

（你会发现，如果删掉whom，句子还是通顺的。同样，好
几段之前那句关于歌手的话也是这样。）

To whom did you give the shirt off your back?

你把衬衫脱给谁了？

更不用说短语致相关人士（to whom it may concern）和《丧
钟为谁而鸣》（For Whom the Bell Tolls）了。

需要避免的是，出于某种文化人的顾虑，在应该用who的时
候却用了whom。这种错误一般被称为矫枉过正（hypercorrection），
这个词我不太喜欢，而且我发现它令人疑惑，因为它的意思并
非超级正确①，而是说非常希望做对结果却做错了。但在有人能
想到更好的词之前，我们就先用这个吧。

关于whom的矫枉过正问题——既然说到这里了，也要提
一下whomever的矫枉过正问题——一般分成两大类：一类是
"不，那是一个插入语"，一类是"小心那个动词"。

---

① hyper- 作为前缀表示"超级"，因此hypercorrection字面上可以理解为"超级改
正"。——译者注

关于第一类情况，看这个句子：Let's think of Viola, the heroine of Shakespeare's *Twelfth Night*, and her brother, Sebastian, whom she believes has drowned in a shipwreck.（让我们想想莎士比亚的《第十二夜》中的女主角薇奥拉，以及她的哥哥塞巴斯蒂安，她以为他在一次海难中淹死了。）

不对，等等。she believes是插入语，可以加逗号，甚至可以直接去掉，也就是说，剩下：

her brother, Sebastian, whom has drowned in a shipwreck

嗯，这样不太行，对吧。那就改成下面这样：

her brother, Sebastian, who she believes has drowned in a shipwreck

看了这个例子，你应该知道，遇到she believes（她相信）、he says（他说）、it is thought（有人认为）这类短语时，你的矫枉过正警报器就该响起来了。

碰到这类短语时，有没有可能正确使用whom呢？当然有可能，让我们试试下面这个句子（虽然又长又拗口）：

her brother, Sebastian, whom, supposedly drowned in a shipwreck, she
　　mourns
她哥哥塞巴斯蒂安恐怕在海难中淹死了，她很悲痛矫枉过正的第二类情形叫"小心那个动词"，它发生在你觉得什么都想好了的时候：

I gave the candy to
我把糖给了

然后你特别确定下一个词是，当然了，是宾语——是 him、her 或者 them——于是你继续写道

I gave the candy to whomever wanted it the most.
我把糖给了最想要它的人。

又错了。后面那个词 wanted 需要一个主语，所以正确的写法是：

I gave the candy to whoever wanted it the most.

诚然，你也可以 give the candy to whomever you like（把糖给你喜欢的人），这种说法也是对的。

在这种情况下，你的矫枉过正警报器应该在新动词出现时拉响。在很多情况下，那个动词是 is，例如：

I will give the candy to whoever is most deserving.

我会把糖给最应该得到它的人。

在语法中，这种情况称为（《写作规范》又来了）"关系代词是其后面动词的主语，而不是前面介词或动词的宾语"。

3.

> I wrote a note to myself not only to write about "not only x but y"constructions but to write about "either x or y" constructions.
>
> I wrote a note to myself to write not only about "not only x but y"constructions but about "either x or y" constructions.
>
> I wrote not only a note to myself to write about "not only x but y"constructions but a note to myself to write about "either x or y"constructions.

我写了一个便条，提醒自己不仅要写写 not only x but y 结构，还要写写 either x or y 结构。

不，我不是进入了 all work and no play makes[①] Jack a dull

---

① 杰克·托兰斯（经典恐怖电影《闪灵》的男主角，all work and no play makes Jack a dull boy 是电影中他反复在打字机上打出来的一句话。——译者注）选择的动词是 makes，而我会选 make。两个都对。为什么呢？因为杰克将 all work and no play 看作一个大的集合名词（collective noun）——我们可能会把它叫作概念单数（notional singular），例如 law and order（法律与秩序）或者 peas and carrots（豌豆和胡萝卜）——也就是说与它搭配的动词用单数。当然这是完全有道理的。而我更喜欢将 all work and no play 视为复合主语，搭配动词复数，当然这也是没问题的。

boy（只工作不玩耍，聪明孩子也变傻）阶段。我想说的其实很简单：

在 not x but y（不是 x 而是 y）、not only x but y（不只是 x，还有 y）、either x or y（不是 x 就是 y）、neither x nor y（既不是 x 也不是 y）和 both x and y（x 和 y 都是）结构中，你必须保证 x 和 y 在构成上是匹配的——也就是说，他们是平行的（parallel）。

［我发现，很多人都认为在这个结构中必须要有一个 also，他们觉得 not only x but y 还不够，应该是 not only x but also y 才对。我觉得这是对好端端的 also 的浪费。我可能会在下面这样的句子中使用 also：Not only did I write a note to myself to write about "not only x but y" constructions; I also wrote a note to myself to write about "either x or y" constructions.（我不仅写了个便条提醒自己写写 not only x but y，我还写了另一个便条提醒自己写写 either x or y。）但我觉得自己不会选择这种表达方式。］

这里挺容易犯错的——我就把话放在这儿。你很可能写出下面这种句子：

She achieved success not only through native intelligence but perseverance.

你可能写完了也没再想想有没有问题。但正确的写法应该是：

She achieved success not only through native intelligence but through perseverance.

She achieved success through not only native intelligence but perseverance.

她取得成功，不仅因为天生聪明，还因为她坚持不懈。

类似的句子还有：

错误：I can either attempt to work all afternoon or I can go buy a new shower curtain.（我可以试着工作一下午，或者去买一个新的浴帘。）

正确：I can either attempt to work all afternoon or go buy a new shower curtain.

正确：Either I can attempt to work all afternoon or I can go buy a new shower curtain.

或者像某次我对 T.S. 艾略特说的那样："汤姆，not with a bang but a whimper① 不太对，应该是 with not a bang but a whimper 或者 not with a bang but with a whimper。我们把它写对吧。"

哦，还有这个：

---

① 出自艾略特的诗《空心人》：This is the way the world ends/Not with a bang but a whimper.（世界就是这样结束的 / 不是一声巨响，而是一阵呜咽。）——译者注

在 neither x nor y 结构中，如果 x 是单数而 y 是复数，则后面的动词用复数。如果 x 是复数而 y 是单数，则后面的动词用单数。也就是说：跟 y 一致就好了。

Neither the president nor the representatives have the slightest idea what's going on.

无论总统还是议员都不知道到底发生了什么事。

Neither the representatives nor the president has the slightest idea what's going on.

4.

问：应该是 it is I who is late（迟到的人是我）还是 it is I who am late？

答：是 I'm late（我迟到了）。为什么把简单问题复杂化呢？

5.

如果有人要杀你，你觉得他们会怎么做？（If someone were trying to kill you, how do you think they'd go about it?）

读读上面这句话，你是否觉得——先不管我的神经兮兮和你可能会死掉的事——这句话听起来有点儿不舒服，而且哪里感觉不太对？如果你没觉得不对劲，可以跳过这部分余下的内容，直接去读下一条。如果你确实感觉不对，那就不要跳着读，因为我们需要谈一谈了。

把 they 当作单数使用，即用代词 they 指代单个的人，其性别未经指明或者并不重要。这种用法往往会让很多特定年龄段的人惊讶地挑眉，因为我们学到过或者听说过这种用法是不对的，因为我们从来没在书本报刊中读到过这种用法。

我们经常见到的是下面这样的句子：

[A] beginning writer ... worries to think of his immaturity, and wonders how he ever dared to think he had a word worth saying.

（一个）写作初学者……担心他自己不成熟，完全不相信自己能写出什么有价值的东西。

——多萝西娅·布兰德《成为作家》（*Becoming a Writer*）

在这本书出版的一九三四年，当时的编辑可能不觉得句中代词 he 有任何问题，因为 he 当然就是指任何人都可以。

但是，作为一名二十一世纪的编辑，本人要指出，相当多二十一世纪的人看到这种用法会生气，或者感到被排斥了，他们的这种感受是正当且合理的，而且会有这种感觉的人也不全是女性。

在二十世纪九十年代早期，我审读那些分配给我的稿子时，见过不少对默认性别不明的人是 he 这一做法的激烈抗议，我还注意到，有一些作者在尝试做出改变。

我能想起几种比较流行的变通方法：

- 用he or she（他或她），例如A student should be able to study whatever he or she likes.（学生应该能够学习他或她喜欢的东西。）看起来可能有些笨笨的，而且毫无疑问很快就会令人厌烦，但这样做就不会冒犯到别人了。

- 交替使用he和she，有时是在段落之间交替，有时是在句子之间交替。例如If your child is reluctant to eat vegetables, don't force him. But neither can you give in to a child's whims, because this may lead her not only to malnutrition but to a belief that she's the master of her own destiny.（如果你的孩子不爱吃蔬菜，别强迫他吃。但你也不能任由孩子使性子，因为这可能导致她营养不良，而且她会觉得谁都管不了她。）这种做法出发点是好的，就是可能会让读者晕头转向。

- 直接全部用代词she，从头至尾都这样。

- 用s/he这种结构。说真的，我很少遇到这种，算是件好事吧，因为它很丑。

然而，我深深感觉到作者们对于单数they的不认同，我很少遇到这样用它的作者，可能好些年都碰不到一次。真遇到的时候，我做了一个有自尊的编辑会做的事：把它删了。

但到底要怎么办才好呢？你怎么可以既不认同"不是he的he"，又删掉"不是they的they"呢，编辑本人解释得通吗，这稿子是不是走入死胡同了呢？

一个简单的办法是，抓住一切机会把单数名词变成复数名词，从而避免单数形式的代词：把 a student should be able to study whatever he likes 换个说法，变成 students should be able to study whatever they like。

如果这个办法行不通，我就会试试看能不能让这句话完全不用代词。并没有你想得那么难——这里调整一下下，那里稍微改一改就行——然后我就发现，或者至少我说服了自己，我得到了一个更精简、更整洁、更有力的句子。

不过，好吧，让我们回到二十一世纪的第二个十年。词典编纂者以及其他与单词打交道的人士热情地提醒我们，在书面上[①]将代词 they 作为单数使用的做法已有几个世纪的历史。他们热心地提供了伟大文学作品[②]中的例子，负责任地指出对单数 they 的禁令只是又一种维多利亚时代臆造的语法规则，给我们造成的是无谓的负担。最后还有很重要的一点，即他们强烈鼓励我们接受单数的 they，把它作为最终的代词问题解决方案。它不是变通妥协的结果，不是针对问题专门想出来的解决办法，而是一直以来都在那里自然存在的词。

---

① 我强调"在书面上"，因为大部分人在口头表达时都会不假思索地用单数 they。例如 Once you've hired a copy editor, please remind them not to allow the singular "they," OK?（请提醒你招进来的编辑，审稿时不要放过单数的 they，好吗？）这个句子。

② 我把这种观点归为"简·奥斯汀这样写过，所以一定没问题"词汇学派，但我不是这个学派的。我使用标点符号的风格跟简·奥斯汀不一样；我不会因为自己的文风与简·奥斯汀不一样而感到内疚。英语这门具有无限可塑性的语言，如果说它在扩张，如果说创造和再创造使它得以发扬光大，那么为了精确和清晰，它也可以偶尔将标准收得严一些，这对它是有好处的。当一个单词随着时间的推移积累了太多含义，而其中某些几百年前的义项已经用不到的时候，就没必要每一项都强行保留了。

单数 they 不是未来的潮流；它是当下正在发生的趋势。我担心我太老了，没办法接受它，假如遇到所谓无性别的 he 或者单数的 they，我依然很想运用我不错的技巧，想办法替换掉它们。

开启下一个话题之前，还有几件事要说清楚：

- 在法语中，这个问题根本不算问题，因为法语单词自带阴阳性，从 professeur（教授）到 livre（书籍）到 bibliothèque（图书馆）到 pomme（苹果）无一例外（分别是 le、le、la、la[①]），没什么好讨价还价的，所以 amis（或 amies）中的 il 就不言自明了[②]，对吧？

- every girl in the sorority should do what they like（女生联谊会的每个女孩都应该做她们喜欢的事）还有 a boy's best friend is their mother（一个男孩最好的朋友是他们的母亲）这样的句子有点儿蠢。[③]

- 不得不说，我注意到很多作家强烈支持单数 they，但他们自己发表的文章里从头至尾都没有这样用过。你可以想想看这是怎么回事。

---

① 在法语中，定冠词 le 修饰阳性单数名词，la 修饰阴性单数名词。——译者注
② amis 与 amies 均指"朋友"，前者为阳性，后者为阴性。il 是阳性代词"他"，也可以是无人称代词。——译者注
③ 我还没有在定稿中见过这样野蛮的用法，但它在网上似乎越来越常见了，所以我要先发制人，指出它的问题。

- 你还会发现，在这本书中，我从来没有用代词he或者she来指代一个性别不明确的人（无伤大雅的例句除外）。你也不会看到我用he or she。

- 这些年来，我发现代词上最难解决的问题出现在育儿书中，因为育儿书的作者——除非他们是专门写双胞胎养育问题的，其实关于双胞胎的育儿书很可能比你想象中要多——他们会用单数来指代你正在长牙的宝宝，或者你家暴躁的婴儿，或者你那个大发脾气乱扔东西的六岁小朋友。在这种书中，单数they实际上是不可避免的。但值得一提的是，我注意到，在我珍藏的一本破破烂烂的一九二三年的《时尚杂志之礼仪》（*Vogue's Book of Etiquette*）中，对于未指明性别的婴儿或儿童，作者用的代词是it。

一些更深入的思考：

我一开始写这部分的时候，仅仅把关于非二元性别（nonbinary）者——认为自己不是男性也不是女性的人——的代词问题写在了一个简短的脚注中，并提到了最近出现的变通的代词（我遇到最多的是ze和zir，但还有其他的，这种不统一不利于广泛的认可和使用），以及对单数they的使用有所增加的现象。我在脚注中避重就轻地把这个问题定性为文化问题而非编校问题，从而让这个话题就此打住，不用再深入讨论。

换句话说，我硬生生中断了讨论，落荒而逃了。

然而，我现在有一位同事，希望被别人用they指代，因此这个问题不再是抽象的文化议题，而是就存在于我生活中的问题，我没办法再说服自己这件事与我无关，于是我选择了——现在依然这样选择——基本的对人的尊重。（在这个问题变成我实际生活中的问题之前，我一直带着侥幸心理，固执地回避着它。这不是好的做法，但一般人常常就是这样的。）

在这位同事加入兰登书屋后的几个月里，我——在说话时，在电子邮件中——都回避了这个问题，我直呼其名，避开 you 以外的任何代词，就像这句话的感觉一样，我把自己带进了死胡同。这样费劲的日子过了没多久，我就感到厌烦和尴尬了，结果有一天聊天时，我自己都没注意，they 这个词就从我嘴里溜了出来，于是这件困扰我的事终于画上了句号。

6.

最近有这么一句话，我差点儿让它出版了：

I think of the Internet as a real place, as real or realer than Des Moines.

如果你瞬间发现了这句话的问题，那么你已经掌握了平行结构（parallelism）的概念。如果你没看出哪里不对——不必为此自责，因为我遇到的所有作者几乎都会有这个问题——请看下面的正确版本：

I think of the Internet as a real place, as real as or realer than Des Moines.

我认为互联网是一个真实的地方，和得梅因①一样真实。

关键就在于第三个 as。它算怎么回事呢？让我顺手引用一下《写作规范》里的定义："平行结构的原则是，在句子中意思平行的部分，在结构上也应该是平行的。"在这个例句中，as real 和 realer than 在结构上不匹配，你把原句中的两个部分颠倒一下来看就懂了：

I think of the Internet as a real place, realer than or as real Des Moines.

忘记保持平行结构，是很多人常犯的错误。再比如这句话：

A mother's responsibilities are to cook, clean, and the raising of the children.
妈妈的职责是做饭、打扫卫生、抚养孩子。

正确的说法应该是：

A father's responsibilities are to cook, to clean, and to raise the children.
爸爸的职责是做饭、打扫卫生、抚养孩子。

---

① 美国艾奥瓦州首府。——译者注

这样对应起来就都好啦。

有一句话充满了平行结构的魅力，令人振奋：

He was not beholden to, responsible for, or in any other way interested in
the rule of law.

他对法治没有义务、不负责任，也不感兴趣。

7.

在你生命中的某个时刻，可能就是此时此刻，你觉得aren't
I这个短语有严重的语法问题。如果你这样觉得，那你以后可以
改说am I not或amn't I，或者选择接受aren't I这种奇怪的结构。
这些莫名其妙的结构偷偷混入英语之中，并获得了广泛认同，
你甚至可以听到它们诡计得逞之后的窃笑呢。

8.

Flipping restlessly through the channels, John Huston's *The Treasure of the
Sierra Madre* was playing on TCM.

不停换着台，约翰·休斯顿的《碧血金沙》正在TCM频道
播放。

休斯顿啊，这儿有个问题。

Improperly attaching itself to the sentence's subject—that is, "John

Huston's *The Treasure of the Sierra Madre*"—we in the copyediting business call that introductory bit (that is, "Flipping restlessly through the channels") a dangler.

将句子的主语——约翰·休斯顿的《碧血金沙》——和介绍性的部分（"不停换着台"，我们在编校中把这部分叫悬垂）连接在一起是不对的。

　　上面句子中的这种悬垂形式，全称是悬垂分词（dangling participle），但并非所有的悬垂结构都是分词形式，而且，如果要用"悬垂分词"的说法，你就得先会识别什么样的结构是分词。悬垂修饰语（dangling modifier）——有时也叫错接修饰语（misattached modifier）或错置修饰语（misplaced modifier）——从覆盖范围上来说更全面，但"悬垂"的叫法更简单省事，所以我们就这么叫它吧。不管我们怎么称呼它，悬垂堪称稿子中最常见的错误，也可以说是出版物中最令人震惊的一类问题。作者写错了，编辑没看出来，校对快速过一遍稿子也没发现。这可不好。

　　说到底，一个句子的介绍性部分是要和主语正确融合的。或者，用我自己的话来说，它们需要互相交流。如果一个句子的开头是"不停换着台"，那么这个句子的主语——很可能是紧挨着它的下一个词——就必须告诉我们拿着遥控器的是谁。可能是我，可能是他，可能是塞西莉亚，但肯定不是约翰·休斯顿的《碧血金沙》。再比如：

Strolling through the park, the weather was beautiful. *Nope.*

漫步在公园里，天气很好。错。

The weather was beautiful as we strolled through the park. *Yup.*

我们漫步公园时天气很好。对。

Arriving at the garage, my car was nowhere to be found. *Nah.*

到了车库，我的车不见了。错。

When I arrived at the garage, my car was nowhere to be found. *Yeah.*

当我到达车库时，我的车不见了。对。

你可能觉得这种错误非常明显，很容易被发现——尤其是我们现在正在讨论这个问题，我们专门把这种错误拿出来仔细分析——但就像我说过的那样，它们很可能趁你不注意就从你眼皮子底下溜过去了。

例如，你可以往前看几段，找到 improperly attaching itself 那句话。

是的。那句话也是悬垂。

诺曼·梅勒①一九九一年的小说《夏洛特的亡灵》（*Harlot's Ghost*）的开头如下：

On a late-winter evening in 1983, while driving through fog along the

---

① 美国作家，代表作有《裸者与死者》《硬汉不跳舞》等。——译者注

Maine coast, recollections of old campfires began to drift into the March mist, and I thought of the...Algonquin tribe who dwelt near Bangor a thousand years ago.

一九八三年深冬的一个傍晚，驱车穿过雾气笼罩的缅因海岸时，旧时篝火的回忆开始飘进三月的雾中，我想起了……一千年前住在班戈附近的阿尔贡金人部落。

除非开车穿过浓雾的是回忆，不然这个句子就有问题。

怎么修改呢？简单：

On a late-winter evening in 1983, as I drove through fog along the Maine coast, recollections of old campfires began to drift into the March mist, etc., etc., etc.

修改后，开车的是小说中的叙述者，在雾中飘荡的是回忆，这样就各归各位了。

在这本书出版时，有人指出了书中的悬垂问题，而梅勒给出了自己的理由。"悬垂修饰语……是我的决定，几个月来重复了好几次，是为了保持句子完整。我喜欢这样的节奏。如果按照语法规则来修改，我觉得改得都不好。就这一点而言，句子的意思是明确的……悬垂分词可能引起一些读者的强烈不满，但相对于理顺语法导致的断裂感、对情绪的破坏，这种不满带来的损害还是相对较小的。"

这个嘛，我这么说吧：

Having read that defense, Mailer is utterly unconvincing.
读了这段辩解的话，梅勒完全没有说服力。

哦好像不对。

Having read that defense, I find Mailer to be utterly unconvincing.[①]
读了这段辩解的话，我觉得梅勒完全没有说服力。

　　我三天两头碰到悬垂问题。它们经常出现在一些作家给别的作家捧场——也就是写推荐语的时候。An intoxicating mix of terror and romance, Olga Bracely has penned her best novel yet!（恐怖与浪漫的醉人结合体，奥尔加·布雷斯利已经写出了她的最佳作品！）
　　这么写是不对的。

---

① 《夏洛特的亡灵》首次出版时，在梅勒发表这一番辩词之前，就有人到处在传播和议论这件事了。泄露者至少应该知道，这个错误从文字编辑眼皮子底下蒙混过关了。很可能是这样的，但即便如此也不应该公开指责那样一个出力却不挣钱的编辑。我知道你在想什么，不，那个编辑不是我。但是——现在可以说了——我曾是这本书的外部兼职校对之一。我慧眼独具地发现了这个错误吗，还是没发现呢？我真的想不起来了。我想我没发现吧。

9.

有时候，作者为了达到不经意的喜剧效果，会把句子的成分排列得混乱，从而可能导致某种悬垂，但一般情况下，我就只是把它看作为了达到不经意的喜剧效果而把成分安排得混乱的句子。

比如，如果你是格劳乔·马克思（Groucho Marx），为了达到某种喜剧效果，你可能会说：One morning I shot an elephant in my pajamas. How he got into my pajamas, I'll never know.（有一天早上我射杀了一只在我睡衣里面的大象。他是怎么进到我睡衣里面的，我不知道。[①]）

再比如，有个著名的男人，他有一条叫作史密斯的木腿（that famous man with a wooden leg named Smith），不知道你见过他没有。[②]

10.

即使不知道虚拟语气（subjunctive mood）是什么，你也可以走得很远，远到你自己都不信——英语中有那么多规则还不算完，它居然还有语气（mood）——但既然提起这个话题了，我们就聊聊吧。

---

① 正常的语序应为 One morning, in my pajamas, I shot an elephant（一天早上，我穿着睡衣，射杀了一头大象）。——译者注

② 来自英语的一个笑话：My friend said he knew a man with a wooden leg named Smith. So I asked him, "What was the name of his other leg?"（我朋友说他认识的一个男人有一条叫作史密斯的木腿。所以我问他："那人的另一条腿叫什么名字？"）——译者注

虚拟语气是用来表述各种非现实情况的。例如,《屋顶上的小提琴手》(*Fiddler on the Roof*)中的歌曲《如果我是个有钱人》("If I Were a Rich Man")用的是 were 而不是 was,这就属于虚拟语气;还有那首香肠广告歌的歌词 I wish I were an Oscar Mayer wiener(我希望我是一根奥斯卡·迈耶香肠)也是。

大多数人会觉得 I wish I were 比 I wish I was 自然,那我们就顺其自然不再深究了吧。当下面的几个词并列时,情况会比较棘手:

If

I、he 或 she[1]

was 或 were

如果你比较幸运,要写的句子含有 as if 而不仅仅是 if,你把 were 拿去使劲用就好了:

I felt as if I were a peony in a garden of dandelions.

我感觉自己就像蒲公英园子里的一朵牡丹。

He comports himself as if he were the king of England.[2]

---

[1] 说明一下,you、we 和 they 总是和 were 搭配,这样的话需要解决的问题就少了一个(one less problem)——或者说少了三个(three less/fewer problems)。

[2] 我确定是 the king of England 没错,而不是 the King of England。如果表示尊称,就将职务的首字母大写,例如 President Barack Obama(贝拉克·奥巴马总统),其他情况就不需要大写,例如 the president of the United States(美国总统)、the pope(教皇)等。我知道这种事会让保皇党和那些点头哈腰的作家们脸色不好看,但让我们拒绝这些把人分成三六九等的思维和写法,好吗?

他的一举一动就好像他是英国国王似的。

但如果你只有一个 if，什么时候搭配 was，什么时候搭配 were 呢？

嗯，是这样的：我还是个菜鸟编辑的时候，资深前辈们告诉我，如果作者不习惯用虚拟语气，就顺着他。也就是说，如果作者写的是 if I was president of the United States, I'd spend a bit more time in the Oval Office and a bit less time in Florida（如果我是美国总统，我会多花点儿时间待在椭圆办公室里，少去佛罗里达），编辑不要管作者，也不要管那个 was。

长久以来我都遵循这个原则，如果你也认可它，就也这样做吧。

但如果你觉得有点儿别扭，我们可以试试别的办法。可以这样：如果你要描写的情况不仅不是那回事，而且不太可能、很不可能，或者根本不可能发生，那么就用 were。

If I were to win the lottery tomorrow, I'd quit my job so fast it would make your head spin.
如果我明天中彩票，我会立马辞职，快到让你觉得天旋地转。

如果你假设的情况存在发生的可能性，但并没有发生，那么你可以选择用 was。

If he was to walk into the room right now, I'd give him a good piece of my
mind.

如果他现在走进房间，我会好好教训他的。

我倾向于这样思考：如果我可以在 if I 后面插 in fact，我就
会用 was 而不是 were。

还有，如果你承认动作或者状态确实发生过 —— 也就是
说，你用 if 是想表达 in that 的含义 —— 就用 was：

If I was hesitant to embrace your suggestion yesterday, it was simply that I
was too distracted to properly absorb it.

我昨天对你的建议犹豫不决，那只是因为我太心烦意乱了，
没能正确接受它。

第 七 章

虚构小说的现实

抛开编校工作中对拼写、标点符号、语法等基本问题的大量机械处理工作不谈，编辑在把握一篇文章的行文时，懂得倾听是很重要的。细心的编辑应该适应、熟悉作者的个人风格，沉浸其中，完全理解作者的意图，让整个过程变成一种纸上的对话。

这种对话的重要性，在虚构小说（fiction）中体现得最为淋漓尽致。小说的艺术性是个难以定义的概念，但无论你怎样定义，它可能都比传统认为的所谓"正确性"更有价值、地位更高；什么都没有小说的风格重要——无论它是古怪、独特还是奇异的；如果编辑无法真正理解作者在写的是什么，或者作者至少想要创造怎样的氛围，那么即使编辑再好心，也很可能会对小说造成严重破坏。令人遗憾的是，这种重大破坏确实会偶尔发生（wreaked①）：有个例子我不太敢提起，它来自

---

① 不知道为什么，有的人坚持认为 wreak 的过去式是 wrought——我撒谎了，我知道为什么，但我不愿意提倡——但正确的过去式真的是 wreaked。

我认识的最优秀的文字编辑之一——她很贴心，敏锐又专业，编辑们为了跟她合作简直抢破了头——这位文字编辑犯了一个重大的错误。由于一些难以解释的、不愉快的原因，她没能理解作者的意图，可以说是最糟糕的事情发生了——她没有读懂作者开的玩笑，于是继续按照自己的理解改稿子，把稿子改得像是被蒸汽压路机压过一样。[①]幸好，这种灾难性事件是很罕见的，而且在这个例子中，想把作者被气歪的鼻子扳回来倒也简单，只要换个编辑，把原始稿件从头到尾重新编校就好了。

　　虽然在这本书中，我无法以实际可感的方式，向你展示移情倾听这门难以捉摸的艺术，但我肯定可以告诉你一些方法——例如仔细检查所有细节、不要想当然、多提问、多做笔记，我还可以给你演示很多小技巧——这些都是文字编辑在编辑小说时会用到的方法。[②]我也会指出一些我经常遇到的小错误，这些年来我没少跟它们打交道，说不定你的作品中也会有这样的小硬伤。

---

① 至少她没有一而再再而三地告诉作者，主角不会像作者写的那样行事，因为这不符合主角的性格。真有编辑会做这种灾难性的事情，我知道的就有人做过。（文字编辑们请注意：千万别这样。）

② 请允许我将那些根据回忆撰写的、各种风格的非虚构故事也称为fiction，但这个词的含义不包括根据多年的档案研究成果和大量笔记整理而成的正式的报告文学。

虚构小说中真正的现实

　　小说可能是虚构的，但如果不符合逻辑、自相矛盾，那么虚构作品是无法成立的。

- 人物的年龄必须与日历时间一致 —— 也就是说，小说中出生于一九六〇年五月的人，在一九八五年五月时的年龄必须是二十五岁，在二〇〇〇年五月必须是四十岁，等等 —— 而且各个角色在时间上要步调一致：假如两个角色相遇时，年龄分别是三十五岁和十八岁，那么在后面的场景中，他们不可能一个五十岁了而另一个才二十六岁。我发现，小说中偶尔会有这种情况：人物的祖父母和曾祖父母的年龄是错乱的，不管你怎么算，都算不出他们到底是在什么年龄成功繁衍的后代。

- 对小说中的时间流逝要心里有数，尤其是故事情节经过几天或几周才结束的情况下。我遇到过很多次：周二过了两天就到了周五；把一系列"次日"加起来，算出当天是星期天，结果学校却有三年级的学生正在上数学课。

- 人物的身高、体重，眼睛和头发的颜色，鼻子、耳朵和下巴的大小，惯用右手或左手，等等，这些都要保持前后一致。

- 注意舞台管理和调度：小心那些爬上屋顶阁楼的人，别让他们瞬间移动到车道旁边去了；有的人物已经脱下了鞋子和袜子，结果五分钟后又脱了一次；人物把玻璃杯放在一个房间里，几个自然段之后，他已经去了别的房间，却还能从那个玻璃杯里喝水；[①]上一秒角色还在看报纸，下一秒手里的报纸就变成了杂志。

- 既然说到这儿了：我记得有一份手稿，其中一半人物的名字都是以字母 M 开头的。你可能已经猜到了，作者本人的名字就是 M 开头的。这样不太好。[②]

- 我不明白作者们为什么会洋洋洒洒、煞有介事地描写餐馆的饭菜，也不懂他们是怎样做到的，好像他们——我是说作者们而不是饭菜们——从来没有下过馆子似的。玩笑归玩笑：请你在写作中注意克制。

- 我不明白作者们为什么会洋洋洒洒、煞有介事地杜撰报纸上的文章，也不懂他们是怎样做到的，好像他们——我是说作者们而不是报纸们——从来没有读过报纸一样。至少，在捏造文章时要记得高中学过的 whowhatwherewhywhen（人物、事件、地点、原因、时间），并且把它编得简短一点儿。

  给你一个趣味小贴士，让你小说中编造的报纸文章显得逼真又气派：去掉所有的序列逗号。

  一定要重视现实生活中的细节。你可能觉得读者不会注意

---

① 通常，喝饮料这件事并没有许多作家认为的那样有意思。
② 让我到现在都觉得不太舒服的一件事是，《唐顿庄园》系列剧集中的两个角色都叫托马斯（Thomas），而且他们的姓氏都以 B 开头［指 Thomas Barrow（托马斯·巴罗）和 Tom Branson（汤姆·布兰森）——译者注］，我看不出来这样安排有什么特殊用意。

到这些。而我可以肯定地告诉你，他们是会注意到的。

- 比如说，如果你要把故事设定在一八六五年九月二十四日，你说这一天是星期天，那你就要确认好它确实是星期天。网上有许多在线万年历[①]。（还要记住，如果你在翻旧报纸档案，想看看一八六五年九月二十四日发生了什么，那你最好去查次日的报纸。）

- 我编辑过一部小说，主人公去旅行，在三个小时内分别乘坐出租车、火车、地铁和又一辆出租车，但我仔细确认了地图、时刻表和正常的交通速度后发现，这个过程少说也要耗时十小时。

- 如果你要把故事地点设定在，比如说，纽约市，那么你最好记下哪条街是从南向北的单行道，哪条街是从北向南的单行道，哪条街向东，哪条街向西。

- 你可能已经注意到，一年之中，每天太阳升起的时刻是不同的，落下的时刻也不一样。写小说时别忘了这一点。[②]

- 树木和花卉都有其特定的生长分布范围，不是地球上随便哪里都可以长的。

- 似乎很多作者都希望非常精确地描述人物观看影视作品的

---

① 我收藏了一个日历网站：timeanddate.com。

② 用谷歌搜索"日出日落（sunrise sunset）"，你不仅会看到一些有用的关于日出日落时刻的网站，还会看到埃迪·费舍对《屋顶上的小提琴手》中《日出日落》这首热门歌曲的悲情演绎。

习惯，如果你也想这样做，那就要确认，比如说，你小说中提到的《音乐之声》（*The Sound of Music*）的上映时间是一九六五年夏天①，《那个女孩》（*That Girl*）是在每周三②播出的。如果你不希望这么精确，那就别提供这么详细的信息，少说一点儿；或者你可以虚构一些听起来很像那么回事的电影和电视剧，其实我觉得这样会有趣得多。

- 五位数的邮政编码直到二十世纪六十年代才出现（附加的四位数编码更是到二十世纪八十年代才出现）；我们现在都习惯使用的两个字母并且没有句点的州名缩写，当时也是没有的。所以二十世纪五十年代信封上的地址，不会是这样：

Boston, MA 02128

02128 马萨诸塞州，波士顿

　　当时人们采用的还是二十世纪四十年代设计的邮政区域系统，所以信封上面的地址应该是这样的：

Boston 28, Mass

---

① 这部电影确实是一九六五年夏天上映的，你可以去 IMDb 网站查查看（IMDb，即 Internet Movie Database，互联网电影资料库。——译者注）。

② 其实这部剧不是周三播，而是周四播。用维基百科（Wikipedia）查这种东西最方便了。

28 马萨诸塞州，波士顿

　　如果你在写一部有几十年时间跨度的书信体小说，那你最好把这种东西弄对。[1]

● 要想还原某个特定时代的面貌，还要注意科学技术方面的细节以及社会生活现象的合理性。从电话答录机的发明和淘汰（总是有人会不小心偷听到留给别人的留言，这种尴尬时刻往往会导致故事的转折），到 iPhone 的更新换代和性能升级，再到前"9·11"时代和后"9·11"时代机场和办公楼安保措施的悬殊，以及特定药物的存在和流行等，方方面面都要留心。[2]

● 有一个小知识，对历史小说家可能会很有用：唱片技术刚开始发展时，蜡筒唱片（wax cylinder）中会有类似主持人的人先说明唱片信息，例如：《只出不进》（"All Going Out and Nothing Coming In"）由威廉姆斯和沃克组合（Williams and Walker）的伯特·威廉姆斯演唱，爱迪生唱片出品！

● 特定时期的词汇也是一个问题：如果要写一部以十八世纪的伦敦为背景的小说，当然不必局限于那个时代现存的词汇（或语法、标点符号），但你确实要小心，在词语的演变

---

① 我想我已经说清楚了，那么电话号码、交换码（exchange）、区号（area code）、法定区号（mandatory area code）和国际区号1的历史就交给你自己去研究吧。

② 有这样一种观点，我有时也觉得有道理：手机的发明和抗抑郁药的出现，堪称对现代小说最不利的事件。单是这个话题就足够另写一本书了。

问题上不要有明显的硬伤。有一次，我在一部小说里看到 maverick（特立独行者）这个词，但按照小说中的时间，塞缪尔·马弗里克（Samuel A. Maverick）[①] 要过好几个世纪才会出生。再比如，在二十世纪二十年代的曼哈顿，形容一个女人的衣服是 matchy-matchy[②]，也是不合理的。

　　想知道词语的起源，就去查词典吧，特别有帮助。

- 如果你打算写历史模仿作品——也就是说，完全用故事发生的那个时代的词语惯例来写作——那么只有你自己能决定模仿的程度。例如，一部把时间设定在二十世纪早期的关于电灯泡的小说，可能不像现在这样把灯泡称作 lightbulb，而是 light bulb 或者 light-bulb；你也可以自行决定是否要把电话（telephone）写成 'phone，把公共汽车（omnibus）写成 'bus，或者把流感（influenza）写成 'flu。

- 有时候，没办法就是没办法。很久以前，那时候还不是互联网时代，要想快速查找各种信息并不容易，我编辑了一本以二十世纪六十年代早期为背景的小说，里面提到了汉堡王（Burger King）。"AU（请作者确认），"我在空白处写道，"请

---

① 塞缪尔·马弗里克是十九世纪美国的一名律师。有一名委托人欠了马弗里克一千二百美元，于是用四百头牛抵债。马弗里克没有像一般农场主那样，在牛身上烙印自己的名字，而是任由没有标记的牛乱跑。附近的农场主见状，纷纷将马弗里克的牛据为己有，他只好赶紧把剩下的牛卖掉了，从此 maverick 就成了"特立独行的人"的代名词。——译者注

② 指全身衣服颜色非常接近或完全一致的穿衣风格，在二十世纪九十年代较为流行。——译者注

核实二十世纪六十年代有没有汉堡王。"作者最终选择将汉堡王改成他自己想出来的（his own devise）烤三明治小店，并向我坦承，尽管他仔细研究了食物链的历史，引用的资料也很准确，但在我之前每个读过手稿的人都问过他同样的问题，他认为没必要因为这种细节影响读者的阅读体验。①

把故事讲好的基础

许多作家过于依赖代词，他们对代词的使用，已经超出了我认为合适的范围。对我来说，探讨这种问题的原则首先是"记住，下笔与张口不是一回事"。当我们聊天时，即使说了一大堆模糊的 he 和 she，通常也不影响别人听懂。而在书面上，太多的代词容易造成混淆。我强烈建议你不要在一个句子中用同一个代词来指代两个人；说真的，我觉得不妨把这个范围扩大到整个自然段。（我认识一些写同性爱情小说的作者，他们经常被这种事情弄得直掉泪。）重复提及人物的名字肯定是一种办法，尽管作者可能认为七句话中出现三次 Constance（康斯坦斯）有点儿过头了，但作为文字编辑，我坚信，读者会庆幸不用为了 she 是谁而费脑子的。我认为人名是基本的东西，适当的重复并不会造成读者的困扰。另一方面，如果段落中的人名和代词

①　我的编辑对我在上面使用的短语 his own devise 提出了疑问，感觉它可能本身显得太奇怪，容易被误认为是排印错误。还好我们可以在脚注中解释、澄清，不是吗。

俯拾即是，让你觉得出现的频率过高，那你就沉下心来做一些
修改，把不必要的去掉。这项工作也许有些棘手，但值得去做，
而且它可能会让你的文字更精简、更有力。

- 如果你要区分清楚几个不重要的路人，又不想给他们取名
  字，那么，为了避免"第一个女人对第二个女人说或做
  了……"这种叙述，建议你回过头来，用一两个词赋予她
  们一些身体特征。例如红头发的人、年长的女人之类的。
- 我有一位作家朋友，她似乎永远只会用一种说法来表示概数：
  a couple（一对；几个）。甚至都不是 a couple of。例如 a couple
  hours（几小时）、a couple days（几天）、a couple cookies（几
  块饼干）、a couple guys（几个人）。我曾试图向她推荐 few、
  several、some 这样的词，但她基本不为所动，我也就基本不唠
  叨了，但我强烈希望其他人能努力保持词汇的多样性。
- 当你想出那个一针见血、与众不同、令人惊呼"哇太完美
  了"的形容词时，你可能会——我注意到有这种情况——
  因为对它太满意了，结果不经意间马上又提起了它。比如
  说，如果你在第二十七页用了 benighted（愚昧无知的）一词
  来评价一个观点，那么你就不应该在第三十一页又用它来
  评价另一个观点。[①]你可以在纸上记下你最喜欢的大词（five-

---

① 我最近听说，有本小说里的 spatulate 这个词——我一开始也不认识；它的意思是"形状像刮刀（spatula）的"——在两页之中出现了两次，而且用于形容两种完全不相干的东西。哦，天哪。

dollar words), 并要求自己, 每份稿子中这些词至多出现一次。

- 即使是普通的 (garden-variety)、不那么特别的名词、动词、形容词和副词, 你也要留心, 不要在小范围内重复使用——除非你是故意要重复的, 那样的话就可以。

比如, 下面这个绝佳的例子。我一直很珍视它, 只要有机会, 我就喜欢把它拿出来, 因为它体现了作者的写作技巧, 尽管作者并不经常受到称赞。

When Dorothy stood in the doorway and looked around, she could see nothing but the great gray prairie on every side. Not a tree nor a house broke the broad sweep of flat country that reached the edge of the sky in all directions. The sun had baked the plowed land into a gray mass, with little cracks running through it. Even the grass was not green, for the sun had burned the tops of the long blades until they were the same gray color to be seen everywhere. Once the house had been painted, but the sun blistered the paint and the rains washed it away, and now the house was as dull and gray as everything else.

When Aunt Em came there to live she was a young, pretty wife. The sun and wind had changed her, too. They had taken the sparkle from her eyes and left them a sober gray; they had taken the red from her cheeks and lips, and they were gray also. She was thin and gaunt, and never smiled, now. When Dorothy, who was an orphan, first came to her,

Aunt Em had been so startled by the child's laughter that she would scream and press her hand upon her heart whenever Dorothy's merry voice reached her ears; and she still looked at the little girl with wonder that she could find anything to laugh at.

Uncle Henry never laughed. He worked hard from morning till night and did not know what joy was. He was gray also, from his long beard to his rough boots, and he looked stern and solemn, and rarely spoke.

It was Toto that made Dorothy laugh, and saved her from growing as gray as her other surroundings. Toto was not gray; he was a little black dog, with long silky hair and small black eyes that twinkled merrily on either side of his funny, wee nose. Toto played all day long, and Dorothy played with him, and loved him dearly.

多萝西站在门口环顾四周，除了一大片灰色草原，别的她什么也看不见。广阔平坦的田野向四面八方延伸直到天际，连一棵树一所房子都看不到。太阳把犁过的土地烤成了一团灰色，地上有细小的裂缝。就连草也不是绿色的，因为太阳已经把叶尖烤焦了，让它们也变成了随处可见的灰色。房子粉刷过，但油漆经过日晒雨淋早已褪色，房子变得和周围一样又暗又灰。

埃姆婶婶刚来这里时，还是一个年轻漂亮的新娘。阳光和风沙也改变了她的模样。她眼中的光芒被夺走了，双眼变成素净的灰色；脸颊和嘴唇不再红润，也变得灰扑扑的。现在她又瘦又憔悴，再也没笑过。当孤儿多萝西第一次来到她身边时，埃姆婶婶被她孩子气的笑声吓了一跳，每当多萝西欢快的声音传到她耳朵里时，她就会尖叫起来，用手捂着心口；直到现在，她仍然会惊奇地看着这个小女孩，不明白她为什么笑得这么开心。

亨利叔叔从不笑。他每天从早忙到晚，不懂享乐。他的模样也是灰色的，从长长的胡子到粗糙的靴子都是，他看上去严肃认真，很少说话。

是托托让多萝西笑了起来，使她不会像周遭事物一样变得灰暗。托托不是灰色的；他是一只小黑狗，有丝滑的长毛，乌黑的小眼睛在好玩的小鼻子两边欢快地眨着。托托成天嬉闹，多萝西和他一起玩，她非常喜欢他。

gray（灰色），gray，gray。四段之中有九个gray。它们安安静静，没什么声音——如果不让你去数，你会注意到吗？——但是它们起到了应有的作用。①

即使是he walked up the stairs and hung up his coat（他走上楼梯，把外套挂了起来）这种句子，如果你愿意，也可以调整得更好——这句还蛮简单的：把walked up换成climbed就行。②发音相似的词语也会导致重复，也要注意避免：例如，从light一词往后数五个单词出现的twilight就是

---

① 向弗兰克·鲍姆和《绿野仙踪》致敬，这几段文字来自这部童话（靠近）开头的地方。

② 这样做不仅去掉了重复的up，而且用更精准的单个动词代替了介词短语，这种修改总是能让句子更整洁、更好。

一种重复。①

- 同时也要小心无意中造成的押韵，比如 Rob commuted to his job（罗伯去工作）或 make sure that tonight is all right（确保今晚很完满）之类的。我说"小心"，意思是：不要这样做。

- 我发现，当作者脑子里的弦没绷紧的时候，他们的大脑就容易耍花招。在编校稿件时，我偶尔会碰到奇怪的双关语、重复用词和其他并非刻意的文字游戏。每次我读雪莉·杰克逊的《摸彩》时，这句话都会让我停下来：

She watched while Mr. Graves came around from the side of the box, greeted Mr. Summers gravely, and selected a slip of paper from the box.

她看着格雷夫斯先生从箱子旁边绕过来，严肃地向萨默斯先生打了招呼，并从箱子里挑出一张纸条。

不知何故，我无法想象杰克逊会故意放下身段来讲这样一个拙劣的小笑话。

- 现代小说中喜欢不断点头和摇头的人物那么多，我很惊讶他们的脖子还好好的，没有脱臼。顺便说一下，人物点头用 nod 就好，不用说 nod their heads，因为 nod 就已经是"点头"的意思了，不需要再说一次"头"。同理，"耸肩"就

---

① 普通读者会在意这种重复吗？我说不好，我已经好几十年没做普通读者了。但作为编辑，我对这些很敏感，看到了就会指出来。另外，最终决定权还是在作者的。

是 shrug，不需要再加上 shoulders（肩膀）。不耸肩耸什么呢，胳膊肘吗？

- 如果你小说中的人物总是把他们的眼镜推到鼻子上，请你把这些人和他们的眼镜送到眼镜店去修理。

- 你会经常 stare into the middle distance（凝视不近也不远的地方）吗？我也不会。

- 以下是一份简短的清单，列出了明智的作家可能会避免在小说中写到的动作，但这份清单还不够详尽：

鼻孔因愤怒而张大

嘴唇因思虑欲言又止

古怪地摇头

你甚至没意识到自己屏住了呼吸

长时间的对镜凝视，尤其是准备展开可能长达十页的回忆的时候

下面这些词的效果并不如想象中的那么好：

眨眼（blinking）

扮鬼脸（grimacing）

气喘吁吁（huffing）

暂停（尤其是"暂停了一拍"）（pausing）（especially for "a beat"）

无力地微笑（smiling weakly）

扑哧喷出鼻息（snorting）

吞下（swallowing）

伤感地做某事（doing anything wistfully）

- after a moment（过了一会儿）、in a moment（过了一会儿）、she paused a moment（她停顿了一会儿）、after a long moment（过了很长一会儿）……太多"一会儿"了。太多了。

- 有种现象可能只有我一个人看不下去，但我还是要说出来，因为这是我的书：仅仅为了炫耀而提起名人的名字、暗示沾亲带故；让笔下人物读一些小众的小说、看晦涩难懂的外国电影、听作者本人喜欢的独立乐队的歌等，人物的这些行为与小说本身无关，作者的目的仅仅是标榜某种阅读、观影或听音乐的品位。这些都是非常令人讨厌的做法。别把写小说当成写博客，可以大谈"我喜欢的各种东西"①。如果你非要写这些——说真的，一定要吗？——拜托把语境充分铺垫好。

- 多年前，我偶然发现了一种处理倒叙段落的技巧，很适合用在以过去式叙述的小说中，我把这个技巧分享给作者们，获得了不少好评：刚开始倒叙的时候，用两三个标准的had

---

① 但显然，本书就是一本这样的书。

［earlier that year, Jerome had visited his brother in Boston（那年早些时候，杰尔姆去波士顿拜访了他的兄弟）］，接下来的一两个had用缩略的'd来写［after an especially unpleasant dinner, he'd decided to return home right away（吃完一顿特别不愉快的晚餐后，他决定马上回家）］，然后，当没有人注意的时候，就完全丢下过去完成时，悄悄进入一般过去时［he unlocked his front door, as he later recalled it, shortly after midnight（正如他后来回忆的那样，午夜过后不久，他打开了前门）］。这是个非常好用的妙招。

- 你们作家都太热衷于用and then了，精简一点儿用then就行了，其实then都多余。

- 还有，suddenly这个词你也可能喜欢过头了。

另一件关于雪莉·杰克逊的事

　　几年前①我有幸编辑了最喜欢的作家雪莉·杰克逊的作品，我从来没想过能有这样的荣幸，简直像做

---

① 根据记录，我可以确定地告诉你，"几年前"指的是二〇一四年，我之所以专门说起这个，只是想借这个绝佳的机会提醒你，在提供信息时，很多时候说得越少越好。首先，这个故事发生在二〇一四年并不是什么特别有趣的事，对吧。其次，作者提供的细节越具体，他就越有可能出错。模糊的"几年"就不容易错。

梦一样。她在我读一年级的时候就去世了，所以我没赶上和她本人合作的机会。这本书是兰登书屋签下的，书中包含一些杰克逊以前文集中没有收录的、或完全未发表过的小说和随笔①，我兴冲冲地报了名，希望为这本书的整理润色工作出一份力。

不出所料，以前发表过的东西几乎不需要我花时间：杂志社把这些文章编得很好，这些杂志也是杰克逊的固定收入来源，稿酬优厚——包括《健康之友》（*Woman's Day*）、《好管家》（*Good Housekeeping*）和《麦考氏》（*McCall's*），更不用说还有《纽约客》了，信不信由你。除了一些细微的改动，这些文章和杰克逊生前发表时的样子没有区别。

但是，许多未发表的作品都是以复印件的形式交给我们的，稿件中，杰克逊特有的全部小写的习惯一览无余——我想象着她工作时打字机发出的咔嗒咔嗒声，泉涌般的灵感让她顾不上分心去按SHIFT键——但不管作者本人是健在还是已经离世，其作品都应该至少经过一些检查，再送到出版社（no writer dead or alive deserves to have their material sent to press without at least some

---

① 这本文集的名字几经修改，最终被确定为《让我告诉你》（*Let Me Tell You*），据说卖好书的地方就有这本书卖。

review[①]）。更不用说是大写字母这样的问题了。

　　我向这本书的两位编辑，同时也是杰克逊的子女和文学遗产执行人（literary executors）保证，我一直是他们母亲作品的忠实爱好者，几十年来一直反复阅读她的作品，非常了解杰克逊特有的风格，在这方面应该没几个编辑能胜过我。我向他们承诺，会用心守护这份书稿，除了纠正一些不太对劲的打字错误，别的我不会插手。

　　但是，编校工作一启动，我就意识到，尽管稿件从头到尾都保持了一流水准——我得说，稿子干净得令人震惊，那些文字像是在杰克逊的大脑产生后就直接从她指尖流泻而出，排列到纸页上，就没再动过——但它还是需要编辑做一点儿，很微小的一点点处理。

　　作者已经不在了，我无法和她沟通——不过可以肯定的是，我想做的任何处理都需要她的继承人点头——面对这种困难，我给自己设定了基本原则：我可以自由使用标点符号，可以将偶尔出现的意思模糊的代词改成较清楚的名词（或者，如果一个名词显得不太必要，就把它改成代词），并且尽量把在一个地方删除或添加的词控制在两个以内——像the、that、which和and这样的小词。

---

① 正想试试看在这里用单数they感觉如何呢。我觉得……还行，不算很好。

　　事实证明，我严格遵守了这些苛刻的规矩。除此之外，我发现大概有六七句话不太通顺，但只要稍微理一理就没问题了——我相信，如果杰克逊本人有机会再过一遍稿子，她会发现这些问题的，而且我的改法应该会跟她一样的。另外，我很快就发现了杰克逊挺喜欢用suddenly和and then的——在最终出版的书中，这两个词出现的频率都下降了不少——还有，杰克逊偶尔会用分号连接一些较复杂的句子，而分号是撑不起那样的句子的。

　　有一回我盯着一个段落看了足足二十分钟，总觉得最后一句话应该放在开头。或者应该反过来？结果，我终于意识到作者是对的，我错了，所以就没再纠结。

　　有一次，也是唯一一次，我试探着提出往一句话里面添加两个实词，不然我实在无法整理好那句话的节奏。最终这两个词①真的印在了书里，我喜欢吹牛说自己对雪莉·杰克逊的文学宫殿是如此了解，是她指引着我、按照她的意思加的这两个词。到目前为止，我觉得这座文学宫殿一切如常，没有发生窗户忽然被风吹开或者是陶器被莫名其妙打碎这种吓人的事情，所以我愿意相信雪莉·杰克逊对我的工作是满意的。

----

①　现在可以说了：这两个词是garden-variety（普通的；平常的）。

- he began to cry（他开始了哭泣）= he cried（他哭了）。请把 began to 都丢掉。

- And then suddenly he began to cry.（然后他突然开始哭泣。）这句话是我的噩梦。

对话和关于对话的一些牢骚

- 虽然我喜欢分号，但假如它们出现在对话中，会显得笨笨的。对话里不要用分号。

- 在现实生活中，你和别人对话时，会把对方的名字挂在嘴边吗？

  不太会？

  那为什么你笔下的人物那么频繁地说对方的名字呢？

- 现如今的小说中，人物太喜欢喃喃自语了。有位作者在和我合作过几次后告诉我，写小说的时候，只要他觉得人物想喃喃自语，他就会那样写，因为他知道反正之后我编辑的时候会处理的。我还注意到，人物的耳语挺常见的，而且很多耳语是嘶哑的。也许你应该让这些嗓子不太好还爱说悄悄话的人喝杯茶，或者给他们吃点儿润喉糖。

- 在对话中，斜体可以起到强调作用，但要慎用。一方面，读者不见得喜欢如此明显的阅读提示。另一方面，如果不用斜体就无法让人明白你想强调的内容，那么你写的对话本身可能已经有问题了，需要改。可能的解决方案是，试着把需要强调的部分放到句子的末尾，而不是把它扔在句子中间不显眼的地方。

　　记得有一次，我编辑了一部精妙成熟的小说。我觉得在那几百页的篇幅里，有十几处需要用斜体字来表示解释说明。我小心翼翼地向作者提出建议，而她每次都婉言谢绝了，一处都没同意改。（她是对的。作者经常是对的。编校好稿子的一个风险是，你可能会为了工作而工作，强行提出一些画蛇添足的建议。）

- 在对话中少用叹号。不，你用得还是太多。你写的小说是否做到了对话里一个叹号都没有？很好。

- 欧文·米尼[1]说的话可能全是大写字母，但我敢打赌你笔下的人物并不需要这样，别人也能听到他们说话。如有必要，用斜体来表示喊叫。对，还可以用叹号——一次用一个就行。请不要用黑体，永远不要。

- 有一种特别受欢迎的观点，认为展开对话时用"他说"和"她说"就足矣，不需要更多修饰。对这种保持克制的建议，我不是完全不认同，毕竟我也读到过不少流着眼泪胡搅蛮缠或者愤怒地咆哮的人物，但是如果你的人物偶尔需要吼一声、哀号一下或者说些甜言蜜语骗骗人，你也没有理由在用词上如此节制。不过，请注意适度。如果像下面

---

[1]　约翰·欧文的小说《为欧文·米尼祈祷》中的人物。——译者注

这种：

he asked helplessly

他无助地问道

she cried ecstatically

她欣喜若狂地喊道

she added irrelevantly

她无关紧要地补充道

he remarked decisively

他果断地说

objected Tom crossly

汤姆怒气冲冲地反对道

broke out Tom violently

汤姆暴跳如雷

　　比较多的话，是很难让人接受的。我想我应该跟菲茨杰拉德（F. Scott Fitzgerald）谈谈，因为这些都出自《了不起的盖茨比》第一章。

- 如果你那激动的、愤怒的人物必须要发出嘘声或者嘶嘶声（hiss）——说真的，必须这样吗？——那就确保那件事是值得让他们嘘的。

"Take your hand off me, you brute!" she hissed.

"把你的手拿开，畜生！"她嘘道。

　　——查尔斯·加维斯《比生命更好》（ *Better Than Life* ）

呃，不，她没必要。你试试看。

"Chestnuts, chestnuts," he hissed. "Teeth! teeth! my preciousss; but we has
 only six!"

"老掉牙，老掉牙了！"他嘶嘶地说道，"牙齿！是牙齿！我的
宝贝。但我们只剩下六颗了！"——J.R.R. 托尔金《霍比特人》
（ *The Hobbit* ）

这样才对嘛！①

　　有人提出，任何紧张、压抑的低语都可以称为
hissing。我只能说，描写对话的方式有那么多，可能得有
四百三十万种吧，有的是比 hissed 的 s 少的词。换一个吧。
比如 snarled（咆哮）、grumbled（抱怨）、susurrated（低
语）。嗯，也许 susurrated 不能算。

　　就我个人而言，如果人物说话时没有发出齿擦音
（sibilant），就不能称作 hissing。

---

① 唉，没过多久，咕噜——除了他还能有谁呢？——嘶嘶地说："不公平！不公平！"这
样不太好，但接着他就为了金子说："这不公平，我的宝贝，是吧，怎么可以问我们它的脏
口袋（its nassty little pocketses）里面有什么东西呢？"

- 如果一个人物已经喋喋不休地说了六句话，此时再插入"她说道"是没有意义的。如果你没有在人物开口前写上"她说"，那么至少在比较前面的地方加上去，比较推荐的做法是加在第一次换气处。

- 她在自己心里想，某某事情，某某事情，某某事情（something, something, something, she thought to herself）。

　　除非她有能力在别人心里想事情——比如她会心灵感应之类的——否则请立刻删掉 to herself。

- 旧时的作品中，心理描写（articulated thought）——人物脑子里那些没说出口的话——常常是用引号括起来的。后来，有一段时期，用斜体字（不加引号）表示心理描写的做法风靡一时。现在，心理描写大多用罗马字简单表示，比如说：

I'll never be happy again, Rupert mused.

我再也不会快乐了，鲁珀特沉思道。

　　完全不会影响读者理解，而且没人喜欢读大段的斜体字，所以我赞同这种做法。[①]

- 说到心理活动，我不太相信一个人有可能，或者说我觉得

---

① 编辑对我说："这个你之前已经说过了。"我回答编辑："我是经常说这事。"

一个人根本不可能，将脑子里正在想的事情脱口而出。

而且，如果他们确实这样做了，我非常怀疑他们是否真的会突然伸手捂住嘴。

- "Hello," he smiled.

  "你好。"他笑了。

  "I don't care," he shrugged.

  "我不在乎。"他耸耸肩。

　　别这样写。

　　对话可以是说出来的（said）、喊出来的（shouted）、气急败坏叫出来的（sputtered）、咆哮出来的（barked）、尖声说的（shrieked）、在耳边轻轻说的（whispered）——甚至可以是喃喃着（murmured）说的——但不会是笑出来的或者耸肩耸出来的。

　　有时候会见到类似这样的句子：

"That's all I have to say," he walked out of the room.

"我想说的就这些。"他走出房间。

　　对编辑来说最简单的改法是：

"Hello," he said with a smile.

"你好。"他笑着说。

"Hello," he said, smiling.

"你好。"他边笑边说。

　　或者更直接一点儿：

"Hello." He smiled.

"你好。"他微笑道。

　　从写作角度讲，比较好的解决方法是，一开始就不要写这种结构的句子。

"你好。"他笑了：理查德·拉索的故事

　　故事是这样开始的：

　　"要想办法保留作家的风格，如果他是一位作家，并且有自己的风格。"

　　这句格言来自二十世纪三十年代中期《纽约客》杂志（*The New Yorker*'s[①]）刊登的一篇沃尔科特·吉布

[①]　注意，名词用斜体的时候，别把它所有格的撇号和 s 也一块设置成斜体了。

斯^①的社论。我在读杂志联合创办人^②哈罗德·罗斯的传记《伪装的天才》（*Genius in Disguise*）时，在书中比较靠后的一页看到了这句话。托马斯·孔克尔写的这本传记让人爱不释手。

我非常喜欢吉布斯的这句话，把它用很大的字体打印出来，贴在了我办公室的门上。准确地说，是贴在门外。

根据我的记忆倒推，那应该是一九九五年，那时候我还是一个相当青涩的新人，刚来兰登书屋不久，做的是制作编辑。我有某种年轻人的傲慢，自以为懂得很多，虽说后来我也不再年轻了。不知道为什么，对于沃尔科特·吉布斯那句富有思辨性的犀利格言，当时的我只读出了把稿子改对，比尊重作者、保留作者风格更重要的意思：我应该强势地把自己知道的规则教给那些不如我懂得多、不如我专业的作者们。

那时候的我一定让人难以忍受。

于是，我把挂在门上的格言铭刻在心并付诸行动，负责了十几本书的编辑工作，包括《捧哏者》（*Straight Man*）这本由理查德·拉索所写的优秀小说。他曾在

---

① 美国作家、编辑，在《纽约客》杂志任职三十余年。——译者注
② 另一位联合创办人是谁呢？简·格兰特，罗斯的妻子。不知道为什么，好像比较少有人提起她。

二十一世纪头几年因为《帝国瀑布》(*Empire Falls*) 而得了普利策奖。(《捧哏者》知名度不高，我觉得它应该特别火才对。超级有趣的书，去找一本读读吧。)

《捧哏者》刚进入编校流程时，拉索因为别的事情来过我们的办公楼，也到我的办公室和我聊了一会儿。当时稿子刚刚寄给我的社外编辑。我不太记得具体聊了什么，但记得他和蔼可亲，跟我预想的一样向我表达了欣赏和感谢，我表现得谦逊有礼，气氛挺不错。

几个星期后，《捧哏者》的稿件被送到了作者那里，请其审阅和回复。稿子不在眼前，也就没放在心上——至少我是没想着它——我在忙别的事情，这时候电话铃响了。

"本杰明，我是理查德·拉索。"

寒暄了一下。

"本杰明，你觉得我算是个作家吗？"

我非常困惑。"啊，当然。"

"那你觉得我有自己的风格吗？"

外面的光线照进来，但我的脑子里依然模糊不清。"啊，当然。"我重复道，确定之中带着点儿小心翼翼。

理查德马上告诉我，我的文字编辑自始至终的工作都很出色，编校工作是按照标准执行的，也就是说，在遇到

"Hello," he smiled.

这种句子时，编辑把它改成了

"Hello," he said with a smile.

或者

"Hello," he said smilingly.

或者是简单直接的

"Hello." He smiled.

你可能已经看出来了，问题的关键在于，一个人可以说出"你好"，也可以微笑，但他不能微笑出"你好"——或者，在这个问题上，微笑出别的什么话也不行。"你好"必须是说出来的。这是最基本的编辑常识。

"如果我承认，"理查德继续说，"我完全知道编辑是对的，我是错的，你好啊，他笑了啊之类的事情很讨厌，让人受不了，这种写法不能接受，如果我承认这个，你能不能允许我保留这种写法呢？我就是比较喜欢这样写。"

啊，我该怎么回答呢？他是一位作家，他很有魅力，我是一个容易被魅力攻势征服的人，相信这些年来将我玩弄于股掌之中的其他作者也发现了这一点。毕竟，最重要的是，这是他的书。至少我能分清主次。

"当然。"我微笑。（"Of course," I smiled.）

于是，理查德·拉索的写法被保留下来，《捧哏者》出版了，据我所知，并没有人特意跳出来批评那个关于你好和微笑的句子结构，但在之后的工作中，我还是尽量不让这种句子出现在书里——因为，说真的，无论那时还是现在，我都觉得这么写是很糟糕的。但我永远感谢理查德·拉索给我上的宝贵一课，即：

学校老师和写作类书籍会教授写作的基本规则，但正如沃尔科特·吉布斯指出的那样，作家们会有自己的保留风格，而我也终于意识到了这一点。编辑最重要的工作是协助作者、提供支持和建议，而不是纠正错误——事实上，编辑要做的不是将一本书塑造成编辑心目中好书的样子，而是怀着谦逊之心，帮助作者实现对一本书的设想，让每本书成为它自己最好的样子。

我学到的另一件事是，理查德·拉索敏锐地观察到了我贴在办公室门上的东西，尽管当时他并没有提起这茬儿。

几点建议：关于没说完的对话

- 如果一个人物正在讲话，并且在中途被另一个人物的话或动作打断，请画一个破折号：

"I'm about to play Chopin's Prelude in—"
Grace slammed the piano lid onto Horace's fingers.
"我要演奏肖邦的前奏曲 ——"
格雷丝把钢琴盖重重地摔在霍勒斯的手指上。

- 当对话被动作打断时，注意破折号不是放在对话中，而是放在动作的两边。

"I can't possibly"—she set the jam pot down furiously—"eat such overtoasted toast."
"我才不会，"她猛地扔下果酱罐，"吃这种烤过头的面包。"

作者们经常这么写：

"I can't possibly—" she set the jam pot down furiously "—eat such overtoasted toast."

相信你也会觉得，第二个例句中飘在引号之外、没有用破折号固定住的动作描写，看起来蛮奇怪的。

- 如果一个人物说着说着话睡着了，那就用省略号，不用破折号。

"It's been such a spring for daffodils," she crooned kittenishly. "I can't recall the last time…" She drifted off dreamily in midsentence.

"水仙花盛开的春天啊，"她娇媚地轻声说道，① "我记不起上次……"说着说着，她坠入了梦乡。

- 当角色因为想法的临时改变而中断讲话，然后又接着说下去时，我建议你使用长破折号加空格再加大写字母的组合包，也就是说：

"Our lesson for today is— No, we can't have class outside today, it's raining."②

"我们今天的课是——不，我们今天不能在外面上课，下雨了。"

- "还有，"他说，"如果你的人物是个话痨，喋喋不休地说

---

① 我本来写的是"水仙花盛开的夏天"。编辑老师纠正了这个错误。
② 这句话中有逗号粘连现象，但我觉得没关系。偶尔出现的逗号粘连并不算严重的问题。你也可以选择将最后那里分成两句话，但那样效果就比较一般了，而且难以生动描绘出说话者的语气和表达方式。

了好几段，那么你要记住，每一段话的结尾都不加后引号，直到说完最后一段才加。

　　"只有在话说完的时候，你才能用后引号来表示结束。

　　"就像这样。"①

杂记

- 如果你正在用英语写一部背景设定在法国的小说，虽然按道理人物应该说法语，但请你不要在对话里穿插法语单词和短语——例如 maman（妈妈）、oui（是）、n'est-ce pas（不是吗）这些你在四年级的时候学到的法语词汇。这会显得很傻、没有技术含量、没必要，总之很不好就对了，不要这样做。（每当我遇到这种需要代入当地人的角色扮演时，都会假装这些外国人物忽然开始说英语了。）

- 可能与你的认知相反的是，我发现，在现实生活中，那些母语并非英语的英语使用者，一般不会仅仅为了说一句"是""不是"或"谢谢"而刻意使用母语。

- 我恳求大家：现在已经二十一世纪了，如果你要写一个说话方式有些特别、说的不是我称之为标准英语的东西的人物，请你千万不要用那些别扭的拟音拼写，不要没完没了用撇号

---

① 在中文中，这一规则适用于独立成段的引文。当独立成段的引文不止一段时，每段开头仅用前引号，只在最后一段末尾用后引号。——译者注

代替单词结尾的字母 g，不要搞这些把戏。可能马克·吐温、佐拉·尼尔·赫斯顿或威廉·福克纳这么做过，但我向你保证，这对你的小说没什么好处。往好了说，你会显得像个傲慢的古典主义者；往坏了说，搞不好这算是种族歧视。

仔细选择用词、安排语序，就能传神地表现出人物的语言怪癖。朝这个方向努力吧。①

● 戈尔·维达尔②笔下的不朽人物迈拉·布雷肯里奇说过："幸运的是，我完全没有在文章中刻画别人语言的天赋，因此，出于文学目的，我比较喜欢让每个人说话的时候听起来都像我本人一样。"照他说的做其实也是个不错的选择。

● 这个方法我之前提到过，它适用于所有的体裁，但我觉得它尤其适用于小说。无论你是写小说还是编辑小说，都不妨试一试：朗读小说，读出声。它会让小说的优点和缺点都暴露无遗。我衷心推荐这个方法。

---

① 还有一条没那么严重的：我强烈建议你不要用模仿单词发音来表现人物的语言障碍。比如 And if the truth hurtth you it ithn't my fault, ith it, Biff?（正确写法为 And if the truth hurts you it isn't my fault, is it, Bitch? 意为"如果真相伤害了你，那不是我的错，你懂吗，贱人？"——译者注）这句话摘自之前提到过的吉普赛·罗斯·李的小说《丁字裤谋杀案》——这种写法第一次出现时可能让人觉得有趣，也可能不算有趣，但无疑毫无品位可言，说它挺烦人的也不为过。

② 美国作家。迈拉·布雷肯里奇是其小说《迈拉·布雷肯里奇》的主人公。——译者注

第二部分

写 在 后 面

第 八 章

容易拼写错的单词清单及说明

二〇一六年十二月某天的上午，当选总统的那个人，按照他一贯的推特使用习惯发了条推文，指责中国"偷走"美国无人潜航器这一微不足道的挑衅行为是 unpresidented act[①]。我瞬间觉得能把单词拼写正确是件多么重要的事。

事实是：很多人在打字[②]的时候没有开启自动更正或拼写检查功能——其实，就算他们开了，我也不放心。话说回来，自动更正或者拼写检查都不是（neither[③]）万能的，它们能帮你更

---

① 此处为拼写错误，应为 unprecedented act，意为"前所未有的行为"。unpresidented 的主体部分 president 意为"总统"。——译者注

② 这样说并非对习惯用笔在纸上写字的人不敬，只是我已经多年没有用纸笔写过比生日贺卡祝福语更长的东西了，我现在默认写作都是用电脑来写。因此，对我来说 write（写）和 type（打字）两个词意思相同，可以交替使用。

③ 注意，本章出现了第一个与 i before e, except after c（拼写时 i 在 e 前面，除非是在 c 后面）的顺口溜唱反调的单词。这个规则通常是我们在小学学到的，除了它，老师一般还会教你帮助记忆的另一句顺口溜 The principal is your pal（"校长是你的朋友"，意思是以 -pal 结尾的 principal 是一个人，以区别于表示"原则"的形近词 principle。——译者注），如果你问我的看法，我会说这些都是小学里面教的胡说八道的东西。［i before e, except after c 这句话还有后半句：Or when sounding like a, as in neighbor or weigh（发音像 a 的时候也是 e 在 i 前面，例如 neighbor、weigh），但你上课的时候应该没耐心听到这里吧，对吗？］英语中含有 ei 并且不含 c（或者发音像 a）的常见单词并不少见，从 foreign（外国的）、heist（盗窃）到 seizure（夺取）、weird（怪异的）都是例子。更不用说 albeit（虽然）和 deify（神化）了。

正拼写，但更正后的单词并不见得就是你想打或者应该打对的那个词。关于这个问题，可以参见第十章。

有件事不用说，不过我还是很乐意说，那就是没有人要你会拼写所有的单词，尤其是对英语这种出了名的不规则、难记忆的语言来说。和我的许多编辑同事一样，我案头有一本《韦氏大学英语词典》（第十一版）（有种亲切的叫法是 *Web 11*）；我还在旁边的桌子上放了一本厚厚的《韦氏第三版新国际词典》（*Webster's Third New International Dictionary*），这本词典最早出版于一九六一年，所以已经谈不上多新了，不过大部分时间它也只是躺在那里，散发出一种权威的气息而已。你还可以在网上找到一些一流的在线词典，包括韦氏的在线词典，网址是 merriam-webster.com（如果你爱用推特，建议你关注 @MerriamWebster，这个账号主有点儿厚脸皮但很博学），还有非常实用的 Free Dictionary（免费词典，thefreedictionary.com）。〔如果你在搜索框输入一个单词加 definition（释义），谷歌（google[①]）一下，就会调出谷歌词典，这个词典是可靠的，但比较无聊。〕

说了这么多，我还是认为懂得如何正确拼写是一项值得称

---

① 编校中一般认为，将一个商标用作动词是不好的，但如果你必须这样做（是的，我知道你觉得必须这样做），我建议你把商标的首字母小写。对不起了，其实也没什么好对不起的，施乐公司（Xerox Corporation，施乐是美国著名商标，公司生产复印机、打印机等。xerox 经常被作为动词使用，意为"复印"，但施乐公司曾表示不希望民众这样做。——译者注）。

赞的技能，所以，就当是一次回归小学课堂的复习吧，我会告诉你一些我最常遇到的拼写错误问题，这些单词都是经过我挑选的——其中有一些，我就承认了吧，也没什么好脸红的，是我自己犯过的错误——在讲解时我会谈到这些单词的拼写技巧，还有常见的陷阱。如果你早已掌握了这些词，或者在读过本书之后学会了，那就奖励给自己一颗闪亮亮的小星星吧。

ACCESSIBLE 易接近的

一个词是以 -ible 结尾，还是以 -able 结尾，这是件容易让人犯糊涂（confusable）的事，而且，恐怕没有一定不会出错的记忆诀窍。大多数情况下，以 -able 结尾的词在去掉 -able 后依然是完整的［例如 passable（尚可的）、manageable（易管理的）］，而以 -ible 结尾的词在去掉 -ible 后一般不再完整独立［例如 tangible（有形的）、audible（听得见的）］，但这只是大多数情况，不能代表全部。例如，我们的 accessible 这位朋友就是个反例。再看看本段开头的 confusable，去掉 -able 之后，confus 是什么呢？

ACCOMMODATE, ACCOMMODATION 容纳，住处

含有连着两个 c 的单词会给人惹麻烦；含有连着两个 c 和连着两个 m 的单词，容易给人带来灾难性的后果。

ACKNOWLEDGMENT 承认

这是美式英语偏好的拼法。英国人喜欢 acknowledgement[①]（但他们的这种偏好不是特别明显，而且是最近才有这个趋势的）。

AD NAUSEAM 令人厌烦地

不要拼成 ad nauseum。

AFICIONADOS 狂热爱好者

编校 FAQ（常见问题）：

问：我要如何知道以 o 结尾的单词的复数形式，是加 s 呢，还是加 es 呢？

答：你不知道。去查词典。

ANOINT 给……涂油

annoint 的拼法不常见，而且比较陈旧，虽然也算对，但不建议你使用。bannister（栏杆）同理。

ANTEDILUVIAN 过时的

也许这个词你不经常用到，但如果要用，要记得它是这样

---

① 另外，有证据显示，我们的英国表亲也没有他们认为的或者我们以为的那么喜欢 judgement 这种拼法。我先告诉你一个东西（等你用了就知道了）——去试试 Google Books Ngram Viewer（谷歌书籍词频统计器）吧，不过先提醒你这个玩意儿非常容易上瘾。

拼写的。

ASSASSIN, ASSASSINATE, ASSASSINATED, ASSASSINATION 暗杀

拼写时不要吝惜你的 s。

BARBITURATE 巴比妥酸盐

我想，大行其道的错误发音，会导致普遍的拼写错误，所以很多人会把这种药的名字拼写成 barbituate，这是错的。

BATTALION 军营

这个词里面有两个 t，一个 l，别搞反了。可以用 battle 来联想记忆，说不定有帮助。①

BOOKKEEPER 簿记员

据我所知，这是唯一的有连续三对重复字母的英文单词②。写的时候很容易漏掉第二个 k。③

BUOY, BUOYANCY, BUOYANT 浮标，浮力，繁荣的

这几个词里面的 uo 看起来有点儿怪，这个字母组合似乎总

---

① 我的问题在于，记不住那些帮助记忆的东西。
② 嗯，没错，bookkeeping 也算。sweet-toothed（爱吃甜食的）就不能算了。
③ 说漏掉第一个 k 也行，随你。

显得哪里不对劲，很多人都会写颠倒，因此我时不时地会遇到 bouy、bouyancy 和 bouyant。

BUREAUCRACY 官僚主义

首先你得掌握 bureau 的正确拼写方式，这已经够难的了。等你搞定了 bureau，bureaucrat 和 bureaucratic 的拼写应该也不成问题了，但一定要小心，别在 bureaucracy 上栽跟头，我就经常想把这个词写成 bureaucrasy。

CAPPUCCINO 卡布奇诺咖啡

这个词里有两个 p 和三个 c。

还有，espresso（浓缩咖啡）这个词里面并没有字母 x，相信你已经知道了。

CENTENNIAL 百年纪念

它还有两个表兄弟 sesquicentennial①（一百五十周年纪念）和 bicentennial（两百周年纪念）。

CHAISE LONGUE 躺椅

这个词就是这么拼的，因为它就是如此 —— 来自法语，意

---

① 我不太明白为什么英语中会专门给一百五十周年纪念造一个词，但既然它都为"最后一个之前一个的之前一个"专门造了词（antepenultimate，倒数第三的），还给"把人扔出窗外"这个动作专门造了个词（defenestration），所以也没什么好奇怪的了。

思是长椅子。但很久之前chaise lounge的拼法就已经在英语，尤其是美式英语中扎下了根，成为一种相对固定的拼法，人们很难再将它算作错误，尤其是在小说对话中，其实人物不太能够自然地说出chaise longue。

COMMANDOS突击队

我——以及大多数人——都倾向于把commando的复数形式写成commandos。[commandoes这种拼法给我的感觉是，这个突击队战斗力不怎么样，像是由一群带着乌兹冲锋枪的母鹿组成的。但根据词典上的说法，它没有aficionadoes错得严重。]

CONSENSUS共识

不是concensus。

DACHSHUND腊肠犬

有两个h。

DAIQUIRI代基里酒

有三个i。

DAMMIT该死

不是damnit；另外还有goddammit和damn it all to hell的说法，不过还是希望大家少骂两句。

DE RIGUEUR 合乎礼节

一个看起来很花哨的形容词，意思是"时尚要求或规定的"；拼不对的话，就堪称装上流失败的极致（ne plus ultra）了。

DIETICIAN, DIETITIAN 营养师

两种拼法都对。后者要常见得多，但不知怎的，前者会唤起我遥远的青春记忆，让我想起小学食堂阿姨的发网和白大褂。

DIKE 堤防

保护荷兰的土地不受洪水侵袭的东西叫作 dike。多的我就不说啦。

DILEMMA 困境

你可以问问周围的人，有没有曾经把这个词拼成 dilemna 过，相信相当多的人都会激动地给你肯定的答案。但是这个词不是这样拼写的；从来没有这样拼写过。那么，dilemna 到底是从哪里来的呢？到现在也没有人知道。

DIPHTHERIA 白喉

不是 diptheria。应该有两个 h 才对。

DOPPELGÄNGER 分身（德语）

常见的错误拼写是把 el 写成 le。

DUMBBELL 哑铃

这个词里面有两个 b。如果让你自己写，你很可能把它写成 dumbell，搞不好你还会写出 filmaker、newstand、roomate^①这种词。别写错了。

ECSTASY 狂喜

不是 ecstacy。也许你会把它跟 bureaucracy 的拼法搞混。

ELEGIAC 哀伤的

不是 elegaic，这个词拼错的频率之高可真是令人哀伤。

ENMITY 敌意

我到二十多岁才意识到，这个词既不读作 emnity 也不是这样拼写的。然后我就明白了 —— 我觉得这是一种马后炮式的安慰 —— 我过去不是、现在也不会是这个误会的唯一受害者。

FASCIST 法西斯分子

当这个词用于指墨索里尼（Mussolini）的法西斯党（Fascisti）、英国法西斯联盟（British Union of Fascists）或任何其他自称法西斯的组织的成员时，首字母大写；其他情况下首字

---

① 正确的拼写分别是 filmmaker（电影创作者）、newsstand（报摊）和 roommate（室友）。——译者注

母小写。①

FILMMAKER, FILMMAKING 电影创作者，电影创作

之前提到 dumbbell 的时候已经说过了；但鉴于我遇到 filmaker 和 filmaking 的频率太高了，所以还是值得再说一次的。

FLACCID 软弱的

发音不属于我的专业领域 —— 对我来说，怎么拼写比怎么读更重要 —— 不过，你可以把这个词读作 flaksid（一开始的读法）或 flassid（最近的、更流行的读法）。

无论怎么读，拼写时记得是两个 c。

FLUORESCENCE, FLUORESCENT 荧光

怪怪的 uo 组合又出现了。

FLUORIDE 氟化物

再一次。

FORTY 四十

单独拼的时候几乎很难出错，但如果后面还有 four，偶尔

---

① 与此不同的是，提到纳粹（Nazi）时，我总是将开头的 N 大写，无论是指希特勒的政党还是指本土的野心家。另外，如果你和我，我们还想愉快地做朋友，请不要将我或其他任何人称为"语法纳粹（grammar Nazi）"，这个词含有的侮辱意味令人不快，那种轻蔑也让人讨厌。

就会犯 fourty-four 的错误。

FUCHSIA 倒挂金钟；紫红色

常见的错误拼写是 fuschia，这是对植物学家莱昂哈德·富克斯（Leonhard Fuchs）的不敬，因为这种花（以及颜色）就是以他的名字命名的。

GARROTE 绞死

尽管我知道像上面这样拼写是对的，我还是想把它写成 garotte。

GENEALOGY 宗谱

有一次，因为我的疏忽，书印出来以后才发现这个词拼成了 geneology［可能我当时想的是 geology（地质学）？］，过了几十年，我想起这件事依然会觉得难以释怀。

GLAMOUR, GLAMOROUS 魅力，迷人的

十九世纪，诺亚·韦伯斯特在进行英语的标准化工作时，漂亮地将 neighbour 简化为 neighbor，honour 简化为 honor 等，但他漏了 glamour，没把它改成 glamor——很奇怪，他压根没有在他一八二八年的词典中收录这个词，两种形式的都没有，后来的各种词典里也没有。我们不时会看到 glamor 这种写法，但很明显它没什么 glamour。不过，请注意，glamorous 只有这一种

拼法，不存在glamourous。还有，动词形式是glamorize，不是glamourize。

GONORRHEA 淋病

这个词包含两个r。另见syphilis（梅毒）。

GRAFFITI 涂鸦

这个词中有两个f，而不是两个t，我偶尔会碰到这种错误。顺便说一下，graffiti是复数形式。单数形式是graffito，但好像从来没人用单数。也许是因为很少有人碰到单个的涂鸦吧？

GUTTURAL 喉咙的

不是gutteral，尽管发音如此。如果你懂得拉丁语，可能会认出这个词的词根是guttur，它在拉丁语中表示"喉咙"，又衍生出了"嘶哑的"或者"不愉快的话语"的意思。如果你不懂拉丁语，那就只记住怎么拼写就好了。

HEROES 英雄

如果指的是勇士、胜利者的意思，hero的复数就是heroes，这一点是不会改变的。至于hero一词的另一个含义"潜艇三明治"，根据词典，它的复数是heros，但我最多也就是在野餐的时候有可能碰到它，而且我还不怎么喜欢它。

HIGHFALUTIN 装模作样的

这个词，用来形容装腔作势，似乎（连词典都无法提供确定的说法）来源于 high（高的）和 fluting（吹笛子）的组合；尽管如此，不要认为它是像莱尔·阿布纳[1]漫画中常见的 comin' 或 goin' 那样，才把字母 g 去掉的；而且这个词的结尾也没有撇号（另外，中间也没有连字符）。

HORS D'OEUVRE, HORS D'OEUVRES 开胃菜

oeu 的组合让这个词成了所有人的噩梦。如果你能把 oeu 牢牢记住，剩下的字母就不成问题了。用 s 表示复数是英语的创新；法语中 hors d'oeuvre 既能表示单数又能表示复数。

既然说到这个了，就提一下：hors d'oeuvre 的范围基本包含了盛在托盘中、一口大小的东西，而 canapé 其实是 hors d'oeuvre 的一个子集，它指的是以面包、吐司、饼干、酥皮糕点等作为基底，上面有一些装饰或再铺上一层食材的那种食物。Amuse-bouches（餐前小点），是厨师在餐前（pre-meal）[2]赠送的小食，

---

① 《莱尔·阿布纳》是美国的一部连环讽刺漫画，作者为阿尔·卡普。——译者注

② 对于这类单词，现代的文字编辑风格倾向于让前缀和后面的单词紧凑组合——也就是说，它们组成的复合词中不用连字符（hyphenlessly）[例如 antiwar（反战的）、postgraduate（研究生）、preoccupation（全神贯注）、reelect（改选）]，但如果这样做会干扰阅读或者组成的复合词不常见，你可以选择保留连字符。（词语加后缀的情况也一样，例如刚提到的 hyphenlessly 这个词。）因此我选择用 pre-meal 而不是 premeal。（我发现普遍使用的 premed 很难让人一眼看明白，更不用说 premeal 了。）当你继续往下看正文时就会注意到，我会选择 ladle-like 这种写法，因为我觉得 ladlelike 会让眼睛失去耐心（不过 catlike 或 cakelike 这种还是很不错的）。（P.S. 不要用 dolllike，因为……一看就知道为什么。）

几乎可以用任何食材做成，特点是成品很小，通常装在可爱的、形状像长柄勺的（ladle-like）小勺子里。现在你应该比较了解这几种食物了吧。

HYPOCRISY 虚伪

见 bureaucracy。

IDIOSYNCRASY 特质

同上。

INDISPENSABLE 不可或缺的

Microsoft Word 的拼写检查功能认为 indispensible 是正确的；我认识的其他人都不这样认为，而且这种拼法基本不会出现在最终印出来的书里。

INDUBITABLY 无疑地

这个单词中间是字母 b，而不是 p。

INFINITESIMAL 无穷小的

只有一个 s。

INOCULATE 接种

只有一个 n 和一个 c。

LEPRECHAUN 小妖精

正确的拼写看起来并不比错误的拼写合理多少，但情况就是这样。

LIAISON 联络

连续有三个元音的单词真是给人添麻烦。

比较新的逆构词（back-formation）[①]liaise 让很多人不爽。但我觉得它很棒、很实用。

LIQUEUR 利口酒

又一个连续有三个元音的单词！要怪就怪法国人吧。

此外，q 前面没有 c，偶尔会有人写错。

MARSHMALLOW 棉花糖

这个词中有两个 a，没有 e。

[①] 逆构词是一种构造新词（neologism）的方法，也就是说，从一个已经存在的词中，派生出来一个新的词，构词的手段通常是去掉原词的开头或结尾部分。在英语中有很多常见的逆构词：aviate［飞行，来自 aviator（飞行员）］，burgle［偷窃，来自 burglar（窃贼）］，laze［闲散，来自 lazy（懒惰的）］，tweeze［用镊子拔掉，来自 tweezers（镊子）］……嗯，非常多。尽管如此，对于那些轻易就被广泛使用的逆构词，许多人意见很大：例如 conversate（交谈）和 mentee（学习者），我觉得这两个词都很怪异，而 enthuse（热情地说），我觉得它倒也没什么不好，但自从近二百年前它被人创造出来后，就总被一些人讨厌。

MEDIEVAL 中世纪的

即使是英国人也不经常用 mediaeval 的写法了，mediæval[①] 就更没人用了。

MEMENTO 纪念品

不是 momento。可以联想一下 memory 这个词，因为你买纪念品或者留着一个纪念品，是为了记住一些事情。

MILLENNIUM, MILLENNIA, MILLENNIAL 千禧年

两个挨着的 l，两个 n。每个词都是。网上有些人想骂千禧一代，却连 millennials 都不会拼，特别好笑。

MINUSCULE 极小的

不是 miniscule，不论它看起来多么顺理成章。

MISCHIEVOUS 淘气的

mischievious 的拼法和读法已有几个世纪的历史了，但还是一直没有被标准所认可。而且这样写非常矫揉造作，令人难以忍受。森林精灵可能会选择 mischievious 的写法，但凡人不应该那样拼。

---

① 那个合二为一的字母叫作 ligature（连字）。

MISSPELL, MISSPELLED, MISSPELLING 拼写错误

把"拼写错误"这个词拼写错的话，借用剧作家田纳西·威廉姆斯[①]的话来说，会是一出滑稽的悲剧（slapstick tragedy）。

MULTIFARIOUS 各种各样的

这个词里面有个f，是f不是v。

NAÏVE, NAÏVETÉ 天真的

虽然词典可能（勉强同意）让你摆脱重音符号的困扰，但是没有重音符号的naïve或者naïveté就不好玩了，而且naivety的拼法虽然得到了词典的认可，但看起来有些悲伤。

NEWSSTAND 报摊

这个词有两个s，拜托记清楚。两个s。

NON SEQUITUR 不合逻辑的推论

不是non sequiter。另外，不含连字符。

[①] 把剧作家田纳西·威廉姆斯称为"著名剧作家田纳西·威廉姆斯"并没有什么意义。如果一个人有名到足以被称为名人，那就没有必要再指出他是名人，对吧。"已故的田纳西·威廉姆斯"这种说法也没有什么意义，更不用说"已故的伟大的田纳西·威廉姆斯"了，听起来像个大人物。我偶尔会被问到，一个人去世多久之后才可以被称为"已故（late）"。我不知道，其他人似乎也不知道。

OCCURRED, OCCURRENCE, OCCURRING 发生

基本上每个人都知道 occur 怎么拼。基本上没有人能拼对 occurred、occurrence 和 occurring。

ODORIFEROUS, ODOROUS 有气味的

这两个词都是存在的。另外，odiferous 的写法也有，但很少碰到。它们的意思是一样的：恶臭的（stinking）。[①]

OPHTHALMIC, OPHTHALMOLOGIST, OPHTHALMOLOGY 眼睛的，眼科医生，眼科学

出错率之高令人两眼发直目瞪口呆。

OVERRATE 高估

类似的还有 overreach（伸得过远），override（推翻），overrule（否决），等等。

PARALLEL, PARALLELED, PARALLELISM 平行

作为一名年轻人，我极其希望 parallel 可以写成 paralell 或者至少 parallell；不知道为什么，就是不能这么写。

---

① moist（潮湿的）常常被认为是最令人本能地感到不舒服的英语词汇，而我对 stinky 和 smelly（发臭的）嗤之以鼻。

PARAPHERNALIA 随身用具

中间稍微偏后一点儿的那个 r 很容易掉队。

PASTIME 消遣

这个词里只有一个 t。〔一个也许有用的记忆技巧：把这个词看作由 pass（度过）和 time（时间）合成的，而不是由 past（过去的）和 time 合成的。〕

PEJORATIVE 轻蔑的

可能有人会把表示轻蔑的 pejorative 和表示撒谎的 perjury 混淆，拼成 perjorative。

PENDANT 吊坠

不是那个 pendent（悬而未决的），并不是说没有 pendent 这个词，而是说有时候该用 pendant 却写了 pendent。pendant 是名词，pendent 是形容词，意思是悬挂着、摆动的 —— pendant 正是这个状态。摇摇摆摆。

PERSEVERE, PERSEVERANCE, PERSEVERANT 坚持

我注意到有一种趋势是在 v 前面多加一个 r。

PHARAOH 法老

几年前，我读到阿加莎·克里斯蒂一九三七年的小说《尼

罗河上的惨案》(*Death on the Nile*) 第一版影印稿，里面有个地方把"法老"拼成了 pharoah，把我逗笑了。之前我一直以为这种拼写错误是近年来才出现的。[①] 显然并不是。

二〇一五年，赛马 American Pharoah 成功获得三冠王 (Triple Crown)，它将这个错误的拼写作为自己正式的名字〔更可怕的是，由于某些我不想探讨的原因，它的父系马匹的名字是 Pioneerof the Nile (尼罗河上的先驱者)〕，引起了人们对这个错误的广泛关注，所以也许以后会比较少有人再把这个词拼错吧。

PIMIENTO 甜椒

一种常见的拼法 pimento 不能算错，不过编辑还是会把它改掉的。有趣的是，*Web 11* 有一个专门的 pimento cheese (甜椒奶酪) 词条，结果词条里用的是 pimientos 的拼法。

POINSETTIA 一品红（植物）

不是 poinsetta 也不是 poinsietta。

---

① 我有时候会收到读者的抗议信，他们在我们的书里偶然发现了一个错别字，于是写信来咬牙切齿地问"怎么出版的？"我和你一样不喜欢打字错误——可能我比你更不喜欢——但是只要有书，就有打字错误。没有从不出错的人。

PREROGATIVE 有特权的

perogative 是错误的拼法，发音也不对，但经常有人这么拼或者这么读。

PROTUBERANCE, PROTUBERANT 突起

不是 protruberance 也不是 protruberant。没错，相信你想到了 protrude（突出），每个人都会联想到这个词，所以才会经常有人拼错。

PUBLICLY 公然地

publically 的拼法非常少见，它被公认为，或者说通常被认为是不标准的，我的意思是，任何像样的标准都会觉得它是不正确的。

RACCOON 浣熊

它的变体 racoon —— 如今很少见了，但这种拼法一度很流行 —— 不算是错，但很显然看起来怪怪的。

RASPBERRY 覆盆子

这个词里有一个字母 p。

REMUNERATIVE 有报酬的

别写成 renumerative 了。我倾向于直接避开 remunerative 这

个词，不只是因为我记不住怎么拼，还因为它的读音太噎人，所以我宁愿换成lucrative（获利多的）。

RENOWN, RENOWNED 名望，有名的

不是reknown也不是reknowned。

REPERTOIRE, REPERTORY 全部剧目

这两个词各自都有三个r。

RESTAURATEUR 餐馆老板

不是restauranteur，这个问题没有商量的余地。

ROCOCO 洛可可

不是roccoco，也不是rococco，更不是roccocco，但愿你没打算这么写。

ROOMMATE 室友

见前文dumbbell和filmmaker，要经常看一看正确的写法，直到你能拼对为止。

SACRILEGIOUS 亵渎神明的

也许有人会想把它拼成sacreligious。不可以这么拼。

SEIZE, SEIZED 抓住

很容易拼错，sieze 和 siezed 的出现频率不低。都是被那个胡扯的 i before e 顺口溜给误导了。

SEPARATE, SEPARATION 分离

不是 seperate 和 seperation。

SHEPHERD 牧羊人

Shepard（谢泼德）是一个人名，而牧羊人是 shepherd，跟这个话题有关的那种狗是 German shepherds（德国牧羊犬），土豆做外皮的那种肉饼叫作 shepherd's pie（牧羊人馅饼）。

SIEGE 围攻

即便你侥幸拼对了 seize，你可能依然会（与直觉恰恰相反）栽在这个词上，把 siege 拼成 seige。注意别犯错。

SKULDUGGERY 诡计

它的变体形式 skullduggery，至少在美国，最近变得越来越流行了。这个词来源于苏格兰的一个关于通奸的词，而不是来自盗墓（grave robbery）的那个意思，和骷髅（skull）无关，因此我倾向于单个 l 的拼法。

STOMACHACHE 胃痛

我觉得这是一个奇怪的词，但它与 earache 和 headache 并排放一起的话，似乎就没人觉得它们看起来很奇怪了。

STRAITJACKET 紧身衣

开头的 strait 是表示限制、狭窄的那个词，不是表示"直"的 straight。①另外，表示用系带束缚的词是 straitlaced。

STRATAGEM 策略

开头跟 strategy（战略）的开头一样；但结尾和 strategy 不一样。

SUPERSEDE 取代

不是 supercede。我这辈子从来没有一次就把 supersede 拼对过。

SURPRISE, SURPRISED, SURPRISING 惊吓，惊讶的

不管是写上面的哪个词，都不要漏掉第一个 r，它被人忘记的频率高得惊人。

---

① 一九六四年琼·克劳福德主演的关于斧头女杀手（axe-murderess）的惊悚片——你真的应该看看这部电影，特别特别吓人——叫作《狂人拘束衣》。（美国人更偏好 ax 这种拼法，但我更愿意做一名 axe-murderess 而不是 ax-murderess。你呢？）

SYPHILIS 梅毒

一个 l。

TAILLIGHT 尾灯

两个 l。

TENDINITIS 肌腱炎

不是 tendonitis，尽管这种错误拼法好像怎么改都改不掉（而且我注意到，我的拼写检查对这个词没反应，不会弹出令人尴尬的红色小圆点）。

THRESHOLD 门槛

不是 threshhold。我敢打赌你是想到了 withhold（拒绝给）然后就拼错了。

TOUT DE SUITE 立刻

这个词不能拼成 toute suite，而且，不管你拼对了还是没拼对，它都会像 n'est-ce pas 一样令人讨厌，第五章已经说过这个问题了。你知道用什么词比较好吗？Now 就行了。

UNDERRATE, UNDERRATED, UNDERRATING 低估

（以及其他你能想到的任何 under 加以 r 开头的单词的复合词。）

UNPRECEDENTED 前所未有的

老天爷，这个词能有多难记啊？

UNWIELDY 笨重的

别拼成 unwieldly，我偶尔会见到这么拼的。

VILLAIN, VILLAINOUS, VILLAINY 恶棍

中间是 ai，不是 ia。

VINAIGRETTE 沙拉调味汁

不是 viniagrette。而且，请注意，也不是 vinegarette。

WEIRD 怪异的

我遇到 wierd 的次数比我想象中的要多。

WHOA 呀

网上经常有人用 woah，你可能以为那样拼也行。不是的。

WITHHOLD 拒绝给

见 threshold。

Y'ALL 你们

永远不要写成 ya'll。

　　让我这个北方人有点儿惊讶的是，我的南方朋友对于当对方只有一个人时能否称其为 y'all 这个问题并没有一致的意见（可以说是七嘴八舌吵个不停。至于 all y'all 这种死亡话题还是改天再说吧），但他们几乎一致认为，你们（y'all）非南方人根本不应该用它。

第九章

语言雷区和怪癖

英国人一开口讲话，口音就会暴露他的阶级。

他一张嘴，其他英国人就会看不起他。

——歌曲《为什么英国人就不能》（"Why Can't the English?"）

艾伦·杰伊·勒纳 作词

我从没见过哪个作家或者其他和文字打交道的人，是没有满满的语言雷区和怪癖的——一个平时通情达理的人，看到某些词语或用法，就忽然变得不近人情、怒气冲冲，甚至暴跳如雷——而且，如果有人否认自己藏有这样的奇怪偏好，我会对他的话产生怀疑。

人们对单词的好恶，就像对橄榄、歌剧或者莱昂纳多·迪卡普里奥的演技的好恶一样，喜欢的人就是喜欢，讨厌的人就是讨厌。我发现，即便是几个世纪以来积累的文学作品中的用法，或者《韦氏英语惯用法词典》中对词汇用法的列举，依然不能打消人们对词汇的偏见，其实这本词典本来是能够减轻人们语言上的怪癖的，那会是件好事。还有，对于英语处于不断进化状态的说法，这些人也不为所动；他们也不相信，如果我们的曾祖母发现我们在应该用 shop（购物）时却用了名词 store（商店），或者把 host（主人）用作动词时，她们会用肥皂来洗我们的嘴。嗯，我耸耸肩承认，如果英语这门语言本身出了名地不规则、不合理，那为什么英语相关的从业者不能也是如此呢？

问题是，每个人的语言雷区和怪癖（peeves and crotchets）①，都是不一样的。那些并不在意 could care less（不在意）用法的人，在遇到有人把 impact（影响力）作为动词用的情况时，可能会发出能把房子掀翻的怒吼；有的人看到别人用 beg the question 表示 raise the question（提出问题）的意思时，会对这种新用法不爽到脸上红一阵白一阵的，你甚至能在他们脸上看到五十度红、猩红和胭脂红等各种色号，而他们很可能对 comprised of（由……组成）的用法完全无所谓，眼睛都不带眨一下的。

作为一名文字编辑，我倾向于引导作者使用不会让别人有意见的语言，因为我觉得，如果你想激怒读者，你可以故意惹恼他们，没有必要用 eager（热切的）和 anxious（急切的）的细微区别这种无关紧要的事情去刺激他们。我也相信，因为很多作者跟我这样说过，一般而言，作家不喜欢因为无关紧要的细

① 在此感谢《巴尔的摩太阳报》的编辑同事约翰·麦金太尔，他创造了一个绝妙的术语 peeververein，意思是"一群自封语言专家的人。他们无凭无据或者小题大做地抱怨一些语法规则和词语用法"。这个诨名还挺别致的，你不觉得吗？而且，这种说法当然比"顽固分子（stickler）""学究（pedant）"或"语法纳粹"高了一档。

节被读者挑剔，不管这种挑剔是否有道理，并且作者会感谢编辑从一般规范的保守角度，为作者提供编校知识安全网或者说防护措施。（但也不是说保守到把一些愚蠢的不是规则的规则强加进来，比如前面提到的不能用分裂不定式，或是不能用 And 开始一句话。）

为了准备写这一章，我活动了一番关节，在一个星期六的早晨来到了二十一世纪的城市广场（即推特），那里聚集了很多作家和编辑，这个时间他们本应该在乖乖写作或者看稿子的，却都跑到这儿来溜达了。我小心翼翼地、委婉地问大家有哪些"个人的关于用词的爆发点（personal usage flashpoints）"。我举的例子是，当有人把 literally（字面上）用错［用它表示"隐喻（metaphorically）"］时，可能就令人很不舒服；或者有人说想说"不管"时却用了 irregardless 这个不规范的词时，也会让人情绪爆炸。这一招非常有效，就像好用的鱼饵一样，不一会儿就有气势汹汹的食人鱼上钩了。

半天之后我收到了几百个五花八门的回复，我把这些积累起来的用法整理成了一份清单，在这里列出来，当然，我会附上一些评论，这是少不了的。我承认，这些条目中，有些也是我的敏感点，因为我也是普通人，理性程度跟其他人没什么差别；而其中有一些条目，支持者很有热情，不过就他们的判断力而言，我虽然表示尊重但还是皱起眉头、扬起眉毛、侧目而视，或者用现在的说法——不忍直视（give side-eye to）。

哦，下面这一点至关紧要：你要记住，你自己有语言雷区和怪癖，说明你懂得欣赏英语语言的音乐性，对英语的语义有精妙的理解，在此基础之上发展出了自成体系的品位；而其他人之所以会有语言雷区和怪癖，只是因为他们的脑子有问题。

好的，我们开始吧。

AGGRAVATE

如果你不是用aggravate这个词来表示"把坏事弄得更糟糕"，而是用它来表示"让人气得失去理智"，那么你会激怒（irritate）很多人的，尽管这种用法确实已经存在几个世纪了。所以在这种情况下，不如还是用irritate表示后面这种意思吧。如果你觉得irritate比较无趣，或者它会aggravate你，你可否试试这几个同义词：annoy（惹恼）、exasperate（使……愤怒）以及我最喜欢的vex（使……烦恼），并且像犹太母亲们自古以来一直说的那样，save yourself the aggravation（别给自己找不自在了）呢？

AGREEANCE

这个词，并不像嘲笑它的人所想的那样，是新近才出现的对英语的歪曲用法。它是一个古老的词，早已被扔进故纸堆，偶尔在大多数人都会说agreement（协议）的地方重新露面。人们很少看到它，少到它没有什么机会被人讨厌，但介意这个词的人自然会被它困扰。

ANXIOUS

用 anxious 来形容对幸福的期待，这种用法非常普遍且由来已久。这样用这个词，会使一些人感到 anxious，不好的那种 anxious 情绪。作为一个 anxious（焦虑）型的人，我觉得不值得为这个问题吵架，我选择用 anxious 形容那些让人紧张、需要做心理准备的事物，用 eager 形容渴望（eagerness）。还有，anxious 可以用于形容那些让人兴奋但又惴惴不安的事物。比如说，第一次约会。

ARTISANAL

artisanal 一词用于指代手工制作的、非常昂贵的东西，一度是销售文案中的卖点，但很快成了被人翻白眼嘲笑的对象，所有突然爆红、遍地开花的热词都难逃这样的命运。本人并不是做泡菜、啤酒或肥皂生意的，所以很少在专业领域遇到这个词，如果你打算用它，最好再多考虑一下，然后再考虑第三下（thrice①）。

ASK

将动词 ask 作名词用（nouning）的做法 —— that's a big ask

---

① 这儿本来是嘲笑布鲁克林嬉皮士的绝佳机会，但嘲笑布鲁克林嬉皮士太老套太没劲了，所以我没有这样做。顺便说一句，通过否认你提到了某件事来提起某件事的修辞手法叫作 apophasis（阳否阴述、故抑其词）。

（这是个重大的请求）、what's the ask on this?（这有什么要求？）—— 会让我带着欣赏的心情咯咯笑起来，但我还是忍不住想说 request 其实就很不错了，无论作为名词还是动词都是。将动词转换为名词 —— 这个过程的正式术语是"名词化（nominalization）"—— 会让人感到不舒服，也会让人觉得好笑。这种做法往往来自商界和学术界 —— 它们似乎总是企图做这种事 —— 用过度的、可以说是不必要的新造词（coinages[①]）—— 来取代传统的语言，实则新瓶装旧酒、换汤不换药。

BASED OFF OF

不可以。就是不行。就像一位朋友说的那样："用介词故弄玄虚。"无可争议 —— 所以不要和我抬杠了 —— 的正确短语是 based on（基于）。

BEGS THE QUESTION

当你用它表示"提出问题（raise the question）"时，它可能引起的爆炸可不是小打小闹了，这是核威胁级别的大事件。所以快点儿找个地方躲起来，好好听我说。

传统上将 begging the question（丐辞）理解为一种逻辑谬误 —— 拉丁语原文是 petitio principii。不，我可不是信手拈来

---

① 不过从另一角度来看，我可能会说如果你没有不时编造一些新词，那你就不够称职。顺便说一句，nouning 不是我发明的。本来就有这个词。

的，而是跟普通人一样查词典查到的——意思是要证明一个结论，却用结论本身作为论据来推理，也就是循环论证（circular reasoning）。例如，说蔬菜对你有好处，因为蔬菜对你的健康有好处；或者说我是一流的文字编辑，因为很明显我把别人的稿子改得很好，这都是在 beg the question。

知道这一种含义的人并不多，更少有人会这么用这个短语。beg the question 经常被赋予的是"难免要问（lead to an inevitable query）"的含义，例如 The abject failure of five successive big-budget special-effects-laden films begs the question, Is the era of the blockbuster over and done with?[①]（连续五部高预算特效电影的惨败，让人不禁要问，大片的时代已经结束了吗？）

对于后面这种新兴的用法，讨厌它的人简直咬牙切齿，激烈地表示反对。令人遗憾的是，用 raise the question 或 inspire the query 或其他类似短语替代它，骗不了任何人；读者总能嗅出 beg the question 的味道，尽管它被删掉了，这可以说是写作中的 pentimento（原画重现）[②]现象；如果你们好好上过艺术史的课程，或者读过莉莲·赫尔曼那扣人心弦但可信度存疑的回忆录[③]，就应该能明白我在说什么。

---

① beg the question 有时还会客串一下"逃避问题（evade the question）"的意思，不过我极少遇到这种情况。

② 被颜料盖住的画面又浮现了出来。——译者注

③ 美国剧作家。*Pentimento* 是她撰写的一本回忆录，出版于一九七三年，后被改编为电影《茱莉亚》。——译者注

BEMUSED

越来越多的人用bemused来指"挖苦地、挤眉弄眼地笑，好像戴着棱纹领结在啜饮曼哈顿鸡尾酒的那种感觉"，而不是"感到烦恼和困惑"。恐怕这个词迟早会变得毫无意义和用处的，而且我感觉已经快到那一天了；那就太可惜了，它本是一个好词。我会捍卫bemusement一词的"困惑"义项，永不言败；只是想到这些，就让我觉得自己有点儿卡斯特将军（General Custer）[①]那意思了。

CENTERED AROUND

即使是我这种在地理课上乱涂乱画、打瞌睡、空间想象力堪忧的人，也知道centered around是种意义混乱的表达，所以我总是会选择centered on（以……为中心）或者revolved around（围绕着……）。你也应该这么做。

CHOMPING AT THE BIT

是的，传统的写法是champing at the bit（不耐烦地咬牙切齿；迫不及待）。没错，现在很多人写chomping，很可能是因为不熟悉champing这个词。因为champing和chomping在意思和拼写上几乎没有什么区别，所以我觉得没必要瞧不起chomping。

---

① 指乔治·阿姆斯特朗·卡斯特，美国军官，以骁勇善战著称。——译者注

CLICHÉ

cliché（陈词滥调）是一个非常优雅的名词。如果它被用作形容词，就令人不爽了。加一个字母变成 clichéd，不会给你造成多大的负担，记得这样用。

COMPRISE

我承认：我几乎不记得这个词到底怎么用算对，怎么用算错，所以每次我碰到它——或者想用它时——都会停下来查一下词典。

The English alphabet comprises twenty-six letters.（英文字母表由二十六个字母组成。）是正确的。

Twenty-six letters compose the English alphabet.（二十六个字母组成了英文字母表。）也是正确的，虽然 composed 听起来会比 make up 呆板一些，你不觉得吗？

The English alphabet is comprised of twenty-six letters. 警笛声响起，因为语法警察来了。

老老实实用 comprise 来表示 made up of 的意思，就没问题。但是，一旦你想把 of 加到 comprise 后面的时候，就请举手投降吧，然后自己把它改过来。先把手放下来然后再改过来。

COULD CARE LESS

如果用这句话来表达彻底的冷漠，可能会有点儿危险，因为它会激怒许多人，引发愤怒的谴责。我很欣赏它迂回的讽刺意味，人们越是讨厌它，我就越喜欢用它。

CURATE

curate一词的用法：作为名词，表示助理牧师，或者作为动词（发音不同），表示博物馆工作人员组织展览、展示艺术品的工作。

curate一词不应该用于描述如下行为：把想在健身时听的歌加入播放列表、挑选早午餐要吃的烟熏鱼，或者在Anthropologie（安家）店里布置展览展示衬衫、帆布鞋和旧货商店淘来的养眼的书。

DATA

它是复数，也是单数，它是能清新口气的薄荷糖，也是甜掉牙的甜点顶部的配料。

数据显示，data［数据（复数）］一词确实常被作为单数名词使用，这可以说已经形成了共识，没什么值得大惊小怪的，也没有必要强行给datum［数据（单数）］这个词刷存在感。

接受它就好了，别纠结。

DECIMATE

有些人只会在形容"杀掉十个反抗的士兵中的一个作为惩罚，不是九个之中杀一个，也不是十一个之中杀一个"的情况时，用到decimate这个词。

也有人会用它来表示一般的"毁灭"之意。

后一种人当然更好地发挥了这个词的价值。

DIFFERENT THAN

different than没有什么不对，别人如果说不行，你不听就好。

如果你说different to，那你可能是个英国人，那也OK啦。

DISINTERESTED

如果你能让disinterested这个词只表示"公正的"，并在说到"不感兴趣"的时候用uninterested，我会比较高兴。我觉得这要求不高。

ENORMITY

有些人坚持只在描述极其邪恶的情况时才使用enormity这个词 [the enormity of her crimes（她的滔天恶行）]，这或多或少是这个词在英语中的用法。你会在描述体量大时使用enormousness（或largeness、immensity、abundance之类的）。

我觉得不妨折中一下。可以用enormity来描述一件不仅巨大而且怪异或者可怕的事情，或者描述艰巨的、费力的事情 [the enormity of my workload（我的巨大工作量）]。避免把它用作褒义词 [the enormity of her talent（她的天赋罄竹难书）]，那会让人挑起眉毛睁大眼睛，没必要。

ENTHUSE

如果你不喜欢 enthuse（热烈地说），那就等我们到了 liaise（做中间人）再说吧。

EPICENTER

严格来说，epicenter（震中）是指地震发生之处正上方的地球表面。

不那么严格地说，epicenter 是指某个活动的中心，通常来说这个活动是不好的，但也不一定每次都是。

如果你用这个词来形容，比如说，瘟疫的 epicenter，那就是比较恰当的用法；如果你说巴黎是经典烹饪的 epicenter，有些人可能会觉得不舒服。

我自己并不太喜欢用 epicenter 这个词，主要是因为我觉得用 center（中心）就足够了。

FACTOID

如果你用 factoid 这个词指你在清单体文章①（listicle②）中找到的一小块真实信息，我们这些坚持这个词原意的人会感到难过的：根据这个词的发明者诺曼·梅勒的说法，factoid 是"在

---

① 清单体是社交网络常见文体，主要特点是罗列带有数字序号和介绍的事物清单。——译者注

② 我喜欢 listicle 这个词。如果一个新造词真的说出了一个现有词汇无法描述的概念，如果它真的给这个世界带来了新鲜的东西，那我说，那就让它舒舒服服地入座，加入这场盛宴吧。

杂志或报纸报道之前，实际上并不存在的所谓事实，与其说它是谎言，不如说它是一种产品，制造它的目的是操纵沉默的大多数人的情绪"。从月球上（甚至宇航员从轨道上）可以看到中国长城的说法是factoid，乔治·华盛顿的木头假牙、奥逊·威尔斯《世界大战》（*War of the Worlds*）广播剧曾引发全国范围的恐慌、塞勒姆女巫审判案中被判有罪的女巫被烧死①等都是factoid。

FEWER THAN/LESS THAN

　　也许你已经把这种区别变成了一种迷恋式的癖好。严格的——实际上并不是那么难记——区别是，fewer than（少于）用于可数物体［fewer bottles of beer on the wall（墙上架子上的啤酒较少）］，less than（少于）用于我们所说的专有单数名词［less happiness（较少的幸福），less quality（较差的质量）］和物质名词［fewer chips（较少的薯片），less guacamole（较少的鳄梨酱）］。

　　除非——总有例外的，不是吗——在讨论距离［less than five hundred miles（不到五百英里）］和时间［completing a test in less than sixty minutes（在六十分钟内完成一项测试）——不知道你会不会说in under sixty minutes，你可能已经这样说了，没

① 华盛顿的假牙是用象牙、金属以及从动物和其他人身上摘下来的牙齿做成的；塞勒姆的那些所谓女巫并不是女巫，而且她们是被吊死的。

问题，可以］时，会用到 less than。在讨论金钱和重量时，人们也可能会用 less than；《纽约时报文体与用法手册》（*The New York Times Manual of Style and Usage*）精准地指出，这种 less than 的用法适用于"体量大的单数物体"。因此，I have less than two hundred dollars（我只有不到两百美元）、I weigh less than two hundred pounds（我体重不到两百磅）、a country that's gone to hell in less than five months（一个不到五个月就完蛋的国家）等用法都是可以的，因为人们真正感兴趣的问题不是几个月，而是衰退之快。

尽管如此——而且总有"尽管如此"，不是吗——人们不会说 one fewer，这既是因为它很别扭、极其不符合语言习惯，也是因为它跟巴卡拉克-大卫（Bacharach-David）的经典歌曲《他再也不会来按我的门铃》（"One Less Bell To Answer"）的歌名相矛盾。

有人反对超市快速结账通道牌子上 10 ITEMS OR LESS（不超过十件）的写法。一方面，我知道他们有这种意见。另一方面，这么闲的话，还是发展一些爱好打发时间吧，比如插花或者剪纸什么的。

FIRSTLY, SECONDLY, THIRDLY

看到这几个词，我感觉就像听到了指甲划过黑板的声音一样。

如果你不用 firstly、secondly、thirdly，把它们改成 first、second、third，那么你不仅节省了字母，而且可以告诉所有的朋友，这个神奇的东西叫作平副词（flat adverb）——一个在形式上与其相应的形容词匹配的副词，特点是没有结尾的 -ly，它是百分百正确的，这就是我们可以说 sleep tight（睡个好觉）、drive safe（小心开车）和 take it easy（放轻松）的原因。不过并不是按照这个顺序啦。

FOR ALL INTENSIVE PURPOSES

我一开始并没有打算讨论 for all intensive purposes，因为在我的记忆中，从来没有遇到过有人真的说过或写过它，除非是当作开玩笑的谈资，说居然有人讲过或写过 for all intensive purposes。但它确实是存在的（从二十世纪五十年代就有了，于是不喜欢那个年代的原因又多了一个），而且隔三岔五地出现在书籍报刊中。

正确的说法是 for all intents and purposes（基本上，实际上）。

FORTUITOUS

用 fortuitous（碰巧的）这个词来表示好运、好事，前提是好运气或好事情是碰巧发生的，那么这种用法就可以接受，即 fortuitous 的本来含义：偶然（尽管它的本意中，并没有保证事情的结局一定是好的）。如果你的成功是靠辛勤的汗水换来的，那就找一个更好的词来肯定你的成就吧。

FULSOME

几个世纪以来，fulsome一词的含义越来越多，包括丰富的、慷慨的、过分慷慨的、过多的、无礼的和充满恶臭的等等。含义过多，对它或对你都没什么好处（它也适用于描述那种喜用镀金的室内装饰品位，不过描述这种东西最精准到位的词仍然是 ungapatchka）。尽管你可能很想把 fulsome 当作含义清晰的褒义词来用，但如果你拐弯抹角地说 fulsome expression of praise（溢美之词），大部分读者会理解为谄媚、拍马屁的油腻感觉。所以不要这样用它。

GIFT (AS A VERB) 作动词

如果 bestow、proffer、award、hand out、hand over，或者其他英语中存在了多年的形容"给人东西的行为"的实用动词都入不了你的法眼，那你就用 gift 吧，我甚至不会说它很讨厌，因为我不是那种人，而且我向你保证，许多人早就蠢蠢欲动了。[①]

GROW (TO MEAN "BUILD")

你不要像别人一样狡辩，说不能用 grow a business 这个短语（更确切地说，觉得它不如 build a business），因为 grow 只是一个不及物动词（intransitive verb，不接宾语的那种）。为什么不可

---

① 另外，regift（将自己收到的礼物转送他人）是一个很有水平的新造词，因为它描述了别的词都无法概括的事情。

以呢？因为它也是，或者至少可以是一个及物动词（transitive verb），因为你肯定知道一个人可以 grow dahlias（种植大丽花）或者 grow a mustache（留胡子）。

不过，你可以不喜欢 grow the economy（使经济增长）这样的官腔，因为它，用专业术语来说，恶心吧唧的。

HOI POLLOI, THE

hoi polloi 是古希腊语中的"大多数人（the many）"的意思，当一些人想用花哨的词侮辱那些他们所看轻的人时，就会用这个词，而不是 the great unwashed（伟大的平民百姓）或者 proles（普罗大众）。从定义和引申上看，这个词已经包含了冠词 hoi，不管是不是古希腊人，说别人是 the hoi polloi，都是野蛮、无礼的，而且语义重复。我不觉得 the hoi polloi 让我很困扰（也就是说，我一点儿也不觉得困扰），不过我很可能会因某种东西受到 hoi polloi 青睐的说法而感到不舒服。

让我感到不适或至少困惑的是，时不时就会碰到有人用 hoi polloi 指有钱人，带或者不带 the 的都有。对这种混淆，有一种常见的解释是，在这种语境下 hoi polloi 与 hoity-toity（自命不凡）被混为一谈了，你可以认为后者是 fancy-shmancy[①] 的同义

---

① 不知道你有没有兴趣了解一下：hoity-toity 和 fancy-shmancy 是一种叫作叠词（reduplication）的词，类似的例子还有 easy-peasy（小菜一碟）、knickknack（小玩意儿）、boogie-woogie（布基伍基乐曲）等。

词，但此种解释并不能为该错误用法正名①。

HOPEFULLY

如果你能接受 there was a terrible car accident; thankfully, no one was hurt（发生了一场可怕的车祸；幸好没有人受伤）的用法，你当然也能接受 tomorrow's weather forecast is favorable; hopefully, we'll leave on time（天气预报说明天天气不错；希望我们能准时出发）的用法。

在这两句话中，thankfully 和 hopefully 都是分离副词（disjunct adverb），也就是说，它们修饰的不是句子中的任何特定动作 [如 she thankfully received the gift（她很感激地收下了礼物）或者 he hopefully approached his boss for a raise（他怀着希望找了老板，希望能升职加薪）]，而是修饰句子中说话人的整体情绪（或仅仅是句子本身）。

我不知道在所有这些分离用法中，为什么单单 hopefully 会被挑出来滥用，但这是不公平的，不是这个词的错。

顺便说一句："老实说，亲爱的，我才不在乎呢。（Frankly, my dear, I don't give a damn.）"②

嗯哼。

---

① 在二〇一三年的电影《菲洛梅娜》中，朱迪·丹奇饰演的女主人公，让我尽量中立地说吧，她是工人阶级，她把在爱情小说中读到的贵族们称为 the hoi polloi。我想，这有可能是编剧的失误；我更愿意认为，这是对人物性格的一种灵巧而富有表现力的刻画。
② 这句话是电影《乱世佳人》中白瑞德的经典台词。——译者注

ICONIC

Iconic（符号的，偶像的）这个词被过度使用了，它变得像 famous（著名的）一样无趣且无意义。此外，famous 至少是用在那些有一定知名度和大众认知度的人身上的，而 iconic 似乎近来被拼命地用于那些没有什么人认识的人身上。

IMPACT (AS A VERB) 作动词

在 affect（影响）完全够用、够清楚准确的时候，非要用 impact 这个动词去表达 affect 的含义，就很可能会引发读者的尖叫。也许，你已经在尖叫了。

我不确定，比如说工作时间的改变，是否会 impact 我的工作，但也许时间计划的变动对你的影响更大。

我倒不是说 impact 作动词时，只要事件威力（impactful）级别不如小行星撞地球让恐龙灭绝，就一律不能用，但请你尽量把它留待大事发生时再用。

IMPACTFUL

"有力的"，又是一个带着浓厚商务气息的词，在我看来这不是什么好闻的味道。如果大家都弃用这个词，我敢打赌，没人会怀念它的。

INCENTIVIZE

比 incentivize（激励）这个荒唐的词还可怕的，恐怕只有它的魔鬼兄弟 incent（激励）了。

INVITE (AS A NOUN) 作名词

如果你剩下的日子不多了，连好好发个邀请函（invitation）的时间都没有，那还是别办什么派对了吧。

IRONY

趣味性不是 irony（讽刺）。巧合不是 irony。怪异不是 irony。婚礼当天下雨不是 irony。irony 就是 irony，是讽刺的意思。我编辑过一部作品，作者用过一次 deliciously ironic（有趣且讽刺）这个词之后，就又用了十几次。问题在于，他说的话既不有趣也不讽刺。正如一位同事所指出的那样，这件事本身还挺 deliciously ironic 的。

IRREGARDLESS

这只狰狞的变蝇人（Brundlefly[①]），是 irrespective（无关的、不考虑的）和 regardless（无论如何）的混血儿，是一个完全没有必要存在的词。另外——别装了，你又不傻——你知道你说这个词只是为了故意惹别人心烦。

---

① 科幻恐怖电影《变蝇人》中的科学家，因意外拥有了一半苍蝇基因，身体变得狰狞可怕。——译者注

LEARNINGS

你会不会说话呀？我最后再问一遍，你到底会不会说话？那叫 lessons（经验教训）。

LIAISE

这个从 liaison（联络）中来的逆构词，让一些人很不爽。我觉得它很好。我不认为它的表兄弟 cooperate（合作）和 collaborate（协作）能很好地表达出"做中间人（go-betweening）"的意思（说真的，你想让我说 go-betweening 吗），而且它比侵犯个人边界的 reach out（伸出）好太多了。

LITERALLY

好好一个词，愣是被扭曲成了魔鬼般的语气强化词。不，你不是 literally（字面意义上、非比喻说法）笑死了。不，我不在乎你所有的酷朋友都这样用 literally 这个词。如果你的酷朋友全都从帝国大厦上跳下来，你也跟着跳吗？①

LOAN (AS A VERB) 作动词

在我听起来，loan 这个词作为动词，总带着点儿鲍厄里男

---

① 长大后我就成了我妈。

孩（Bowery Boys）①的味道——Hey, Sach, can you loan me a fin?
（嘿，塞奇，你能借我点儿钱吗？）——如果稿子里这么写，我
往往会不假思索地把它改成lend。如果你有意见，坚持不改，我
也不会生气，因为用loan作为动词绝对没有错。

MORE (OR MOST) IMPORTANTLY

如果你的臀部（fundament）有一根关于firstly、secondly、
thirdly的棒子，你很可能还有一根类似的棒子，那就是more
importantly（更重要的是），我希望你有足够的空间放这么多
棒子②。

MORE THAN/OVER

这二者的区分，具体到计数问题上，比less than和fewer
than之间的争议要小一些，主要是因为很少有人注意到它们的
差别，也因为在文字界没什么人坚持要把它们区分开。所以不
管一本书的页数是over six hundred pages（超过六百页）还是
more than six hundred pages（多于六百页），也不管小吉米是突
然长高到more than six feet（六英尺多）还是突然长高到over six
feet（超过六英尺）……你选择哪种说法都行。It's nothing to get

---

① "鲍厄里男孩"系列电影的主人公，鲍厄里是美国纽约的一个街区，以廉价旅馆和酒吧
闻名，流浪汉和醉酒者众多。——译者注
② 此处化用了俚语 have a stick up (one's) ass，意为头脑死板僵化，字面意思为"屁股插了根
棍子"。——译者注

worked up more than（不用计较这些多的少的有的没的）①。

MYRIAD

myriad（无数）首先是个名词，后来才多了形容词的身份，所以，虽然我倾向于认为myriad travails（无数艰难困苦）比a myriad of travails更精练，但两种用法都可以，名词反对者在这里站不住脚。如果你想去跟他们争论，可以告诉他们约翰·弥尔顿就把myriad用作名词。梭罗也是。

NAUSEATED (VS. NAUSEOUS)

直到大学时代都过完了，我才知道有nauseated这个词。当我快要呕吐的时候，我以为nauseous这个词就足够形容了。最终，我才明白nauseous和nauseated在传统意义上的区别——前者指令人作呕的东西，后者指想要呕吐的状态——但我知道得太晚了，已经改不过来了，所以我还是高高兴兴选择了做一个nauseous的人。

NOISOME

noisome的意思是"恶臭的（stinking）"以及"有害的（harmful）"。而且，我觉得还有"令人恶心的（nauseating）"。

---

① 此处化用了习语get worked up over（因……激动、烦躁），作者故意把over换成了more than，以示二者没有区别。——译者注

它有时被误认为是noisy（嘈杂的）的同义词，但这个时候不必为此生气，因为讲究的人都不会这么用，也不接受这个意思。但是，现在这个世界啊，连nonplussed这个词都能越来越多地被误认为是cool as a cucumber（泰然自若）的意思——见下一条！我说：还是安全第一，小心行事比犯了错再后悔强。

NONPLUSSED

那么，我们来看nonplussed这个词吧。它是指迷茫、错愕、不知所措。这阵子，它已经变成了放松、淡定、冷静的代名词，这就成了问题了。怎么会变成这样呢？大概是因为plussed部分在某些人眼里是excited（兴奋的）的意思，所以加上non就似乎把这个意思反过来了，nonplussed就成了自己的反义词（antonym）①。

ON ACCIDENT

没错，"故意的"是on purpose。不，"意外的"不是on accident。是by accident。

---

① 　如果一个词能表示两种相反的意思，那么这个词是"反义同词（contronym）"，不过"双面词（Janus word）"——你记得两面神Janus（雅努斯）吧？他一张脸朝前，一张脸朝后——也是种叫法，那个画面感能让人浑身一激灵。sanction（既能表示"认可"，又能表示"惩罚"）和cleave（既能表示"合在一起"，又能表示"切断"）就是典型的双面词。根据上下文能弄懂这两个词用的是哪种意思，但nonplussed并不是这样，所以我们只承认它的一种意思就好，行吗？

ONBOARD

将onboard作为动词代替familiarize（熟悉）或integrate（融入）来使用，蛮奇怪的。把它和policies（政策）搭配使用，已经够糟糕了；如果用在新员工身上，用它代替orient（熟悉，适应）这个非常合适的词，就更不怎么样了。而且，onboarding给人的感觉是，这个新员工离waterboarding（水刑）不远了。

PASS AWAY

我想，在与失去亲人的人交谈时，人们可能会提到一个人having passed away（不在了）或passed（过世了）。在写作中，形容这种情况用的词是die。

PENULTIMATE

penultimate（倒数第二的）并不是ultimate（最后的）的花哨版本。它的意思并不是"我是说最后的最后啊，哥们儿"。它的意思是"最后一件事之前的那件事"。

PERUSE

我已经抛弃了peruse这个词，因为它既可以用来表示"仔细地、一字一句地阅读"，又可以表示"粗略浏览"，要它还有什么用呢。

PLETHORA

用plethora一词 —— 一开始，它在英语中用于描述某种血液过量的身体状态 —— 来描述过剩事物的人，会嘲笑那些用它来单纯（以及带有褒义地）表示"某种东西很多"的人。对这个问题，我是比较无所谓啦。

REFERENCE(AS A VERB)作动词

你直接说refer to（参考）就行了。

RESIDE

你的意思是live（居住）吗？

'ROUND

如果她是通过环绕（circumnavigatin'）一座山的方式接近（approachin'），那她就是在绕着山走来（comin' round），而这句话不需要在词的前面加撇号也可以好好写出来。我在说你们呢，喜欢写'til的人，以及更糟糕的，喜欢写'till的人。

STEP FOOT IN

为了你的人身安全，为了让你多活几年，听我的，说set foot in（踏入）就好了。比较不容易被人打死。

TASK (AS A VERB) 作动词

相比于 be tasked to do，我比较喜欢 be assigned to do（被指派做）某件事。

'TIL

高高在上多管闲事的人，我再说一次：till 是一个词。until 是一个词。till 是一个比 until 更古老的词。两者的意思是一样的。至于谨小慎微大惊小怪的 'til，它并没有你们想得那么正当。

TRY AND

如果你 try and do（尝试并且去做）一件事，马上就会有人叫你 try to do（尝试做），所以你还不如就 try to do，这样就不会有人骂你了。

UTILIZE

当你说到特别好地利用某事时，可以搬出 utilize 一词，比如利用实际事件和数据来预测公司收益。否则，你真正需要的单词其实只是 use（使用）。

VERY UNIQUE

在一九〇六年版的《国王的英语》（*The King's English*）中，H.W. 福勒宣称——他既不是第一个也不是最后一个这样说的人——A thing is unique, or not unique; there are no degrees of uniqueness; nothing is ever somewhat or rather unique, though many things are almost or in some respects unique.（一件事物要么是独特的，要么不是独特的；独特性是没有程度之分的；没有多多少少有些独特一说，不过许多事物是几近独特的，或在某些方面是独特的。）

如果你说某个东西 virtually unique（几近独特），我没意见，但不能说它 more than unique——不是 very（很），不是 especially（特别），也不是 really（真的）。

你也可以在你的作品后面贴一张写着"踢我（KICK ME）"的纸。①

---

① 我的编辑想让我告诉你，永远别用 yummy（好吃的）、panties（女式内裤）、guac（牛油果酱）这些词。我完成任务啦。

第 十 章

容易混淆的词

"当我用一个词的时候，"憨墩胖墩用相当轻蔑的语气说，
"它的意思就是我想要它表达的那种意思——不多也不少。"
"问题是，"爱丽丝说，"你是否能让词语有这么多的含义。"
"问题是，"憨墩胖墩说，"到底谁说了算——就是这个问题。"

——刘易斯·卡罗尔《爱丽丝镜中奇遇记》

(*Through the Looking-Glass, and What Alice Found There*)

拼写检查是一项绝妙的发明，但它无法阻止你用错单词，
只要你的拼写没问题，拼出来确实是个单词（但不是正确的那
个词），它就发现不了问题。文案编辑工作中有大量精力用在挑
出这类错误上面，我向你保证，即使是最优秀的作家也会犯这
种错误。

A LOT/ALLOT, ALLOTTED, ALLOTTING

a lot of 是指很多。

allot 是指分配、指派。

ADVANCE/ADVANCED

to advance 是指前进。advance 的过去式是 advanced。

an advance 是指向前的运动，例如军队的前进；或者是一笔预先支付的钱，例如作家还没写完书时就收到的预付款、孩子预支一些零用钱等等。

还有，advance 指提前、事先［例如 supplied in advance（提前供应）］。

另外，advanced 是指在进度或复杂性方面领先于标准，例如一名绝顶聪明的学生就是 advanced（先进的）。

将 advance 误作 advanced［尤其是在出版业，试读本（bound galleys）① 通常被误称为 advanced editions（先进版）］的现象是经常出现的，也是令人遗憾的。

ADVERSE/AVERSE

adverse 的意思是不利的、有害的，如 we are enduring adverse weather（我们正在经受恶劣天气）。

averse 是指反对的、排斥的、反感的，如 I am averse to olives and capers（我讨厌橄榄和酸豆）。

---

① 试读本是排版文本的早期合订本——设计精美但尚未校对——送给评论者、书店顾客等，希望他们能为出版商提供含糊不清的赞美之词（burbling blurbs），用来装饰已完成的书籍（festoon the finished books）。我是不是（amirite，网络用语，即 am I right 的缩写——译者注）押了个头韵（alliteration）？

AFFECT/EFFECT

惯例认为，affect 和 effect 的区别在于，affect 是动词［this martini is so watery, it doesn't affect me at all（这杯马提尼太水了，我喝了一点儿感觉都没有）］，effect 是名词（this martini is so watery, it has no effect on me at all）。这样说来也没有错误，但也只说到了这一步。

因为 affect 也是一个名词：主观体验的情感引发的一系列可观察到的表现（a set of observable manifestations of a subjectively experienced emotion）。例如，有人可能会说 a psychiatrist's commenting on a traumatized patient's affect（一位精神病医生在评论一个受创伤的病人的情感表现）。

另外，effect 也可以作动词，如 to effect change——也就是说，让变化发生。

这些词及其变体的其他用法有：一个 affected person（装腔作势的人）affects（做作地使用）一种上流社会的口音；一个人的 personal effects（随身携带的私人物品）；in effect（实际上）作为 virtually 的同义词使用。这些用法似乎不容易引起混淆。

AID/AIDE

aid 即帮忙。

an aide 是指一位助手。

AISLE/ISLE

这两个词被混淆的情况出现的时间不长，至少在我看来是这样的，所以我们还是赶紧制止它吧。

aisles 是指剧院、教堂和飞机上的座位区之间的通道，也指超市里货架之间的通道。

isles 是岛屿（通常是小岛）。

ALL RIGHT/ALRIGHT

格特鲁德·斯泰因在她一九三一年出版的《如何写作》（*How to Write*）一书中，对 alright 这个词的使用很费解（如果你觉得斯泰因有趣，也可以说是有趣）：

A sentence is alright but a number of sentences make a paragraph and that is not alright.

一个句子是好的，但若干句子组成一个段落，这就不是好的。

还有，皮特·汤曾德为他所在的 the Who（谁人乐队）写了一首歌叫"The Kids Are Alright"（《孩子们都很好》）[1]。

尽管 alright 有以上用法以及其他用法——你很可能不愿像

---

[1] 二〇一〇年由安妮特·贝宁和朱利安·摩尔主演的电影叫作 *The Kids Are All Right*（《孩子们都很好》）。

格特鲁德·斯泰因那样写东西[①]——alright被一些人反对，它被认为是一种懒散的用法。相对于all right，alright在印刷品中仍然较少见。话虽如此，但我经常被问及是否能够接受alright，我觉得这种现象表明它已经开始大行其道了，不管我喜欢与否。如果它出现在眼前，我依然会皱起鼻子，表情不太友好，也许是因为我看不出它存在的意义，为什么要将它与all right区别开来，这种区分有什么价值可言。像altogether（完全地）和already（已经），它们与all together（一起）和all ready（一切就绪）就是截然不同的，因此有必要存在。你的感觉可能跟我不一样。[②]

ALLUDE/ALLUSION/ALLUSIVE/ELUDE/ELUSIVE

allude是指拐弯抹角地暗示、示意，例如一个人在谈话中暗指一个不愉快的主题，而不是把它放在明面上讨论。

---

① 又或许你想像格特鲁德·斯泰因那样写。"Why is a paragraph not alright. A paragraph is not alright because it is not alight it is not aroused by their defences it is not left to them every little while it is not by way of their having it thought that they will include never having them forfeiting whichever they took. Think of a paragraph a paragraph arranges a paraphanelia [sic]. A paragraph is a liberty and a liberty is in between. If in between is there aloud moreover with a placed with a placing of their order. They gave an offer that they would go. A paragraph is meant as that."（"为什么一段话不好。一个段落不好是因为它没有亮点因为它没有被它们的防御所激发它不是每隔一段时间都留给它们的它们没有让它认为它们拿走的任何东西都永远不会失去。想想一个段落一个段落安排了一个paraphanelia（原文如此）。一个段落是一种自由而一种自由是在两者之间的。如果在两者之间很明显有摆放有对它们顺序的摆放。它们表示它们会去那里。一段话就意味着这个。"）
② 好吧，我把这句话藏在脚注里，因为从编辑的角度来说，我觉得自己好像是在投敌：表示不耐烦、不爽的Alright already（够了）在我看来是all right的。但我最多也就能接受这样子了。至少今天的我如此。

an allusion就是这样一种间接的或暗示性的提及。

elude就是escape（逃跑），例如银行抢劫犯从天罗地网中逃脱。

刚醒来时，你还依稀记得做过的梦，等到完全清醒时这个梦就从你的意识中溜走，你怎么也想不起它了，这种情况可以叫elusive（难捉摸的、难找到的）。也就是说，你很难抓住它。

ALTAR/ALTER

altar（祭坛）是指在宗教仪式中，用于放置祭品或礼品的高架子。

alter是改变的意思。

ALTERNATE/ALTERNATIVE

在要求严格的人看来——我有时候是这种人，有时候又不是——严格来说，an alternate是指代替某个事物的另一个事物，而alternatives——一些事物，或者至少是两个——是指可供选择的选项，选择其中哪一个都行。也就是说，假设由于意外，我不得不在康涅狄格州下了公路，必须取道波塔基特去波士顿，那么我就是不得不走替代路线（an alternate route），但在另一天，如果我选择穿过当地的街道而不是高速公路去波士顿，我就是选择了一条可选路线（an alternative route）。

同样，每隔一个周三做一件事，就是在alternate Wednesdays做那件事；忽冷忽热，就是alternately（交替地）喜欢和不喜欢一件事；而做一份由层层叠叠的面条、酱汁和奶酪堆成的千层面，就是用alternate layers（堆一层这个，再堆一层那个，层层交替堆起来）做千层面。词典中有一个比较清楚的说法是succeeding by turns（轮流交替，一个接一个）。

还有，超越了常态（normalcy①）即为an alternative（另类）：非主流音乐（alternative music）、替代疗法（alternative medicine）、另类生活方式（alternative lifestyle）等。（这个用法会带着一丝不认同的味道，所以要谨慎使用。）

一个人的alternate identity（另一重身份）［珀西·布莱克尼（Percy Blakeney）的红花侠（Scarlet Pimpernel）身份、布鲁斯·韦恩（Bruce Wayne）的蝙蝠侠（Batman）身份、保罗·鲁本斯（Paul Reubens）的皮威·赫尔曼（Pee-wee Herman）身份］即一个人的alter ego（另类自我）。②

AMBIGUOUS/AMBIVALENT

ambiguous是指缺乏明确性、含糊其词、容易被误解。

ambivalent是指百感交集、心情复杂。

---

① 这个词还有一种alternative叫作normality。

② 假名（Pseudonyms）不是另一重身份（alternate identities），而只是用于职业、文学、政治或偶尔用于恐怖主义目的的别名（alternate names）：夏洛蒂·勃朗特（Charlotte Brontë）的笔名柯勒·贝尔（Currer Bell），查尔斯·道奇森（Charles Dodgson）的笔名刘易斯·卡罗尔（Lewis Carroll），列夫·达维多维奇·布龙斯坦（Lev Davidovich Bronstein）的别名利昂·托洛茨基（Leon Trotsky），伊里奇·拉米雷斯·桑切斯（Ilich Ramírez Sánchez）的绰号"豺狼卡洛斯（Carlos the Jackal）"，等等。

形容一个人话里的意思可以用ambiguous，形容一个人的态度用ambivalent。

AMOK/AMUCK

从其最初的意义上说，run amok是指在一阵思虑之后，进入一种杀人狂的状态——我在我的百科全书中读到，这种现象尤见于马来西亚，amok一词就是由此而来的。在目前的语境中，这个词的杀气没那么重，它会让人联想到一群六岁的小宝贝儿号啕大哭的场面。

amuck只是amok的变体拼法，在相当长的一段时间里，它在英语中比较流行。amok在二十世纪四十年代取代了它，而我认为，一九五三年以达菲鸭（Daffy）为主角的"快乐旋律"系列经典影片《混乱达菲鸭》（*Duck Amuck*），让amuck这个词从此只属于卡通片了。

AMUSE/BEMUSE/BEMUSED

to amuse是指娱乐、使人愉悦、使人快乐。

to bemuse是指使人困惑、让人茫然、令人糊涂。

正如我前面提到的，越来越多的人用bemused来形容一种穿着燕尾服、啜饮鸡尾酒、淡定地互相揶揄的消遣方式。这种趋势也许是不可阻挡的，但如果不加以制止，它肯定会完全抹杀这个词的用处——正如nonplus被重新定义一样，它本来的正确意思是迷惑、震惊、不安，如果用来表示它对立面的意思

［I wasn't frightened at all（我一点儿也不害怕）; I was completely nonplussed（我非常镇定）］, 这个词就废了。别说我没警告过你哦。

ANYMORE/ANY MORE

anymore 是不再或现已不在, 如 I've a feeling we're not in Kansas anymore（我感觉我们已经不在堪萨斯州了）。

any more 是额外的数量, 如 I don't want any more pie, thank you（我不想再吃馅饼了, 谢谢你）。

没多少年之前, 人们还用 any more 比较多, 但现在, 至少在美国, 我们会用 anymore。（英国人对两个词合成一个的用法依然不太热衷。）

APPRAISE/APPRISE

to appraise 是评估或评价, 例如一个人评估一块宝石的成色以确定其价值。

to apprise 是指通知、报告, 例如一个人将休假安排告知老板。

ASSURE/ENSURE/INSURE

一个人向另一个人 assure（保证、打包票）, 以消除其疑虑: I assure you we'll leave on time（我向你保证, 我们准时走）。

ensure 是指确保某件事 —— 某件事情, 而不是某个人: the

proctor is here to ensure that there is no talking during the test（监考员在考场以确保考试期间没有人交头接耳）。

insure 一词，最好留到讨论死亡或肢解时的赔偿、每月的保费以及其他我们在赌咒时才会提到的可怕事情时再使用。

BAITED/BATED

形容一个陷阱 is baited，意思是它配备了诱饵。

bated 一般都与单词 breath（呼吸）一同出现，意思是减少、减轻或暂停。to await something with bated breath（屏息等待）意思就是紧张地等待，用一个老掉牙的词来形容，就是 to be on tenterhooks（提心吊胆）。

BAKLAVA/BALACLAVA

baklava（蜜糖果仁千层酥）是中东的一种糕点，是用能擀出很薄层次的面团、切碎或磨碎的坚果、超级大量的蜂蜜做成的。

balaclava（巴拉克拉瓦盔式帽）是一种遮住整个头部的头罩（出于实用性和便于呼吸的考虑，眼睛和嘴巴是露出来的）。跟滑雪面具差不太多。

baklava 和 balaclava 都不应该与 baccalà 混为一谈，baccalà 是一种干的腌鳕鱼；也不应该与 balalaika（巴拉莱卡琴）混淆，它是一种弦乐器；另外，Olga Baclanova（奥尔加·巴古拉诺娃）是一位女演员的名字，她最有名的是一九三二年恐怖片《畸形人》（*Freaks*）中被变成人鸭的那个角色。

BAWL/BALL

bawl one's eyes out 是指一个人号啕大哭、痛哭流涕。

ball one's eyes out 则可能是某种体育运动事故，或者吊茶包（teabagging）[①]时发生的倒霉事儿。

BERG/BURG

berg 是冰山（iceberg）。

burg 指城镇或城市，这个词带有俚语色彩，比较老气，而且含有贬义。如果一个城镇或城市特别沉闷、不起眼、落后，那它不仅仅是一个 burg，而且是一个 podunk burg（小而无足轻重的城镇）。

BESIDE/BESIDES

beside 是指 next to（旁边）[如 Come sit beside me（过来坐我旁边）]。

besides 的意思是 other than[除了，如 there's no one left besides Granny who remembers those old days（除了奶奶，没有人还记得那些过去的日子）]。

---

① ball 有"球"的意思，也有"睾丸"的意思；teabag 在俚语中表示"将阴囊放入他人口中"的行为。——译者注

我发现人们经常在想表达 besides 时用了 beside，不知道这是否因为他们牢记了要用 toward 而不能用 towards、要用 backward 而不能用 backwards，因为后者都是英国用法，所以他们把 besides 也当成了应该避免的英国腔。或者，他们把它看成跟 anyways 一样，是彻头彻尾的错误用词。

BLACK OUT/BLACKOUT

black out 是动词，例如一个人 black out after binge drinking（狂饮之后晕倒）。

blackout 是名词，意思是失去意识、停电或信息被压制（如 news blackout 指消息封锁）。

BLOND/BLONDE

blond 是形容词：he has blond hair; she has blond hair（他有金色的头发；她有金色的头发）。

blond 和 blonde 也是名词：有 blond hair 的男人是 a blond（金发男人）；有 blond hair 的女人是 a blonde（金发女郎）。因为 dumb blonde 这个陈腐的贬义词的存在，blonde 带上了一些沉重的文化包袱，所以要慎重地想清楚再用，如果你真的打算用它。

我不会故意假装大家都不知道 blonde 可以作形容词。你看，随便在网上一搜就能搜到这句埃玛·恩伯里的诗，出自她一八四一年的《有趣的陌生人》（"The Interesting Stranger"）：the blonde hair, rosy cheeks and somewhat dumpy person of her merry sister（金色的头发，玫瑰色的脸颊，她的妹妹有点儿像个傻瓜）[①]。如果你坚持将blonde用作形容词，我必须告诉你，它只适用于女性，因为结尾的e来自法语，它标志着这个词是阴性的。

BOARDER/BORDER

boarder是指在寄宿公寓（boardinghouse）里租住的人。

border（边界）则将一个地理区域与另一个地理区域划分开来。

［我的编辑一边警觉地看着我（这是他的职责），一边说他认为这种区分很明显，因此这一条可以从这个已经很长了的清单中删除。我倒是想啊。］

BORN/BORNE

如果你要讨论"出生"这个概念，不管是实际的还是隐喻的，你要用的词是born，不管一个人是昨天出生的，是在后备厢里出生的，是私生子，还是在纽约出生的（New York-born）。

其他情况下，被携带的或产生的东西，就是borne。疾病是由昆虫所滋生的（insect-borne）。一棵树结了果子，就是borne fruit。携带武器的权利是the right to have borne arms。

还有，虽然胜利可能是在悲剧中诞生的（be born out of），

---

① 这么说别人的妹妹可不太好。

但一个人的宏伟计划未必能在现实中孕育出来（be borne out in reality）。

BREACH/BREECH/BROACH/BROOCH

所谓 to breach，就是破开、刺破。

a breach 是指破裂或违反，例如 a breach in a dam（大坝破溃）、a breach of etiquette（违反礼仪）。当莎士比亚笔下的亨利五世哭着说，once more unto the breach, dear friends, once more（好朋友们，再接再厉，向缺口冲去吧），他指的是他的英国军队在被围困的法国城墙上打开的缺口。请注意，是 unto the breach，而不是人们常误以为的 into。

a breach 也可以指鲸鱼跃出海面；即鲸鱼是在 breaching。

breech 是一个过时的说法，指的是臀部；因此，breeches 曾用于表示裤子。a breech birth（臀位分娩）指的是分娩时胎儿的臀部（或脚）先出来。

to broach a subject 是指提出话题。

a brooch 指胸针，一种装饰性的首饰。

BREATH/BREATHE/BREADTH

breath 是个名词，breathe 是个动词。one loses one's breath（一个人停止了呼吸）、one breathes one's last breath（一个人咽下了最后一口气），诸如此类。

breathe 经常被人错写成 breath。这是一个特别容易犯的错误，错了也很难注意到，所以请你一定提高警惕。

似乎从来没有人把breadth（宽度）写错——虽然它时不时会出现在"嘿，怎么长度是length、宽度是breadth或width，而高度不是heighth呢？"的对话中[①]——所以我在此只提一下下。

BULLION/BOUILLON

前者是种金属，后者是指肉汤（有时是脱水成小方块的那种）。

CACHE/CACHET

所谓cache，是指把自己的贵重物品或收藏品藏起来的地方。于是，cache作动词的意思就是"藏起来"。因此，可能会有cache one's cache of cash in an underground cache（把自己的现金藏在地下储藏室里）。

cachet是指声望、地位，就像伊迪丝·沃顿所著《乡土风俗》（*The Custom of the Country*）中的贪婪、野心勃勃的安丁·斯普拉格为了社会上的名望（social cachet）而结婚一样。也为了钱（cash）。

虽然就像我说过的，发音的事情非我所长，但很乐意告诉大家，cache的发音和cash一模一样，而cachet包含两个音节：

---

① 以前确实是heighth但现在不是了，现在heighth被认为是"不标准的"或者"方言"。这个答案怎么样，是不是不太令人满意？

ka-shay。

CALLOUS/CALLUS

callous就是冷酷无情。

a callus（老茧）是指皮肤增厚。

很多、很多、很多人都把这两个词搞错了，所以如果你能把它弄对了，恭喜你，给你加分（brownie points[①]）。

CANVAS/CANVASS

canvas（帆布）是一种布，用来制作船帆或做画布。

canvass是指争取选票或征求意见。

CAPITAL/CAPITOL

a capital指首都、省会等重要城市，或者是句子、专有名词开头的大写字母，也可以指积累的资金；在建筑学中，这个词的意思是柱子顶部。它也是一个形容词，描述严重的罪行（通常可以判处死刑的那种，但也不全是）；另外，如果英国人想要表示赞同，就会大喊"Capital！"——而不是"Brilliant！"

a capitol（国会大厦）是一个容纳立法机构的建筑，比如我

---

① brownie points表示"称赞、奖赏、加分"的说法是从何而来的呢？没有人能给出百分之百肯定的答案；这是一个奇妙的神秘词语。不是所有的事情可以或者需要被知道的，我喜欢这种想法。

们美国首都（capital）那座雄伟的圆顶 Capitol（这里的首字母是大写的，因为这是它的名字）。

CARAT/KARAT/CARET/CARROT

carat（克拉）是宝石的重量单位。

karat（开）是表示合金中黄金所占比例的单位，成色最纯的黄金是24K的。

caret（脱字符号）是一种编校符号（看起来像这样：^），表示现有的那行字中要插入新的文字。

carrots（胡萝卜）是兔八哥吃的东西。

CASUAL/CAUSAL

要小心这两个词，你肯定不希望把 causal relationship（因果关系，即一件事导致另一件事，或一件事是由另一件事引起的）写成 casual relationship（随意、轻松、非正式的关系），反之亦然。这两个词看起来几乎没有什么区别，其含义却大相径庭。

CHORD/CORD

在音乐中，chord（和弦）是指同时演奏出来的若干个音符；chord 也用来指一种情绪反应，例如一段哀伤的旋律可能会引起听众的共鸣（strike a chord）。

cord 指的是由线编织而成的绳索。

有一个错误说法非常盛行，我需要浇点儿冷水：人的声带是 vocal cords，而不是（不管这个人多么精通音乐）vocal chords。

CITE/SIGHT/SITE

人们好像越来越分不清 cite 和 site 了。cite 就是引用、引证，例如引用参考书（reference book）或网站（website）的内容。而且，啊哈，这就有可能让人犯糊涂了：引用（citing）一个在（web）site 上发现的事实时，总会忍不住想用 site 表示"引用"（但依然是不对的哦）。

另外容易混淆的是，site——作为名词，指场所；作为动词，指"为……选址"——和 sight，即一个人去看的东西，例如，在观光（sightseeing）时看到的巴黎的风景（the sights of Paris）。

sight 也指枪械上帮助瞄准的准星，如 I've got you in my sights（我已经瞄准你了）①。

CLASSIC/CLASSICAL

classic 是指某种事物的极优秀或最典型的版本，就像《那该有多好》（"Wouldn't It Be Nice"）是海滩男孩乐队（Beach Boys）的经典流行歌曲（classic pop song），而缓解宿醉的经典疗法（the classic cure）就是再喝点儿（也许不太可取）。

---

① 出自射击类游戏《守望先锋》，这句话是角色"士兵：76"的台词。——译者注

classical 最好是用来形容古希腊和罗马的文明，或者十八世纪和十九世纪的管弦乐。

CLIMACTIC/CLIMATIC

前者是指讲述一个故事时令人激动的、惊险的结局到来前的那种刺激；后者是关于气象现象的，可能不那么惊心动魄（但愿如此）。

COME/CUM

从性的角度来说，对这两个词的区分并没有硬性规定[1]（hard-and-fast rule[2]），但我认为 come 作动词表示"达到高潮（to climax）"是很好用的。如果要用通俗的说法来形容男性高潮的产物，那么 cum 就是你的最佳选择[3]（is your man[4]）。

cum 可作为固定的连词，表示"双重用途"，例如 desk-cum-bureau 表示"书桌兼带抽屉的写字台"。它最好是用在以连词连接的事物之间[5]。虽然 cum 由拉丁文衍生而来，但经过几个世纪的使用，它已经是一个正式的英文单词，所以把它设成罗马字

---

[1] 某种程度上可以这么说吧。

[2] 字面意思是"又硬又快"。——译者注

[3] 某种程度上可以这么说吧。

[4] 字面意思是"就是你的男人"。——译者注

[5] 如果被连起来的词中，有由多个词组成的，那就用短破折号，例如 a memoir-cum-murder mystery（一本回忆录兼神秘谋杀案作品）。

体就好，不要设成斜体字。这个词往往会把那些长不大的人① 逗笑，所以在选择使用它之前要好好考虑一下。

COMPLEMENT/COMPLEMENTARY/COMPLIMENT/ COMPLIMENTARY

to complement something 就是和某样东西搭配得很好，例如一条斜条纹的领带可以 complement 一件竖条纹的衬衫。

如果我告诉你，你的衬衫和领带搭配得很妙，令人眼前一亮，我就是在 paying you a compliment（赞美你）。

对秘书这个职业来说，拼写能力和快速准确地打字的能力，可以被认为是 complementary skills（互补技能）——也就是说两者是相辅相成的。

如果我运用我的拼写和打字技能免费为你做事，我就是在给你提供 complimentary service（免费赠送的服务）。

CONFIDANT/CONFIDANTE

如果你不喜欢带有性别指向的名词，你当然可以用 confidant 来形容任何与你分享秘密（confidence）的人。但是，不要把男人称为 confidante（女性知己、红颜知己），这个词仅限于描述女性。

［大多数人都能正确辨别 fiancé（未婚夫）和 fiancée（未婚

---

① 基本上就是所有我认识的人。

妻），但大多数并不意味着所有]。

CONSCIENCE/CONSCIOUS

你的conscience（良知）是你内心的那个小小声音，它帮助你分辨是非。如果你是迪士尼版的匹诺曹，你的良知就拥有一个外化的人形——嗯，确切地说是昆虫形——就是小蟋蟀吉米尼（Jiminy Cricket），他的名字来自Jesus Christ！（耶稣基督啊！天啊！），但是比较礼貌和委婉的版本。

be conscious就是清醒、警醒的意思，也可以指察觉到某事、留心某事。

CONTINUAL/CONTINUOUS

continual形容事物是持续存在的、频繁的，但中间有停顿或中断，时而开始时而停止，如continual thunderstorms指持续的雷暴（间或有阳光），continual bickering指持续的争吵（个别时候关系还行）。

continuous是连绵不绝的意思，像诺亚洪水来临时连着下了四十天四十夜不间断的雨一样。

CORONET/CORNET

coronet是一种小的冠冕；cornet是一种类似小号的乐器。

CRITERION/CRITERIA

criterion 是单数：一个人做出决定所依据的标准。多个 criterions（真的有这个词，虽然我想不起来最后一次看到有人用它是什么时候了）就是 criteria。

我经常看到有人用 criteria 指单数的 criterion。也许大家觉得这个词看起来比较厉害吧。

CROCHET/CROTCHETY/CROTCHET

用 crochet（钩针）做针线活就是 crochet（用钩针织东西）。crocheting 不是 knitting（针织）[也不是 tatting（梭织花边），这个词的意思是做花边]，如果你把它们混为一谈，那就会让正在用钩针的人不高兴，甚至很生气。

crotchety 指不高兴、难相处、脾气暴躁、易怒。

crotchets 是指一个人的不合理的想法或者怪癖。（说起来，还有件事：我们美国人把四分音符叫作 quarter note，英国人管它叫 crotchet；好端端的音乐概念，英国人非给它起各种不一般的名字。）

我注意到，a salmon croquette（炸三文鱼饼）和 a game of croquet（槌球游戏）一般不会有人混淆，所以我们就不展开说了。

CUE/QUEUE

这两个词看起来并不像，但根据我的经验，越来越多的人分不清它俩了。

cue 是指给演员的一种信号，告诉演员开始入场、开口讲话或进行一些动作。汤姆·泰勒一八五八年的喜剧《我们的美国表兄弟》（*Our American Cousin*）中的台词 you sockdologizing old man-trap（你这个异于常人的老家伙），可能是历史上最臭名昭著的 cue，因为它所引发的观众笑声，正中约翰·威尔克斯·布斯下怀——他的职业是演员，但他并不是这出喜剧里的演员——他正需要这阵笑声，来压制他在刺杀亚伯拉罕·林肯时的枪声。

to cue 是指给人提示或暗示。to take a cue 是指模仿别人的行为或动作。

queue 是一种辫子，通常是编起来的，是中国清朝时男人的传统发型。queue 更常见的用法是表示一列人在排队等待某样东西。（你知道吗？两列排队的人成双成对地走在一起的队伍叫 crocodile。）queue 还可以指网飞（Netflix）上那些等着你看的 DVD，如果你碰巧还看 DVD。

to queue 就是去排队。这通常被称为 queue up，但不应该将其与 cue up 混淆，后者是指准备好让一件事情开始（比如说，准备好开始做 PowerPoint 演示，也就是老年人称之为 slide show 的活动）。

queue 作动词的用法是不久前出现的，是一种英国味很浓的用法。对美国人而言，说他们在为这个东西或那个东西 queuing up，会显得装模作样。我不确定这个词是什么时候来到美国的，但现在看来，它肯定已经有绿卡了。

DAIRY/DIARY

你不大可能混淆它们的意思；但打字的时候你很可能犯糊涂。那句话怎么说的来着，说这些就 nuff[①] 了吧。

DEFUSE/DIFFUSE

defuse 从字面上看[②]，就是拆除炸弹的 fuse（雷管；导火线），不让它爆炸。它的比喻意义则是，如果你想安抚一屋子暴躁的人，你就是在化解一个棘手的局面（defusing a thorny situation）。

形容词 diffuse 的意思是不集中（如 diffuse settlements in a vast territory 指"在广袤的土地上分散居住"）。作为动词使用时，它的意思是扩散 [如空气清新剂会在房间里扩散（diffuse）或者说被喷洒开（be diffused）]。

DEMUR/DEMURE/DEMURRAL

demur 是指表示反对、提出异议；也许是因为这个词的发音含有一个轻微的小舌 r 音 [又或者是因为它看起来像 demure（端庄的）]，所以经常被用来表示有礼貌的反对。

demur 也是一个名词，例如一个人会接受别人的决定，而不

---

① enough 的非正式说法。——译者注
② 前缀 de- 通常表示"离开""去除"之意。——译者注

提出 demur（异议）（你也可以选择用 demurral 一词）。demur 和
demurral 还有一个不太常用的意思：犹豫、拖延。

demure 是指谦虚或矜持。

DESCENDANT/DESCENDENT

前者是名词，表示子孙和子孙的子孙；后者是形容词，形
容前面所说的子孙或形容向下移动的东西。

descendant 偶尔会被误认为是 descendent 的意思，反过来也
是，真是有点儿添乱。

（绝大多数情况下，你要用的是前者。后者很少出现。）

DESERT/DESSERT

我们人大多数人都能正确分清 desert（沙漠，炎热又干旱的地
方）和 dessert（甜点，那甜甜的、让人心满意足的餐后小食）。

有一个与这两个词相关的短语，指人遭到报应，但很多人
想用这个历史悠久的宝贵（venerable①）短语时却用错了。遭到
应有惩罚的人得到的不是 just desserts，而是 just deserts——这个
短语的意思是，他们得到了应得的报应。

不过，如果我们中的一些人到了餐厅，只想吃一些馅饼和
一杯巧克力慕斯，那我们肯定可以说是 receiving just desserts（只

---

① 我偶尔看到过用 venerable 仅仅表示"杰出"的意思，或者仅仅表示"古老"的意思。我
想说，最好是这两个方面的意思合在一起用。

是吃些甜点）。

DISASSOCIATE/DISSOCIATE

它们的意思是一样的——割断、分离——而且它们在英语中出现的时间几乎不分早晚。由于我不了解的原因，disassociate很不招人待见、会被批评；这倒也没有对我造成困扰。如果你知道dissociation（解离）在心理学中的含义——由于身处危机之中，意识从现实中分离开来——你可能会认为disassociation更适合描述日常生活中的分隔，比如说，与一个在感恩节晚餐上发表种族主义冒犯性言论的叔叔撇清关系。

DISCREET/DISCRETE

discreet people（谨慎的人）有discretion（判断力）；有些事他们也不是不做，但做了不会乱说。他们机警、谨慎、小心翼翼。

discrete指这边的东西和那边的东西是分开的——各是各的、有区别的。

discreet和discrete经常被混淆，尤其见于那些风格活泼的个人广告等地方。

EEK/EKE

"Eek!"是当你看到一只老鼠时的惊叫。

eke（如to eke out a living是指"勉强维持生活"）的意思是获得某样东西的难度很大，而且通常无法获得。我想，一个人可以假装害怕，然后 eke out an eek（勉强挤出一句叫声）。

EMIGRATE/IMMIGRATE

emigrate from 指一个人从某个地方移民而来；immigrate to 指一个人移民到一个地方。我的祖父从拉脱维亚移民过来（emigrated from Latvia）；他移民到美国（immigrated to the United States）。这两个词用来表示从一个国家或大洲到另一个国家或大洲的移居；从芝加哥到纽约，甚至从芝加哥到巴黎都不能用这两个词来描述。

EMINENT/IMMINENT/IMMANENT

eminent 是指出名、获得声望。

imminent 指即将到来，随时都会到达。

immanent 是指内在的——也就是固有的。如果有机会看到这个词，最可能的语境是用于形容宪法权利或者神的存在和影响力。

ENVELOP/ENVELOPE

envelop 是动词，指包围、包住，envelope（信封）是名词，指的是用来装信件的那种纸做的小物件。

EPIGRAM/EPIGRAPH

epigram（诙谐短诗；警句）是一种简洁、巧妙、通常具有幽默感的语句，奥斯卡·王尔德经常写出这样的句子，就像四处抛撒给野鸭子吃的乐之饼干一样。比如说，那部令人无法抗拒的《不可儿戏》(*The Importance of Being Earnest*)中的一句话：
"所有女人都会变得像她们的母亲一样。那是她们的悲剧。没有
男人会变得像他的母亲。那是他的悲剧。"

epigraph（题词）是一种引人入胜的引语——一般不算幽
默，但通常较简洁——位于一本书的开头，通常紧接在献词之
后，或者位于一章的开头。

EVERYDAY/EVERY DAY

everyday是形容词（例如an everyday occurrence指"日常事件"），
every day是副词（例如I go to work every day的意思是"我每天都去
上班"）。

把everyday作为副词使用的做法越发流行，真是很烦人，请
不要助长这种风气，我看你敢不敢。

EVOKE/INVOKE

evoke是指唤起人们的记忆，就像椰子或者朗姆酒的味道（或
椰子混合朗姆酒的味道）可能会唤起人们对热带假期的美好回忆
一样，或者像当今的恐怖小说作家写的鬼故事可能会让人想起伊
迪丝·沃顿或M.R.詹姆斯[1]的作品[2]一样。

---

① 英国作家、中世纪研究家，曾任剑桥大学国王学院教务长、伊顿公学教务长。以擅长
创作鬼故事著称。——译者注
② 这两位的作品我都强烈推荐。它们是一流的、优雅的，还让人心神不宁。

invoke 是指召集到某个地方，比如术士召唤恶魔来消灭敌人，或者是指寻求保护和援助，比如援引第五修正案（Fifth Amendment）以维护自己保持沉默和不自证其罪的权利。

尽量简单说就是，把 evoke 限于比喻意义，把 invoke 限于实际动作，就没问题了。

EXERCISE/EXORCISE

说实话，在健身房做的事情和对魔鬼做的事情，并不容易混淆，但还要说一句：

如果你为某事感到焦虑不安，那么你的状态不是 exorcised（恶魔被驱散）而是 exercised。

FARTHER/FURTHER

一般的规则，或者说至少有些人认为的规则是，保留 farther 字面上的"物理距离"之意 [I'm so exhausted, I can't take a step farther（我太累了，多一步都走不动）]，而将 further 用作比喻意义，来作为程度或时间的度量 [later this afternoon we can discuss this weighty matter further（今天下午晚些时候，我们可以进一步讨论这个重要的问题）]。

遇到模棱两可的情况，就用 further。我们的朋友英国人，为了避免歧义，基本上不管什么情况都用 further。

FAUN/FAWN

faun[①]是一种神秘的生物，一半是人，一半是山羊，相当于萨堤尔[②]的不那么吓人的版本。

fawn是幼小的鹿；也指浅黄褐色。

to fawn指为了得到好处而讨好谄媚（apple-polish）、拍马屁（suck up）、奉承。

FAZE/PHASE

to faze是指打扰、扰乱、使人不安，例如有的人想到要公开发言就会不安（fazed）。

a phase是发展过程中的一个阶段，例如一个孩子可能会经历a phase of refusing to eat vegetables（拒绝吃蔬菜的阶段）；to phase是指随着时间的推移而进行一个动作，例如phasing out outmoded textbooks（逐步淘汰过时的教科书）。

FERMENT/FOMENT

ferment的意思是发酵（产生酒精）得到啤酒或葡萄酒；foment是指煽动、挑起事端。还有，一个人的怒气会ferment，一群激动的人（an agitated group of people）可以说是in a state of

---

① 古罗马传说中的农牧神。——译者注

② satyr，古希腊神话中半人半羊的森林之神。——译者注

ferment（处于动乱不安的状态）。

把 ferment 作为动词，用于表示 foment 的意思，会刺激（agitate）到很多人；但是，也不能说这样不对。对不起啦，激动的人（agitated people）。

FICTIONAL/FICTITIOUS

fictional 用于形容运用想象力创作的艺术作品及其构成部分的性质。比如，小说中的人物是虚构的。

fictitious 形容编造的东西，与想象出来的艺术作品无关。例如，你在五年级的时候为了逃掉考试而撒谎说奶奶去世了（愿她安息），那么这位去世的奶奶就是 fictitious。

FLACK/FLAK

flack 指广告宣传人员。flak（高射炮）是一种防空武器，特别用于指由高射炮发射出的炮火。

如果你被人严厉批评，这种情况是 catching flak，而不是 catching flack。

FLAIL/FLAY/FLOG

to flail 就是疯狂地挥舞，比如一个溺水的人可能会 flail 他的手臂；flail 也有猛击、痛打的意思。这个动词与一个名词有关：a flail（连枷）是一种打谷物用的工具，是一根较长的棍子，上面松散地绑着一根较短的、可以左右摇摆的棒子。它是绘画和雕塑中经常出现的法老王拿着的两样东西之一 —— 看起来不像牧羊人的牧羊杖的那个就是 —— 像是带有尖尖金属球的令人毛骨悚然的中世纪武器。

flail 和 flog 作为动词意思相近，都表示惩罚，不过对我来说，前者让我想起棍子，后者让我想到鞭子。至于这两个词会唤起你怎样的记忆，就不归我管啦。

另一方面，flay 指从某物或某人身上剥下或撕下皮肤，也可引申为象征意义，即用语言让人颜面尽失。

FLAIR/FLARE

前者是一种本领（比如 a flair for the dramatic 指戏剧天赋）或魅力（比如 dress with flair 指衣着有品位）；后者是一束光或火焰，一个紧急的发光信号；它还有张开的意思，可用于形容一个人的喇叭裤。

FLAUNT/FLOUT

flaunt 就是炫耀：标榜你自己或炫耀某样东西。例如财富和权力就是经常被拿来炫耀的东西。

flout 表示轻蔑或藐视；这个词可以说基本上总是与 the law（法律）或 the rules（规则）搭配。

FLESH OUT/FLUSH OUT

flesh out 就是增加实质内容，例如为了让商业提案更充实，向其中补充下一步行动的实质性细节。

flush out是用水冲干净，例如冲洗伤口；它还有"将躲起来的人或物驱赶出来"的意思，例如使用烟幕弹把躲藏在巢穴中的一窝罪犯熏出来。

FLIER/FLYER

flyer是指会飞的人或物。对于那些你并不感兴趣、被硬塞到手里的广告页，也就是传单，有的人选择把它叫作flier，有的人偏好用flyer。我建议将天上飞的东西称作flier，将刚被发出去就马上被扔进垃圾箱的纸称作flyer。

如果你在做一件有风险的事，这种情况可以称作taking a flyer或者taking a flier。我偏好前者（这种用法在出版物中更常见一点儿），没有特别的原因。

FLOUNDER/FOUNDER

to flounder的意思是笨拙地挣扎；to founder的意思是沉没或者失败。可能经过一阵floundering之后终于还是foundering了，所以这两个词会被搞混。

FORBEAR/FOREBEAR

forbear就是不做某事，例如一个人在大斋期（Lent）忍着不吃巧克力（forbear from eating chocolate），或者在困难面前表现得隐忍克制（即表现出forbearance）。

forebear是祖先的意思。[①]

FOREGO/FORGO

forego是领先、居于先的意思。

forgo是放弃、作罢的意思。

FOREWORD/FORWARD

foreword（前言）是一本书前面的引言部分；这个术语通常指由书的作者之外的人写的短文。[②]

forward是一个方向：跟向后相反的方向。它也是一个形容词，经常用于形容孩子，含有冒失、淘气、专横的意思，也用于表示癞蛤蟆想吃天鹅肉或具有侵略性的人（通常是在性方面）。

GANTLET/GAUNTLET

gauntlet是一种手套，特别适用于在受到致命侮辱时把它扔到地上，也指接受这样的严峻挑战。[③]

有一种刑罚方式是，你在两列手持棍棒的士兵之间来回

---

① 作为一名文字编辑，我遇到的不可思议的词语混淆之一是ancestors（祖先，先辈家庭成员）和descendants（一个人的直系后代和直系后代的后代）。不过，我每年还是会遇到一两次，所以还是有必要提醒你注意。

② 出版业内机密：一定不要再把前言叫作forwards了，更不要叫forwords，那个更糟糕。我可谢谢你了。

③ 中世纪骑士向人挑战时，会将手套摘下扔在地上，对方如果捡起手套则表示接受挑战。——译者注

跑，而这些人又想把你打得半死。描述这种情况究竟用 gantlet
还是 gauntlet，不同的人有不同的看法。我选择 gauntlet。我觉得
gantlet 看起来大惊小怪、神经兮兮的，好像那两列攻击者正迫
不及待地挥舞桌布而不是要用棍棒打你一样。

GEL/JELL

gel 是一种果冻；它也指一种透明的彩色薄片，通常由塑料
制成，用于舞台照明。

当你用 Jell-O 果冻粉做的果冻凝固时，或者当一个人的总体
计划变得清楚、逐渐成形时，可以用 gel 或者 jell 来形容。我喜欢
jell 的说法。

GIBE/JIBE/JIVE

这几个词从词源上说有点儿混乱，但只要记住用 gibe 来表
示（名词）"嘲讽的话"或（动词）"嘲笑"，用 jibe 来表示"一
致、符合"，基本上就没什么问题了。

jive（胡说；牛仔舞）这个词有时被用来表示 jibe 的意思
（例如 I'm so pleased that our plans for the weekend jive），无论从词
源学还是其他什么学的角度来说，这都不对。

GRAVELY/GRAVELLY

gravely 是表示严重性的副词，例如一个人 become gravely ill
（病入膏肓）。

gravelly是一个形容词，指鹅卵石之类的碎石沙砾较多，如in a gravelly road（在碎石路面上）；这个词也可以形容嗓音低沉沙哑，如a raspy，gravelly voice（粗糙、沙哑的声音）。

GRISLY/GRISTLY/GRIZZLY/GRIZZLED

gory crimes（血淋淋的罪行）是grisly（可怕的）。

tough meat（嚼不烂的肉）是gristly（含有软骨的、咬不动的）。

grizzly（灰熊）则是一种熊。

grizzly crimes的错误提法非常流行（除非真的是灰熊犯了罪，在这种情况下可以），虽然它真的很好笑，但请一定避免这种说法。

grizzled形容头发斑白——因此它可以引申为old（年老）的一个很好的同义词。它并不像很多人认为的那样，是unkempt（蓬乱的）或rugged（粗犷的）的意思。

HANGAR/HANGER

停放飞机的地方叫hangar（飞机库）。

用来挂外套的东西叫hanger（衣架）。

牛的横膈膜上挂着（suspended[①]）的那块肉叫hanger steak

---

① 也就是hanging，懂了吗？

（腹肉牛排），很多人不懂得欣赏它的美味。

HANGED/HUNG

描述"罪犯被绞死"，用 hanged。

描述"把画挂起来"，用 hung。有些画是挂着的，有些不是。这个词还可以用来形容男人[①]。有些男人是那样，有些不是。

HARDY/HEARTY

hardy 指吃苦耐劳；这样的人勇敢无畏、不屈不挠。

hearty 指心地善良、有爱心；这样的人精神饱满、开朗热情，经常感情比较外露，说话声音大、有点儿烦人。

hearty 还可以形容丰盛的、有营养的汤或炖菜。

HAWK/HOCK

这两个词作动词的区别在于，to hawk（也就是说此处不讨论鸟类的名词义项）是叫卖，而 to hock 是抵押、典当。

至于"咳痰"这个意思，你可以选择用 hawk（传统用法）来表达，也可以选择 hock（常见用法）。

而 hork 呢，如果你非要知道，它是指呕吐或者……好吧，还有些别的意思，反正基本没有不恶心的。

---

① hung 在俚语中的意思是"巨根"。——译者注

HISTORIC/HISTORICAL

historic 指意义重大，例如民权法案（the Civil Rights Act）的通过是一个具有历史性意义的事件（a historic event）。

historical 单纯表示过去的存在。

请注意："历史事件"是 a historic event，而不是 an historic event。除非你习惯把直升机写作 an helicopter，不然你就没有理由用 an historic event。

HOARD/HORDE

to hoard 即积累、积聚，通常有一定的保密色彩；一个人 hoard（贮藏）的东西就是他的 hoard（贮藏品）。托尔金笔下的史矛革（Smaug）是个黄金囤积狂（a hoarder of gold）。来自纽约的传奇的科利尔（Collyer）兄弟——霍默（Homer）和兰利（Langley），他们第五大道的联排别墅囤满了东西，能塞的都塞进去了。囤积行为最终导致了他们的惨死，兰利被一个可能是用于防御的陷阱装置压死，而贫穷、失明、无助的霍默随后饿死。你知道得更多。

horde 最常被用于形容一大群人或其他事物，含有贬义：比如说，蒙古入侵者、时代广场上挡道的游客，还有僵尸。

HOME/HONE

home in on 的意思是（猛禽、导弹等）对准目标。

to hone 是磨炼的意思。

太多人喜欢用hone in on这个短语了，多到它都已经打入了词典内部，所以好像也算不上错了，但这并不意味着我非得待见它不可。

HUMMUS/HUMUS

hummus（鹰嘴豆泥）是一种中东地区的蘸酱，由捣碎的鹰嘴豆制成。

humus（腐殖质）是土壤中腐烂的有机物。

你能在你们本地的全食（Whole Foods）店里找到多达五十七种hummus。至于humus，小心不要误食啦。

IMPLY/INFER

imply是指暗示，不张嘴地表达出某种意思。

infer是指推论，也许是根据拐弯抹角的信息来得出结论，做出推测、推断。

把imply看成外在的动作，把infer看成内在的过程。或者说：讲话者imply，听者infer。

INTERNMENT/INTERMENT

internment指监禁或限制，尤其是在战时——例如第二次世界大战期间日裔美国人被拘留。

interment（安葬）是一种仪式性的埋葬，比如一个孩子可能会大费周章地隆重埋葬一只去世的宠物。［表示把东西——尤其是火化（cremation）后的骨灰——放进骨灰盒的那个词是

inurn。希望你不要误以为cremains（骨灰）是火化的意思。]

IT'S/ITS

it's即it is，例如it's a lovely day today（今天天气真好）。

its是it的所有格，如it rubs the lotion on its skin（它把润肤露擦在皮肤上）[①]。

不管你发表的言论多么睿智，无论写在书里还是别的地方，特别是在网络上，如果你分不清its和it's，那么你将会被口水淹死。我想这不公平，但我发现总的来说人生就是不公平的。

KIBITZ/KIBBUTZ

kibitz是闲聊的意思。但它还多了一层含义，表示提出一些多管闲事的建议，尤其是在旁观别人打牌的时候[②]。请注意它的拼写，是单个的b。

kibbutz（基布兹）一词含有两个b，它的意思是以色列的社会主义集体农场。

LAMA/LLAMA

llama（美洲驼）是一种南美洲家养的有蹄类哺乳动物，是

---

① 出自电影《沉默的羔羊》。——译者注
② 出自田纳西·威廉姆斯《欲望号街车》。白兰芝（BLANCHE）：打牌真有意思。我可以插话（kibitz）吗？斯坦利（STANLEY）：不可以。

羊驼（alpaca）和骆马（vicuña）的近亲。

　　lama（喇嘛）的意思是僧侣。喇嘛住在喇嘛庙（lamasery）里。

LAY, LIE, LAID, LAIN, AND THE REST OF THE CLAN

　　尽管我很不愿意搬出语法术语，但没有它，我们是无法讲清楚 lay 和 lie 的问题的。

　　所以，这么说吧：请注意，lay 是一个及物动词，也就是说它需要一个宾语。及物动词不仅仅表示一种动作；它的动作必须有对象。一个人不能只是 lay；他要 lay 一个东西[①]。例如：I lay my hands on a long-sought volume of poetry.（我终于找到了寻觅已久的那本诗集）。I lay blame on a convenient stooge.（我顺手把责任推给了一个背锅的）。I lay (if I am a hen) an egg.［我下蛋（假如我是一只母鸡）。］[②]

　　这意味着什么呢？首先，如果你在 lie 和 lay 之间犹豫不决，并且你的句子中有一个动作的对象，还可以用一个不太容易混淆的及物动词如 place（放置）来代替那个让你左右为难的动词，那么你需要的是 lay。

　　另外，lie 是不及物动词。I lie（我撒谎），句号，句子结束。无论表示躺下还是表示撒谎，都适用。不需要宾语。lie 可以被

---

① 　或者，没错，lay（睡）一个人。既然你已经跃跃欲试，那就放手去做吧。

② 　不过，也有把 hens laying 称为 vocation（天职）的情况；这是 lay 作不及物动词的例子：不需要宾语。

副词修饰［I lie down（我躺下），I lie badly（我不会撒谎）］，也可以用地点修饰［I lie on the couch（我躺在沙发上）］；它只是不需要有东西、有物体附加在这个动作的后面。

不巧的是，这两个动词可以而且必须有词形变化，而这就是问题所在。

让我们汇总一下看看。

to lay

现在式	lay	I lay the bowl on the table. （我把碗放在桌子上。）
现在分词	laying	I am laying the bowl on the table. （我正把碗放在桌子上。）
过去式	laid	Earlier, I laid the bowl on the table. （早些时候，我把碗放在了桌子上。）
过去分词	laid	I have laid the bowl on the table. （我已经把碗放在桌子上了。）

to lie（表"躺下"）①

现在式	lie	I lie down. （我躺下。）
现在分词	lying	Look at me: I am lying down. （看着我：我正躺着。）

---

① lie表示撒谎时的时态比较简单，所以我就把它放在这一页底下吧：I lie（我撒谎），I am lying（我在撒谎），I lied（我撒谎了），I have lied（我撒了谎）。

过去式	lay	Yesterday, I lay down. （昨天，我躺下了。）
过去分词	lain	Look at me: I have lain down. （看着我：我已经躺下了。）

　　lie 的过去分词是 lain，谁看了都觉得不对劲，这已经够糟糕的了。lie 的过去式偏偏是 lay 这个我们一开始就生怕用错的词，这更让人抓狂。我知道。我也很抱歉。

　　多练练，也许你就能记住这些了。或者你可以把这一页折一个角，把这本书放在随手能拿到的地方。反正我会这样做的。

　　还有一些关于 lay 和 lie 的附加知识。

　　有些人误以为 lying down 这个动作仅限于人类（我觉得这种想法挺奇怪），实际上并不是这样。I lie down.（我躺下了。）Fiona the hippopotamus lies down.（河马菲奥娜①躺下了。）Pat the bunny lies down.（拍拍兔②躺下了。）

　　表示一般现在时的"躲藏"含义时，不用 lay low；表示"埋伏"也不用 lay in wait。应该用的是 lie：I lie low（我尽量不引起别人注意）；I lie in wait（我埋伏起来）。

　　还有，lay a trap for one's enemy 是给敌人设下陷阱的意思，一旦成功，就是 lay that enemy low（把敌人放倒了）。

---

① 河马菲奥娜是美国辛辛那提动物园的动物明星，出生时因为早产一度有生命危险，后经工作人员的精心救治和照顾活了下来并在社交网络上成名，深受民众喜爱。——译者注
② 美国作家多萝西·孔哈特的经典儿童绘本《拍拍兔》中的人物。——译者注

lay a ghost 是驱鬼的意思。

有件事你听了可能不高兴：一直到十八世纪末左右，人们都还不在意是用 lie down 还是 lay down，只要你的意思是身体横过来就行。后来，一些好事者在这个问题上做文章，闹得沸沸扬扬，结果规矩就这样诞生了，小学生们（和作家们）饱受折磨的日子从此开始了。

LEACH/LEECH

leach 是指一种物质从另一种物质中以渗出液体（percolating[①]）的形式排出，比如形容雨水 leach nutrients out of soil（将土壤中的养分冲刷出来）。

leech 的字面意思是把水蛭，即那种恶心的吸血虫放在病人身上，以促进治疗。

leech 的比喻含义则是利用他人成性——像水蛭吸血一样压榨别人或者揩油、蹭吃蹭喝（即 sponge，这个词也表示一类叫作海绵动物的无脊椎动物）。

LEAD/LED

动词 lead 的过去式不是 lead，而是 led。例如 today I will lead

---

① 我发现，因为现代人常常将 percolate 这个词与渗滤式咖啡壶（coffee percolator）"啪啪啪"的响声联系在一起，以至于很多人在得知 percolating 并不是指起泡，而是指通过固体（如磨碎的咖啡）过滤出液体（如水）时，都感到很惊讶。percolation（渗滤）现象并非出现在渗滤器的圆顶，而是下面。

my troops into battle; yesterday I led them（今天我将带领我的部队投入战斗；昨天我带领他们战斗过）。

我在大量书刊中见过将 led 误作 lead 的错误，本来这么简单的东西我是不想专门提出来的。出现这种错误倒也不难理解——一方面，它们听起来是一样的；另一方面，可能因为 read 的过去式是 read——但错了就是错了。

LIGHTENING/LIGHTNING

如果你提着母亲的行李箱去火车站，那你就是在 lightening her load（为她减轻负担）。

如果在去火车站的路上遇到了雷雨，一定要找地方躲避，不仅是避雨，还为了避免被雷击中（being struck by lightning）。

LOATH/LOATHE

我不愿意（I am loath）——也就是不情愿（reluctant）——评论（无论是挖苦还是别的）我讨厌的人（people I loathe）——loathe 也就是厌恶的意思。

loath 用作形容词，loathe 用作动词。

LOSE/LOOSE

lose 的意思是把东西弄丢了。

loose 指的是某种东西不紧、不严格——例如一件衣服宽松、一个人对自己的道德要求较低。

to loose something 指的是释放某样东西。奇怪的是，to unloose something 也是松开某物的意思。

LUXURIANT/LUXURIOUS

luxuriant 形容事物茂盛、丰富。例如，长发公主的头发或者野葛这种植物。

luxurious 形容奢华、优雅、昂贵的东西，比如兰博基尼或者《泰坦尼克号》（*Titanic*）里的大客厅。

MANTEL/MANTLE

mantel 是壁炉上方的架子。

mantle 是一种无袖、斗篷状的衣服。它的比喻意义是，当你承担一些责任时，你需要去做的那些事情。

MARITAL/MARTIAL

前者指的是婚姻，后者指的是军队。除非你的婚姻是军国主义的（militaristic），在这种情况下，用哪个词可能并不是最重要的问题了。

MASTERFUL/MASTERLY

长这么大，可能已经有人告诉过你，至少我是学到过，masterful 是一个形容词，意思是专横跋扈，而 masterly 这个形容词的意思是熟练或出自名家之手。然而，经验告诉我，作家们一般会用masterful来表示有成就——喜欢夸大其词的图书宣传语总是嚷嚷着masterful prose（名家手笔）——并且不喜欢把它改成masterly，他们根本不爱用这个词。（我认为masterly令人不适之处在于，-ly的结尾让它看起来像一个副词。）

查资料的时候，我读到了这样的知识：几个世纪以来，这两个词都有上述两种含义，只是到了二十世纪早期，一个特别有影响力的语言大师才开始做出人为区分，把它们分成我上面提到的不同角色。换句话说：这种区别真是令人无法忍受啊。

所以，如果你愿意，就继续这样区分这两个词——这样做不算错——但如果你不想区分，那也完全没问题，请随意吧。

MILITATE/MITIGATE

militate的意思是妨碍、防止或对抗，比如全副武装的士兵阻止（militate against）公众骚乱。

mitigate是指缓解、减轻，例如飓风破坏了人们的家园，而红十字会的救助可以减轻他们的痛苦。

也许你经常看到mitigate against的用法，但出现得频繁不代表它是正确的。

MILLENNIUM/MILLENNIA

一千年是millennium，两千年或者更多的千年是millennia。另外请注意拼写：两个l、两个n。

在曼哈顿中心区，有一家Millenium Hilton酒店。我是不会去那个地方的①。

MINER/MINOR

miner是指在地下劳动的矿工。

minor指孩子、未成年人。

如果你用minor形容一个细节，那么你的意思是它无关紧要。因此，在音乐上，minor指的是具有忧伤色彩的那种和弦（chord）、音阶（scale）或者调式（key）②。

MUCOUS/MUCUS

词典中对mucous的定义优雅至极，我没什么可改进的了：relating to, covered with, or of the nature of mucus（与黏液有关的、被黏液覆盖的或具有黏液特性的）。

也就是说，mucous是形容词，mucus是名词。黏膜（mucous membrane）产生黏液（mucus）。

---

①　二〇〇〇年《连线》曾刊载一篇文章，作者从酒店公关人员处获悉："这栋建筑现在的名字可以追溯到二十世纪九十年代初……当时的主人故意选择用把'千禧年'拼成只有一个n的Millenium……他很清楚这个拼法是错误的，（但）他认为这个小小的出其不意会使酒店脱颖而出。"用莫琳·麦考密克的不朽名言来说就是：Sure, Jan（当然啦，简）。

　　["Sure, Jan"出自电影《脱线家族2》。马西娅（Marcia）和简（Jan）是姐妹，简撒谎说自己有一个叫乔治·格拉斯的男朋友，马西娅说从来没听过学校有这号人。简尴尬地圆谎，马西娅意味深长地回答"Sure, Jan"。这句台词及其表情包广为流传，用于表示"不忍心戳破你的拙劣谎言"。——译者注]

②　即小和弦、小音阶、小调。——译者注

NAVAL/NAVEL

打字时，如果想打关于航海的那个naval（海军），其实很少会出错，但当话题转换到肚脐上时，许多人就忘记把a改成e了。

无论是内陷的innie式肚脐，还是外凸的outie式肚脐，都是肚脐（navel）。

ONBOARD/ON BOARD

还记得everyday和every day吗？好吧，又来了。

onboard是形容词（比如onboard refueling指机上加油，onboard navigation system是机上导航系统）；on board是副词，字面意思是在船上（the crew was on board the ship的意思是"船员在船上"），比喻意义则是表示同意（this department is on board with the new regulations即"这个部门同意执行新规定"）。

关于将onboard作为动词使用的问题，大家可能还记得，第九章里已经讲过了，我们就不再重复这种并不推荐的用法了。

ORDINANCE/ORDNANCE

ordinance是指法令、政令、法律等。

ordnance指军备物资，不只是大炮，还包括弹药、装甲、车辆等一切军用器材。

PALATE/PALETTE/PALLET

palate 的意思是嘴巴的顶部（腭）或味觉。

palette 是指一系列的颜色或是画家作画时用的调色盘。

pallet 是用来装物品的托盘或仓库中的运货板；pallet 也指小床，是一个有些过时的说法。

PASS/PASSED/PAST

passed 是动词 pass 的过去式。

past 既是名词又是形容词，例如威廉·福克纳的那句：The past is never dead. It's not even past.[①]（过去的从未消逝，甚至并没有过去。）它还可以作介词、副词，总之除了动词都可以。

passed 不可作形容词，past 不可作动词。

PEAK/PEEK/PIQUE

这些词太容易让人分不清了。peak 是顶峰的意思；peek 是瞥一眼的意思。sneak 一词中的 ea，让很多人都以为那个短语是 sneak peak。拜托，并不是，应该是 sneak peek（偷窥）。（除非你发现自己穿过云层，突然要撞上一座山，在这种情况下，当然可以说那是一座 sneak peak。）

pique 是指被惹恼、发小脾气；to pique one's interest 是指激

---

① 出自《修女安魂曲》。——译者注

起一个人的兴趣。

PEAL/PEEL

我想，不用我说你也知道，铃铛鸣响是peal，给土豆去皮是peel。但我可能需要提醒你，当你保持警惕时，形容你的状态的词是peel而不是peal——睁大眼睛（keeping your eyes peeled）。

土豆、香蕉、柠檬、橘子等的外皮是peel。另外——这就是peel也作动词的原因——人们在吃东西之前会去皮。skin也表示皮，例如苹果皮，但不同之处在于，如果不是用苹果来做饭，苹果皮是可以吃的。

PEDAL, PEDDLE, PEDDLER, ET AL.

pedal（踏板）是一种要用脚踩的装置。如果你用脚操作，你就是a pedaling pedaler（一个用脚踩东西的人）。不管你是不是在骑车，你穿的剪裁到小腿肚的裤子，都叫pedal pushers（七分裤）①。

to peddle是指从一个地方到另一个地方去卖东西——卖的通常是小东西：便宜货、小玩意儿、小饰品、七七八八的小零碎儿。小贩（peddler）卖东西（peddle）。（在英国，有时把卖

---

① 也叫clam diggers或者Capri pants。[pedal pushers字面意思是"踩自行车脚踏板的人"，早期人们骑自行车时为避免裤脚和链条绞在一起，所以会穿较短的裤子。clam diggers字面意思是"挖蛤蜊的人"，裤脚较短，不容易被弄湿。七分裤起源于意大利的卡普里岛（Capri），所以也叫Capri pants。——译者注]

东西的小贩叫作pedlar。）也许因为流动商人可能会被认为是不值得信赖的——不然他们怎么不去开一家正规的商店呢——to peddle也指宣扬不可靠或阴暗的消息。[Go peddle your nonsense elsewhere.（去别处散播你的胡说八道吧。）]

backpedaling是变卦、撤回的意思，当你退缩、出尔反尔时，可以用这个词形容。而当你试图掩盖一个事实或尽量减少不愉快的情况时，你是在大事化小（soft-pedaling）。前者的说法源于骑自行车，后者源于弹钢琴。那为什么backpedaling没有连字符，而soft-pedaling有个连字符呢？因为词典想一出是一出呗。

petal——可能你知道，但我还是多啰唆一下——的意思是花瓣。

PHENOMENON/PHENOMENA

与前文提到的criterion和criteria、millennium和millennia类似，这两个词的区别只是单数和复数的问题：一种现象是phenomenon、两种或两种以上的现象是phenomena。

PIXILATED/PIXELATED

pixilated的意思是精神有点儿不正常，像着魔了似的；它的发音听起来有点儿傻傻的[源自pixie（小精灵）]，所以也许最适合用来形容那种蠢蠢的疯狂。pixilated这个词在一九三六年弗兰克·卡普拉的神经喜剧片《迪兹先生进城》（*Mr. Deeds Goes to Town*）中被用来形容加里·库珀扮演的演奏大号的角色朗费罗·迪兹。

在电脑或电视屏幕上的像素化（pixelated）图像，是指其最微小的单个元素（通常是点或方块；pixel 由 picture 和 element 混合而成）被扩大到无法再看清大画面的程度。

我喜欢这样想：pixelated 是特意从 pixilated 中衍生出来的；不然，我们就直接叫它 pixeled 就完事了。我没有证据支持这个也许是瞎想的想法（pixilated notion）。

PLUM/PLUMB/PLUMMY

形容词 plum，来源于夏季水果李子的名称，意思是可取的、值得拥有的。比如说，演员获得一个好角色（a plum role）或者从政者获得一个好的政治任命（a plum political appointment）。

to plumb 就是测定深度，比如水体的深度；引申为深入探索或研究，比如，深入研究现代战争之恐怖（plumbing the horrors of modern warfare）。

作为副词，plumb 的意思是完全或直接的，如 plumb loco 表示完全疯掉了，landing plumb in the middle of a ghastly situation 的意思是落入可怕的境况。

a plumb（铅锤）是用来测定深度的线，一端挂有重物，而 plumb 作为形容词的意思是垂直的。

另外，plumber（水管工）的工作就是 plumb（铺设水管）。

a plummy speaking voice 是指说话声音太饱满，太得体，太把自己当回事儿——也就是说，太过了。

POKEY/POKY

the pokey 的意思与 the hoosegow、the clink、the slammer、the big house 一样——就是监狱的意思。

poky 形容一个东西慢吞吞的、让人不爽，或偏狭守旧，或衣服邋遢过时。

在美国，变戏法是 hokey pokey（然后我们转过身）。在英国，变戏法是 hokey cokey（然后他们转过身）①。

POPULACE/POPULOUS

populace 是一个名词，它的意思是人口，特别是所谓平民（common people）。

populous 是一个形容词，意思是人口稠密的。

PORE/POUR

pore over 是指对某样东西进行仔细检查。pore（毛孔）是指你脸上那些被堵塞的地方。

pour something 就是把东西——水、酒、盐、糖等——从容器里倒出来。

---

① 出自英语儿歌《变戏法》：You do the hokey pokey, and you turn yourself around.（你变个戏法，然后转个身）。——译者注

PRECEDE/PROCEED

to precede 是"在……之前"的意思。

to proceed 指前进。

PREMIER/PREMIERE

premier 作为形容词的意思是排名第一或最高的；作名词时，它指的是国家元首。

premiere 是首演，如戏剧的首演。premiere a movie 是电影首映的意思。

PRESCRIBE/PROSCRIBE

prescribe（开处方）是指授权治疗或允许服药，或以其他方式授权指导。

proscribe 是禁止的意思。

PRINCIPAL/PRINCIPLE

在你小学拼写课上，老师向你解释过多少次 the principal is your pal？当你意识到校长并不是你的朋友，而是一个可怕的老古板时，你是不是吓坏了？

把这一认识看作人生的主要（principal，即 primary，基本、主要的）一课吧。事实上，你不妨把它看成一个原则（principle）——一个基本的真理，而更高级的真理则是从这个真理中派生出来的——你在变得成熟、懂得怀疑的成长之路上学到的原则。

一个人的 principle（原则）是他积累起来的道德；小人是没有原则的（unprincipled）。

一个人的 principal（本金）即他攒起来的银行存款，他非常希望不用碰它，完全依靠利息（interest）就能生活。希望他好运。

PRONE/SUPINE

很明显，这两个词不存在元音顺序或双重辅音导致的混淆问题，但我把它俩也写在这里，是因为它们经常被混在一起，而且我不知道还能把它们放在哪里比较合适。

备忘一下：

supine 是仰卧的意思。

prone 是趴着的意思。

逃过作者、编辑和校对的法眼，最终印出来的错误写法，最常见的是把 lead 当作 led，第二常见的就是把 prone 当作 supine（或者反过来）了。

你可以想一个你喜欢的记忆法〔supine 也就是 spine（脊柱）朝下，prone 也就是……哦，见鬼〕，但我从来、从来都是这样做的——每当我遇到这两个词中的一个，我都会查字典。

PROPHECY/PROPHESY

prophecy（预言）是名词，prophesy 是动词。An oracle

prophesies a prophecy（先知做出预言）。prophecy 的复数形式
是 prophecies；动词 prophesy 的第三人称单数是 prophesies。[I
prophesy, you prophesy, he prophesies, she prophesies, they shall have
prophesied, we all scream for ice cream.（我预言，你预言，他预言，
她预言，他们将预言，我们都为冰激凌尖叫。）①]

RACK/WRACK/WREAK

抛开 rack 一词与肉、衣架、香料罐子置物架、用三角框摆
台球、积分的累积以及对女人胸部的粗鲁指称等相关的含义不
谈，让我们把注意力集中在它的"痛苦"义项上：rack 是一种令
人讨厌的装置（我们可能以为它是中世纪的，但它的历史至少
可以追溯到公元一世纪），一个人的手腕和脚踝被固定在上面，
嗯，剩下的事情你就可以自行想象了，尖叫声、四肢脱臼之类
的。被捆在架子上，就等于受尽了折磨，因此，一个人的身体
被折磨得痛苦不堪是 racked with pain。racking one's brains 指殚精
竭虑地思索。racking 也可用于形容痛苦的咳嗽。令人焦虑不安
的事则是 nerve-racking。

等等，是这样吗？

to wrack 就是 to wreck，就是摧残、破坏。假如你和一群暴
躁的幼儿园小孩在一个房间里被关了一小时，这个可怕的情况

---

① 化用了 I scream, you scream, we all scream for ice cream（意为"我尖叫，你尖叫，我们都为
冰激凌尖叫"，最初是一句广告语，后广泛传播）。——译者注

是 nerve-racking 还是实实在在的 nerve-wracking 呢？假如你的祖屋年久失修，它是 wrack and ruin 还是说只是 rack and ruin（荒废颓败）呢？

随着时间的推移，rack 和 wrack 之间的区别已经变得混乱不堪，以至于许多词典只是将它们作为同义词列出，而许多体例手册在半信半疑地尝试着将几个意思向其中一个方向推导后，就会无奈地耸耸肩，放弃抵抗了。

《纽约时报文体与用法手册》建议完全不用 wrack，当你想表达 wreck 的时候就用 wreck。从各方面考虑，这并不是一个坏建议。

那 wreak 是什么意思呢？wreak 是指（以一种不好的方式）导致或造成。An army wreaks havoc.（一支军队带来浩劫。）A storm wreaks damage.（暴风雨造成破坏。）我想说，wreak 的过去时态不是 wrought〔这是 work 的一种古老的过去时态；它仍存在于短语 wrought iron（锻铁）中〕，而是简单的 wreaked。

REIGN/REIN

reign 指君主的统治。

rein 指缰绳，也可作动词，形容马被缰绳勒住。

如果一个人被赋予了自己做决定、管理自己生活的自由，那么他就是 given free rein（具有行动的自由）。请注意，是 free rein，不是 free reign：这个短语不是在说国王或王后那高枕无忧的生活，而是指允许一匹马挣脱缰绳，自由奔驰——即 tight rein（严格控制）的反面。不巧的是，free reign 也不是没有道理，所以人们还是经常用到它——但依然是错误的。

RELUCTANT/RETICENT

reluctant 就是抗拒、不愿意。

reticent 是沉默寡言的意思。

one is reluctant to do X 指"一个人不愿意做 X 事"；one is reticent about subject Y 指"一个人对 Y 话题保持沉默"。

reticent 越来越多地被用来指 reluctant。我认为没有充分的理由抹去这两个词之间的区别，尽管许多人已经放弃区分它们了。

RETCII/WRETCH

retch 就是感到恶心、作呕、差点儿要吐了。英语中有这么一个词可以形容"差点儿要吐了"，我觉得这真是太好了。[它也可以直截了当地用来表示 to vomit（呕吐），但想描述这个动作的话，可以用的丰富多彩的其他同义词很多，所以我们当然可以用 retch 来形容动作的前奏而不是结果。]

wretch 是指一个在幸福或者美好光谱的暗色区域的人，从泥灰色般极度痛苦、可怜的不幸者，到彻头彻尾的暗黑恶棍（scoundrel）和坏人，都在这个区域内。还有无赖（blackguard）。

RIFFLE/RIFLE

这一对词在用拟声词帮助记忆东西的人群中很受欢迎，因为 to riffle something 就是轻轻地翻阅某物，比如翻阅一本书或一副扑克牌，而 riffle 这个词，至少在我听来，自带一种可爱的沙沙的声音。而 rifle through something——例如一个房间、一个书桌抽屉——就是带着犯罪意图去翻箱倒柜偷东西。除了作动词，rifle 还可以作名词，意思是一种火器，所以这也会帮助你分清 riffle 和 rifle。

ROGUE/ROUGE

小心点儿，你那打字的手。

rogue 是流氓恶棍（scoundrel）、无业游民（ne'er-do-well①）。（另见前文 wretch。）

rouge 是指涂在嘴唇或脸颊上使其变红的胭脂。

SEGUE/SEGWAY

segue 一词来自音乐术语，它作动词时，意为顺畅、不间断地切换，作为名词则指这种无缝的过渡。《发展受阻》（*Arrested Development*）中那种制造了很多笑料的两轮平衡车——the Segway——发明之前，没有单词和 segue 同音，几乎不会有人把

---

① 我喜欢带各种标点符号的词，你不喜欢吗？比如 no-man's-land（无主之地），will-o'-the-wisp（鬼火）。

后者拼写错。现在则有了。还不少。segway不能表示平稳的过渡。没有这种用法。

SENSUAL/SENSUOUS

sensual是指感官的、肉体上的；sensuous则是指美学上的感觉。《牛津英语词典》告诉我们，人们认为sensuous一词是由约翰·弥尔顿在十七世纪中叶创造的，他想有一个形容美好感官的愉悦但又与sensual不同、没有性内涵的词。令人遗憾的是，当时以及之后，几乎没有人能够记住这两个词谁是谁。根据弥尔顿的规则，一九六九年出版的畅销入门级荤小说《感官女人》（*The Sensuous Woman*）一书，应该叫作《性感女人》（*The Sensual Woman*）才对——它们的区别似乎没人分得清楚了。如果你倾向于使用这两个词中的一个，又担心读者会弄混，那你最好干脆选择别的词就行了。

SHONE/SHOWN

shone是shine的过去式和过去分词（你喜欢的话，也可以用shined）。shown则是show的过去分词。

STANCH/STAUNCH

这两个词来自同一个词根，偶尔可以当作同义词互换使用，但如果你像我一样，总是想区分一下它俩，那么：

当你想表达阻止某物的流动，如给伤口止血时，用stanch；

它还可以表示平息，例如制止饱受战争蹂躏的国家中愈演愈烈的暴力行为。

staunch用来形容不屈不挠、坚定、忠诚、坚强的人。①

STATIONARY/STATIONERY

stationary是静止不动的意思。

stationery是指信纸（经常也包括信封、钢笔、铅笔和墨水等文具）。

SUBTLY/SUBTLETY

subtly是副词［she insinuated herself subtly into the conversation（她在谈话中巧妙地暗示自己）］，subtlety是名词［he wheedled money out of his parents with great subtlety（他狡猾地从父母那里骗钱）］，要注意区分。

这两个词在含义上不容易混淆，但在打字时容易犯糊涂打错，这种情况很普遍。

---

① staunch的最佳用法吗？出自一九七五年由阿尔伯特·梅索斯（Albert Maysles）和大卫·梅索斯（David Maysles）拍摄的纪录片《灰色花园》中的伊迪丝"小伊迪"布维尔·比尔（Edith "Little Edie" Bouvier Beale）之口。"一个坚定的女人……S-T-A-U-N-C-H。没有比这更糟糕的了，我告诉你。她们不会退缩。无论遇到什么事。"你应该看看这部纪录片。去吧。我在这里等你。

TENANT/TENET

tenant 是指承租人。

tenet 指信条、原则。

THAN/THEN

除了因为手滑打错这两个词，很多人在应该使用正确的结构 no sooner had x than y（x 刚发生 y 就发生了）时，却错误地打出了 no sooner had we placed our order with the waiter then the restaurant caught on fire（我们刚跟服务员点了菜，餐厅就着火了）这种句子。

THEIR/THERE/THEY'RE

their 是表示"属于他们"的所有格：I can see their house from here.（从这里我可以看到他们的房子。）

there 表示方向，指一个非此地的地方：I can see their house, which is over there.（我可以看到他们的房子，就在那边。）

they're 是 they are 的缩写：They're walking to their house.（他们走着回家。）

与 it's/its（见上文）、to/too（见下文）、your/you're（更下面的下文）一样，你需要把这些弄清楚、写对。仅仅知道差别是不够的，你还必须会用。

TO/TOO

我知道这事没必要专门拿出来说个清楚，但你都想不到成年人有多容易犯错，频率之高令人难过。

to 是一个介词，如 he walked to the store（他走到商店去）；在动词 to be 中，to 被称为不定式标记（infinitive marker）；to 在个别情况下也可作副词，如 she yanked the door to，也就是说，她猛地把门带上了；或者 he comes to，意思是他变得有意识了。

too 的意思是"也"［如 eating one's cake and having it too（鱼和熊掌兼得）］，也可表示"过分地"［如 slow down, you move too fast（慢点儿，你走太快了）］。

TOOTHY/TOOTHSOME

toothy 就是牙齿突出的意思，或者牙齿很多①。

toothsome 是指美味的，通常这个词被用来形容那些虽然还没尝过，但看起来很好吃的东西，例如 a toothsome morsel（看起来很可口的小份食物）。我想，这种因为期待而分泌唾液的感觉，也是 toothsome 一词亦可用于形容人的性吸引力强的原因。

TORTUOUS/TORTUROUS

前者的意思是曲折、蜿蜒、拐弯抹角的；后者的意思是像

---

① 常指笑的时候露出牙齿较多。——译者注

酷刑一样折磨。如果用tortuous形容一段旅程，那它有可能也是torturous的，但tortuous这个词本身并不含有褒贬，它只是一个描述性的词。而torturous，不管是你如何折磨别人或是被别人折磨（见前文flay），场面都不会好看。

UNDERWAY/UNDER WAY

跟前文的everyday和every day、onboard和on board类似，underway是形容词，under way是副词。前者其实不怎么用得到（或者说完全用不到），所以你想用的很可能都是后者。the voyage is under way（航行在进行中）、the project is under way（项目在进行中）、your life is under way（你的生活在进行中）。如今，underway越来越多地被用作副词了。要我说，这可不好。

VALE/VEIL

vale是山谷的意思；veil是面纱、面罩的意思。

尽管veil of tears这一短语能令人联想到如画般的忧伤场景——它可追溯到《诗篇84》（Psalm 84）——但它其实应该是vale of tears。

VENAL/VENIAL

venal的意思是贪财的、唯利是图的、腐败的、可被收买的。

venial指可原谅的；如果用这个词形容某种罪恶，那么它是不至于让你下地狱的那种。

WAIVE/WAVE/WAVER

waive 是放弃、割让，比如放弃作为陪审团成员参与审判的权利。

wave 是拍手（或卷头发）。

如果在海关，检查员没检查你的行李就让你通过，那么这种行为是 waving you through，而非 waiving you through。

waver（不要与表示"弃权证书"的 waiver 混淆）的意思是摆动或踌躇。

WHOSE/WHO'S

I don't know whose books those are.（我不知道那些是谁的书。）whose 是表示归属的代词。

Who's on first?（谁在一垒？）who's 即 who is，意思是"是谁"。

WORKOUT/WORK OUT

前者是名词锻炼，后者是动词锻炼。你不是在去健身房 to workout 的路上，你是在去健身房 to work out（锻炼）的路上。让自己锻炼一下则是 give yourself a workout。

YOUR/YOU'RE

跟 whose 和 who's 类似。This is not your book but one stolen from the library. You're in a world of trouble.（这不是你的书，是从图书馆偷来的。你有大麻烦了。）

第十一章

专有名词

我想我可以有把握地说，没有哪个理性的人会自以为是到不先确认如何拼写，就打出 Zbigniew Brzezinski（兹比格纽·布热津斯基[1]）、Aleksandr Solzhenitsyn（亚历山大·索尔仁尼琴）或 Shohreh Aghdashloo（索瑞·安达斯鲁[2]）等名字。但在稿件中，有很多看起来没这么可怕的专有名词都被拼错了，而且，如果文字编辑和校对人员没有绷紧脑子里那根弦，书出来之后这些拼写错误就会留在书里。这种情况可不少见。我有几次险些失手，还有至少一次把这种错误白纸黑字印成了书（下面会提到），所以几年前我就开始记录这份清单；事实上，我对它有一种强烈的情结，也正是因为它，才有了你现在读的这本书。我似乎一直在更新壮大这份清单，不曾停止过。[3]

---

① 美国著名国际关系学家、前国家安全事务助理，代表作《大棋局：美国的首要地位及其地缘战略》。——译者注

② 美国演员，代表作有《X战警3》《星际迷航3》等。——译者注

③ 你会注意到，这份清单中与表演艺术相关的内容很多。大力水手说过：I yam what I yam（俺就是俺）。此外，随着时间的推移，我发现许多关于表演艺术的作家对拼写不屑一顾。对日期也是。

　　我想，也许我应该只说一句"如果一个词是以大写字母开头的，就去查一下"，然后这一章就结束了，但那样不就不好玩了吗？

人名①

BUD ABBOTT巴德·阿博特

　　喜剧二人组 Abbott and Costello 的成员之一，另一位成员是卢·科斯特洛（Lou Costello），他们的经典喜剧表演 "Who's on first?"（《谁在一垒？》）固然为人称道，但另一段相对冷门的小品 Bagel Street [《贝果街》，又名 Susquehanna Hat Company（《萨斯奎哈纳帽子公司》）] 才堪称西方文明史上最有意思的一部作品。

　　Abbott 里有两个 t。

　　说明一下，只有一个 t 的单词 abbot 的意思是修道院的院长。

PEDRO ALMODÓVAR佩德罗·阿莫多瓦

　　电影导演。

　　尖音符（acute accent②）位于第二个字母 o 的上方，不是第一个 o 的上方。

---

① 还包括仙女、熊和其他一些不能被称为人的生物的名称。
② 斜向另一个方向的重音符号叫钝音符（grave accent）。

HANS CHRISTIAN ANDERSEN 汉斯·克里斯蒂安·安徒生

童话作家。

别拼成 Anderson 了。

ANN-MARGRET 安 - 玛格丽特

女演员[①]。歌手。曾经的性感小野猫[②]。

不是 Margaret，还有：注意连字符。

ATTILA 阿提拉

匈奴王。

不是 Atilla。

DAN AYKROYD 丹·艾克罗伊德

喜剧演员。蓝调兄弟（the Blues Brothers）二人之一[③]。

不是 Ackroyd（不过这个姓确实是阿加莎·克里斯蒂笔下那个被杀的罗杰的姓[④]）。

---

① 尽管某些没有必要标明女性性别的名词——comedienne（女喜剧演员）、murderess（女杀手）、poetess（女诗人）、sculptress（女雕塑家）和迷人的 aviatrix（女飞行员）等已经越来越成为往事，但 actress（女演员）仍然存在，而且只要颁奖协会坚持将男演员和女演员明确区分开，这个词就很可能一直存在。不过，许多女演员还是选择用 actor 称呼自己，也被别人这样称呼。

② 安·玛格丽特曾主演电影《性感小野猫》。——译者注

③ 出自电影《福禄双霸天》（又名《蓝调兄弟》，The Blues Brothers）。——译者注

④ 指小说《罗杰疑案》（The Murder of Roger Ackroyd）。——译者注

顺便说一句，Ghostbuster[①]是一个单词，不要分开写。

ELIZABETH BENNET 伊丽莎白·贝内特

简·奥斯汀（Jane Austen）的《傲慢与偏见》（*Pride and Prejudice*）中任性的女主角。

Bennet中只有一个t。

简·奥斯汀的名字不是Jane Austin。这个问题值得一提吗？恐怕是需要提一下的。

PIETER BRUEGEL THE ELDER 老勃鲁盖尔

十六世纪的佛兰德画家，他是那个时代的马修·麦康纳（Matthew McConaughey），因为没有人能记清如何拼写他的名字，很可能是因为他的名字也可以写成Brueghel或Breughel。他的长子也叫Pieter（彼得），通常被称为Pieter Brueghel the Younger（小勃鲁盖尔），他也在姓氏拼写问题上摇摆不定。也就是说，好消息是无论你怎么拼写，都能找到相应依据。

GAUTAMA BUDDHA 释迦牟尼

即乔达摩·悉达多（Siddhartha Gautama），即佛陀（the Buddha）。

---

① 指丹·艾克罗伊德主演的电影《捉鬼敢死队》（*Ghostbusters*）。——译者注

圣人。

不要拼写成 the Bhudda。

同理，佛教徒的拼写不是 Bhuddist 而是 Buddhist。

WARREN BUFFETT 沃伦·巴菲特

亿万富翁。

他的姓不是 Buffet，这个词的意思是自助餐。

不过，这里有一个令人挠头的问题：为什么似乎从来没有人拼错歌手吉米·巴菲特（Jimmy Buffett）的名字？

JULIUS CAESAR 恺撒大帝

罗马皇帝，但 caesarean delivery（剖腹产）的得名可能跟他没什么关系。

不是 Ceasar。

那种沙拉——诞生于（这种诞生不需要剖腹）墨西哥，而非罗马——它的名字也叫 Caesar（恺撒沙拉）。

另外，查韦斯先生（活动家①）和罗梅罗（小丑的扮演者②）等人的名字是 Cesar（塞萨尔）。

① 指美国社会活动家、劳工运动者塞萨尔·查韦斯（Cesar Chavez）。——译者注
② 指《蝙蝠侠：大电影》，演员塞萨尔·罗梅罗（Cesar Romero）在片中饰演小丑（Joker）。——译者注

NICOLAS CAGE尼古拉斯·凯奇

电影演员。

名字不是Nicholas。

他是电影导演弗朗西斯·福特·科波拉（Francis Ford Coppola）的侄子、弗朗西斯·福特·科波拉的女儿索菲娅·科波拉（Sofia Coppola）的堂弟。Coppola这个姓氏有时会被错拼为Copolla。（意大利语中带有双辅音的单词似乎挺让人搞不懂的；请你多加小心。）

ROSANNE CASH罗莎妮·卡什

唱作人、作家。

名字很明显不是Roseanne。

HILLARY RODHAM CLINTON希拉里·罗德姆·克林顿

她痛失了良机。

Hillary有两个l。

小说家希拉里·曼特尔（Hilary Mantel）和女演员希拉里·斯旺克（Hilary Swank）的名字则是只有一个l的Hilary。

PATRICIA CORNWELL帕特丽夏·康薇尔

小说家、着迷于开膛手杰克（Jack the Ripper）。

不是Cornwall。

NOËL COWARD 诺埃尔·科沃德

演员、剧作家、作曲家、作词人、导演，是个很忙碌的人。

分音符号（diaeresis）——《纽约客》的心头好，但在这个人名及其他非德语的人名中，被称为umlaut（元音变音），这种叫法是不准确的——在这里不是可有可无的。

ALEISTER CROWLEY 阿莱斯特·克劳利

泛性恋神秘学者。

你碰到的更多是叫Alistair和Alastair的人。[例如Alastair Sim（阿拉斯泰尔·西姆），他在大银幕上对吝啬鬼斯克鲁奇（Scrooge）[①]一角的演绎堪称精湛卓群。]

E. E. CUMMINGS E.E. 卡明斯

全名为爱德华·埃斯特林·卡明斯（Edward Estlin Cummings）。诗人。

他的名字不是e. e. cummings[②]。

---

① 出自电影《圣诞颂》，改编自查尔斯·狄更斯的小说《圣诞颂歌》。——译者注
② 尽管在称呼他的名字时，出版商和设计师偶尔会模仿卡明斯喜欢用小写字母书写的习惯，将他的名字设计成e. e. cummings，但就他的名字而言，作者本人更倾向于使用标准大写字母。

关于姓名中的大写字母

对于姓名中有两个大写字母的情况，兰登书屋的处理方式是，字母后都加空格，也就是：

E. E. Cummings（而不是E.E. Cummings）

T. S. Eliot（而不是T.S. Eliot）

H. L. Mencken（相信你已经懂了）

更不用说

George R. R. Martin（乔治·R.R. 马丁）

对于有三个大写字母的名字，就用更紧凑的方式处理，例如，

J.R.R. Tolkien（J.R.R. 托尔金）

因为在纸面上，如果印出来是J. R. R. Tolkien，那这个名字就会像彼得·杰克逊（Peter Jackson）根据小说拍的电影那样，长得跟永远不会完似的。

我越发经常看到，对那些名字中真的有大写字母的人来说，他们会用像

PJ Harvey（PJ哈维）和KT Tunstall（KT滕斯托尔）

这样的写法，我觉得这样写看起来很利落，也很合理，是一种很棒的组合方式。

大多数情况下，我们要在自己的编辑偏好和名字

所有者的偏好之间取得平衡。

CECIL B. DEMILLE 塞西尔·B. 德米尔

才华惊世的导演。

他的姓其实是 de Mille（德·米尔），他签名的时候也是这么写的。但是出于商业原因，他使用了更有气势的 DeMille，作品上也如此署名，所以我们这样称呼他。

塞西尔的哥哥也是一位导演（兼编剧），名叫威廉·德·米尔（William de Mille）。

威廉的女儿阿格尼丝·德·米尔（Agnes de Mille）是一位舞蹈指导。

CRUELLA DE VIL 克吕埃拉·德·维尔

贪恋小狗皮毛的恶棍。

不是 de Ville，我经常遇到这个。

既然说到这儿了：多迪·史密斯（Dodie Smith）一九五六年的小说叫《101 只斑点狗》（*The Hundred and One Dalmatians*）。一九六一年迪士尼动画电影《101 忠狗》（*One Hundred and One Dalmatians*）首次发行；一九九六年真人版的官方名称是《101 真狗》（*101 Dalmatians*），这个名字沿用至今。

斑点狗的拼写不是 Dalmations，不过这种错误时有发生。

W.E.B. DU BOIS W.E.B. 杜波依斯

作家、民权活动家。

他的姓的正确写法是 Du Bois，而不是 DuBois（与田纳西·威廉姆斯笔下的白兰芝的姓不同）。

还有，它的发音不是 doo-BWAH（白兰芝的姓是这么读），而是 doo-BOYZ。

T. S. ELIOT T.S. 艾略特

《猫》（Cats）的源头就是这位诗人。①

提醒你，遇到 Eliot、Elyot（埃利奥特）、Elliot（埃利奥特）、Elliott（埃利奥特）这几个人名时，记得多查一查。

PHILEAS FOGG 菲莱亚斯·福格

儒勒·凡尔纳（Jules Verne）的《八十天环游世界》（La tour du monde en quatre-vingts jours，又名 Around the World in Eighty Days）的主人公。

不要把他的名字写成 Phineas。

MAHATMA GANDHI 圣雄甘地

非暴力革命。

---

① 音乐剧《猫》由艾略特的诗集《老负鼠的猫经》改编而来。——译者注

本名莫汉达斯·卡拉姆昌德·甘地（Mohandas Karamchand Gandhi）。

顺便说一句，Mohandas 本身并不是一个名字。它是梵语敬语，意思是"伟大的灵魂"。

考虑到所有这些，还要说明，姓氏的拼写不是 Ghandi，它被人拼错的频率之高令人震惊。

THEODOR GEISEL 西奥多·盖泽尔

即苏斯博士（Dr. Seuss）。

《戴高帽子的猫》（*Cat in the Hat*）的创造者。

他的名字不是有两个 e 的 Theodore。[①]

叫西奥多的人比人们第一反应想象中的要多，例如哲学家西奥多·阿多尔诺和犹太复国主义者西奥多·赫茨尔（the philosopher surnamed Adorno and the Zionist surnamed Herzl[②]）。

ALLEN GINSBERG 艾伦·金斯伯格

"垮掉的一代"代表诗人。

见到 Allen、Allan（艾伦）、Alan（艾伦）、Ginsberg、Ginsburg［金斯伯格，例如鲁思·巴德·金斯伯格（Ruth Bader

---

① 每当你像我这样，要写"不是带 e 的 Theodore"这样的句子时，请你回到这个词的开头，数一数里面到底有几个 e，数清楚再写。

② 我本来想写 the philosopher Adorno and the Zionist Herzl，但两个分别的专有名词的"撞车"是需要避免的。另见关于"琼·杜鲁门的国务卿"的那部分。

Ginsburg）①］，甚至 Ginzburg（金兹伯格）时，都要记得确认清楚。

JAKE GYLLENHAAL 杰克·吉伦哈尔

男演员。

另外，说到这儿，他的姐姐是玛吉·吉伦哈尔（Maggie Gyllenhaal）。女演员。

GEORGE FRIDERIC HANDEL 乔治·弗里德里希·亨德尔

作曲家。上面这个是他的英语版名字；他的德语原名是 Georg Friedrich Händel。

LILLIAN HELLMAN 莉莲·赫尔曼

剧作家、编剧、回忆录作家。作家玛丽·麦卡锡（Mary McCarthy）曾评论说："她写的每个单词都是骗人的，包括 and 和 the。"这堪称迄今为止最令人瞠目结舌的抖机灵式侮辱之一。（赫尔曼为此提起了诉讼；换成你，你不会告吗？）

Hellman 中只有一个字母 n。

有两个 n 的 Hellmann's（好乐门），是一种蛋黄酱的品牌。

---

① 美国联邦最高法院大法官。——译者注

O. HENRY 欧·亨利

作家威廉·悉尼·波特（William Sydney Porter）的笔名，其短篇小说的特点是结局的反转。

不是 O'Henry。

那种糖果棒的牌子是 Oh Henry！；它并不是以棒球运动员亨利·路易斯·"汉克"·亚伦（Henry Louis "Hank" Aaron）的名字命名的，这一点被许多人误会了。

KATHARINE HEPBURN 凯瑟琳·赫本

性格光芒四射，偶尔表现出色的女演员。

她的名字不是 Katherine。

PEE-WEE HERMAN 皮威·赫尔曼

喜剧演员保罗·鲁本斯的另一重自我。注意名字里的连字符，注意 w 是小写的。

大联盟（major-league）①游击手哈罗德·彼得·亨利·里斯（Harold Peter Henry Reese）的绰号是 Pee Wee。

ADOLF HITLER 阿道夫·希特勒

被民主选举出来、管理一个表面上开明的国家的、搞种族

---

① （尤指棒球）职业体育总会。——译者注

灭绝的疯子。

不是 Adolph。

显然，我说多少次，都不够。

BILLIE HOLIDAY 比利·霍利迪

女神。①

Holiday 中包含一个 l。

JUDY HOLLIDAY 朱迪·霍利迪

女演员。

Holliday 中包含两个 l。

ANJELICA HUSTON 安杰丽卡·休斯顿

女演员。

不是 Angelica。

这个名单里的女演员可真不少，是吧。

ALEJANDRO G. IÑÁRRITU 亚历杭德罗·G. 伊纳里图

墨西哥电影导演、制片人。

名字中那两个紧挨着的变音符号很有辨识度。

---

① 美国著名爵士女歌手。——译者注

　　请注意，他的奥斯卡获奖影片《鸟人》（*Birdman*）的全名是《鸟人或（无知的意外之美）》[*Birdman or (The Unexpected Virtue of Ignorance)*]，这个名字成功做到了既特别又惹人烦。

COUSIN ITT 长毛表哥

　　亚当斯一家[①]的亲戚，个子不高，头发茂盛蓬乱。

SCARLETT JOHANSSON 斯嘉丽·约翰逊

　　女演员。

　　Scarlett 包含两个字母 t，和 Scarlett O'Hara（郝思嘉）[②]一样。

MADELINE KAHN 马德琳·卡恩

　　女演员，经常能把人逗得笑死。

　　不是 Madeleine。

　　既然说到这里了，就提一下：

　　路德维希·贝梅尔曼斯创作的故事中的女学生（"在巴黎一所爬满了藤蔓的老房子里……"），也叫马德琳（Madeline）。

　　与普鲁斯特[③]有关的玛德琳蛋糕是 madeleine。

　　美国历史上第一位女国务卿是马德琳·奥尔布赖特（Madeleine

---

① 　出自美国剧集《亚当斯一家》。——译者注
② 　《飘》的女主角，又译斯嘉丽·奥哈拉。——译者注
③ 　普鲁斯特（Marcel Proust）在《追寻逝去的时光》中多次提到玛德琳蛋糕，据说这部小说的创作灵感也是来自这种形似贝壳的小甜点。——译者注

Albright）。

NIKITA KHRUSHCHEV尼基塔·赫鲁晓夫

苏联那个用鞋子敲桌子的人[1]。

你大概会觉得一个人遇到Khrushchev这种难拼写的姓氏时，会在动笔之前查查词典。那你就错了。

FREDDY KRUEGER 弗雷迪·克鲁格

猛鬼街（Elm Street）[2]的常客。

注意他的姓不是Kreuger（克罗伊格）。也不是Kruger（克鲁格）。也不是Kroger（克罗格）。

SHIA LABEOUF 希亚·拉博夫

我欣赏那些花时间把这个怪演员的怪名字写对的人。在一般法国人的正常认知中，这个姓应该拼写为LeBoeuf。

K. D. LANG K.D. 兰

音乐人。

全小写的名字对编辑来说会有些棘手。我倾向于尊重名字所有者的偏好。为了不让读者感到疑惑，我们可以在第一次提

---

① 赫鲁晓夫曾在一九六〇年联合国大会上用皮鞋敲桌子表示不满。——译者注
② 出自电影《猛鬼街》，弗雷迪·克鲁格是杀害儿童的鬼魂。——译者注

到名字时，加个括号，写上（who styles her name thus）（人名如此）这句话，但你可能觉得这样看起来有些小题大做，让人有点儿别扭。我想，这是一个品位问题，是一个语境问题，是一个名气问题，是一个读者熟悉程度的问题。

［对那些以单名行走江湖的人来说也是如此，例如雪儿（Cher）和碧昂斯（Beyoncé），可以肯定的是，她们都不需要 who styles her name thus 这句话。］

VIVIEN LEIGH 费雯丽

女演员。

不是 Vivian。

LEONARDO DA VINCI 莱昂纳多·达·芬奇

名副其实的 Renaissance man[①]。

他被排在这里，在姓氏 Leigh 和 Lévi-Strauss 之间，而不是排在姓氏以 D 开头的地方，是因为他的姓确实是 Leonardo（莱昂纳多），他不应该被称为 Da Vinci（达·芬奇）。Vinci 是他的家乡，不是他的名字。丹·布朗（Dan Brown）的那本小说[②]为澄清这一点付出了很多努力，但让大家知道这件事仍然是一件任重道远的工作。

---

① Renaissance man 字面意思为"文艺复兴人"，引申为全才、多才多艺的人。——译者注
② 指《达·芬奇密码》。——译者注

CLAUDE LÉVI-STRAUSS 克洛德·列维-施特劳斯

人类学家。

［与他无关的生产牛仔裤的公司是 Levi Strauss（李维斯）。］

ROY LICHTENSTEIN 罗伊·利希滕斯坦

流行艺术家。

我偶尔会看到他的姓氏被拼成一个欧洲内陆小国的名字，那个小国被瑞士和奥地利包围，而瑞士和奥地利本身就是内陆国家，这个被包围的国家就是列支敦士登公国（the Principality of Liechtenstein）。

PATTI LUPONE 帕蒂·卢蓬

女演员、歌手。

她的姓不是 Lupone。

这个女人你可惹不起，所以一定别把她的名字写错了。

MACBETH 麦克白

贵族、领主。

不是 MacBeth。

一个明智的作者，在遇到任何以 Mac- 或 Mc- 开头的名字时，都会先去查一查。无论是苹果的品种（McIntosh，麦金托什红苹果）还是电脑的型号（Macintosh），或是 James Abbott McNeill Whistler（詹姆斯·阿伯特·麦克尼尔·惠斯勒，画家）、Fred

MacMurray（弗雷德·麦克默里，男演员）、John D. MacDonald
（约翰·D.麦克唐纳，作家）这样的人名。

　　既然说到这个话题：剧场有一种迷信说法，即不可以说
"麦克白"这个名字[①]，但这种迷信经常被人误传。比如说，如
果你正走在四十四号大街上或者坐在萨迪餐馆（Sardi's）的餐
桌旁，那么说出麦克白的名字是没事的。大声朗读本书的时候
念出来也没问题。但在排练或演出这部戏期间，在剧院里，不
可以说"麦克白"。因此有委婉说法 the Scottish play（苏格兰戏
剧）、the Scottish lord（苏格兰国王）等。

MATTHEW MCCONAUGHEY 马修·麦康纳

　　男演员。

　　把他的姓氏拼对是不可能的事情。

IAN MCKELLEN 伊恩·麦克莱恩

　　男演员。

　　他的名字经常——我想说，挺莫名其妙的；想把它弄对就
跟想把它弄错一样容易——被错写成了 McKellan。

---

① 西方戏剧界有迷信说法认为，在排练、演出、观看《麦克白》时不能提到 Macbeth 这个
词，否则将会有厄运降临剧场。——译者注

STEPHENIE MEYER斯蒂芬妮·迈耶

作家。

不是 Stephanie。

LIZA MINNELLI丽莎·明内利

明星。

两个 n，两个 l。

令人高兴的是，她的好莱坞导演父亲文森特（Vincente）的姓氏也是这样拼的。

ALANIS MORISSETTE阿拉尼斯·莫莉塞特

唱作人。

她的姓有：一个 r，两个 s，两个 t。很容易弄错的。

另见前文的 irony[①]。

ELISABETH MOSS伊丽莎白·莫斯

女演员。

不是 Elizabeth。

---

① 阿拉尼斯·莫莉塞特有歌曲《啼笑皆非》（"ironic"）。——译者注

FRIEDRICH WILHELM NIETZSCHE 弗里德里希·威廉·尼采

惹麻烦的哲学家。

这些年来，我发现，Nietzsche的错误拼法，原来可以有那么那么多的花样。

GEORGIA O'KEEFFE 乔治娅·奥基夫

艺术家。

两个f。

LAURENCE OLIVIER 劳伦斯·奥利弗

男演员。

Laurence有个u。被授予骑士爵位后，他成了劳伦斯·奥利弗爵士（Sir Laurence Olivier），简称劳伦斯爵士（Sir Laurence）。不是奥利弗爵士（Sir Olivier），美国人容易弄错。最终他成了奥利弗勋爵（Lord Olivier），但那就是另一种荣誉（honour）[*sic*]了。

EDGAR ALLAN POE 埃德加·爱伦·坡

作家。

我斗胆说，他的名字是西方经典作家中最常被拼错的。他的中间名不是Allen。

CHRISTOPHER REEVE 克里斯托弗·里夫

男演员。

扮演过超人（Superman）。

GEORGE REEVES 乔治·里夫斯

男演员。

也扮演过超人。

我想，这可能就是克里斯托弗·里夫的姓经常被弄错的原因吧。[①]

既然说到了这里，注意下面的。

KEANU REEVES 基努·里维斯

主演了系列喜剧"比尔和泰德（*Bill & Ted*）"、系列非喜剧"黑客帝国（*Matrix*）"，还有主角叫 John Wick（约翰·威克）的那部本来不是喜剧却拍出了喜剧效果的片子[②]。

CONDOLEEZZA RICE 康多莉扎·赖斯

政治家。

注意那两个 z。

---

① 我注意到一种普遍而奇怪的趋势，即在末尾并没有 s 的姓氏结尾加上 s。于是演员艾伦·卡明（Alan Cumming）就变成了艾伦·卡明斯（Alan Cummings），诸如此类的现象还有不少。

② 指电影《疾速追杀》。——译者注

RICHARD RODGERS 理查德·罗杰斯

作曲家，创作了许多具有里程碑意义的音乐剧作品，最著名的是与词作家洛伦茨·哈特（Lorenz Hart）[《锡拉丘兹的男孩们》（*The Boys from Syracuse*）、《花红酒绿》（*Pal Joey*）等]和奥斯卡·哈默斯坦二世（Oscar Hammerstein II）[《俄克拉何马！》（*Oklahoma!*）、《旋转木马》（*Carousel*）、《国王与我》（*The King and I*）等]合作的作品①。

不要与设计伦敦千年穹顶（Millennium Dome）的建筑师理查德·罗杰斯（Richard Rogers）混淆。

ROXANE 罗克珊

一八九七年埃德蒙·罗斯丹（Edmond Rostand）的戏剧作品《大鼻子情圣》（*Cyrano de Bergerac*）中主角的爱慕对象。这个名字中有一个字母 n。

作家罗克珊·盖伊（Roxane Gay）的 Roxane 也只有一个 n。

一九七八年警察乐队（Police）的同名歌曲、一九八七年史蒂夫·马丁（Steve Martin）的同名电影的女主角都是 Roxanne（罗克珊）。两个 n。

---

① 有一种习惯是，在介绍一个人的身份时，把描述其特点的词用括号括起来放在名字中间——例如，Lorenz（*Pal Joey*）Hart——这样做不美观，所以，不管你是在写什么样的东西，别这么写。你又不是二十世纪三十年代的专栏作家。

PETER SARSGAARD 彼得·萨斯加德

男演员。

不是《真爱如血》(*True Blood*)里面的吸血鬼。

FRANZ SCHUBERT 弗朗茨·舒伯特

奥地利作曲家。

美国剧场经理人山姆(Sam)、利奥(Leo)、J.J. 三兄弟的姓是 Shubert(舒伯特)。同样，纽约的舒伯特剧院(Shubert Theatre)[还有舒伯特巷(Shubert Alley)]和舒伯特组织(Shubert Organization)的舒伯特也是 Shubert。

MARTIN SCORSESE 马丁·斯科塞斯

导演。

不是 Scorcese。

ALEXANDER SKARSGÅRD 亚历山大·斯卡斯加德

男演员。

是《真爱如血》里面的吸血鬼。

他的姓中的环形发音符号经常被省略，也许是因为没人愿意费力气找出它藏在键盘的什么地方。

SPIDER-MAN 蜘蛛侠

超级英雄。

注意连字符、注意大写的 M。

DANIELLE STEEL 丹妮尔·斯蒂尔

高产的小说家。

此前，我还不在为她出书的出版公司工作的时候，曾在一本提到她的书中，把她的名字印成了 Danielle Steele，而且不止一次，是六次。噫，真是……

BARBRA STREISAND 芭芭拉·史翠珊

在西方文明史上，人们把她的名字拼错为 Barbara 的现象出现得较晚，但还是会发生。

MOTHER TERESA 特蕾莎修女

修女、传教士，后成为天主教圣人。

名字中没有 h。

TERESA OF ÁVILA 阿维拉的特蕾莎

修女、神秘主义者，后成为天主教圣人。

没有，还是没有 h。

如果你就是心里痒痒非要找一个名字里有 h 的圣人，我向你推荐 Thérèse of Lisieux（利雪的特蕾莎）。

TINKER BELL 小叮当

仙女。

两个单词，后一个词表示的是她与人交流的声音，前一个词表示她的工作是修补锅碗瓢盆[1]。真的是这样。

HARRY S. TRUMAN 哈里·S. 杜鲁门

责任止于他的桌子的那位总统[2]。

他名字中间的大写字母并没有任何含义，所以几十年来，编辑们都把他的名字处理成 Harry S Truman，不知道有没有其他人也觉得这样很有趣。签名时，杜鲁门似乎（在大多数情况下）都会签一个带句点的 S，所以我们也那样做吧。

TRACEY ULLMAN 特蕾西·厄尔曼

有趣的女演员。注意 Tracey 的 e。

LIV ULLMANN 丽芙·乌尔曼

没那么有趣，但同样卓越的，女演员。

---

[1] tinker 意为修补匠；bell 意为铃铛，Bell（贝尔）是女子名。——译者注
[2] 指杜鲁门的名言 The Buck Stops Here（意为我会担起责任，绝不推卸），这句话被做成桌牌放在他的办公桌上。——译者注

FELIX UNGAR 费利克斯·昂加尔

在编剧尼尔·西蒙（Neil Simon）一九六五年的百老汇喜剧《天生冤家》（*The Odd Couple*）及其一九六八年的电影中，大惊小怪的典型角色费利克斯·昂加尔的姓氏中有一个 a。

在后来的电视剧中，这个角色是 Felix Unger，有一个 e。

NATHANAEL WEST 纳撒尼尔·韦斯特

《蝗灾之日》（*The Day of the Locust*）的作者。

不是 Nathaniel。

WINNIE-THE-POOH 小熊维尼

熊。

A.A. 米尔恩（A. A. Milne）给这只熊设计全名的时候用了连字符（尽管这个角色也被称为 Pooh Bear，没有连字符）。迪士尼家族的名字中都没有连字符。

ALFRE WOODARD 阿尔弗雷·伍达德

女演员。

不是 Woodward（伍德沃德）。

不过，乔安娜·伍德沃德（Joanne Woodward）的姓确实是 Woodward。

VIRGINIA WOOLF 弗吉尼亚·伍尔夫

作家，不过如此直白地提及她真是有失尊重。

她的姓氏不是 Wolfe 也不是 Wolf。也许你分别想到了，托马斯（Thomas）[1] 和 the Man[2]。

ALEXANDER WOOLLCOTT 亚历山大·伍尔科特

《纽约客》撰稿人、阿尔冈琴圆桌会（Algonquin Round Table）成员、冷嘲热讽强迫症患者、乔治·S. 考夫曼（George S. Kaufman）和莫斯·哈特（Moss Hart）的喜剧《晚餐的约定》（*The Man Who Came to Dinner*）中人物谢里登·怀特赛德（Sheridan Whiteside）的原型。这个人物是由演员蒙蒂·伍利（Monty Woolley）创造出来的（最终由伍尔科特自己扮演）。简称 Alec。

不要将伍尔科特和伍利与作家沃尔科特·吉布斯（Wolcott Gibbs）混淆，后者长期在《纽约客》做编辑，把伍尔科特描述为"有史以来最可怕的作家之一"——还有，你可能还记得，那句编辑们都很喜欢的格言："要想办法保留作家的风格，如果他是一位作家，并且有自己的风格。"就是他说的。

---

[1] 指托马斯·沃尔夫（Thomas Wolfe），美国作家，代表作《天使望故乡》。——译者注
[2] 一九四一年环球（Universal）出品的恐怖片，由小朗·钱尼（Lon Chaney, Jr.）主演的 *The Wolf Man*（《狼人》）。二〇一〇年那部没人记得主演是谁的重拍版叫什么呢？*The Wolfman*（《狼人》）。

FLORENZ ZIEGFELD 弗洛伦兹·齐格菲尔德

戏剧制作人。

经常被误拼写（以及错误发音）为 Ziegfield。

地名

ANTARCTICA 南极洲

两个 c。

ARCTIC 北极圈

也是两个 c。

BEL AIR 贝莱尔

洛杉矶西区（Westside）居民区的地名通常是不带连字符的。不过，贝莱尔酒店（The Hotel Bel-Air）有连字符。

说到这儿，洛杉矶分为东区（Eastside）和西区，但这并非正式的划分。纽约市有一个东区 ［East Side 包括上东区（Upper East Side）和下东区（Lower East Side）］和一个西区 ［West Side，包括上西区（Upper West Side），但只有将曼哈顿第六大道（Sixth Avenue）称为美洲大道（Avenue of the Americas）的人才会说什么下西区（Lower West Side）］，这个划分可能会相对正式一些。眼尖的《法律与秩序：特殊受害者》（*Law & Order: Special Victims Unit*）剧迷们会发现，在节目的开场中，总是会出现一个错误的报纸标题《东区强奸犯被捕》（"EASTSIDE

RAPIST CAPTURED"）[1]。

BLEECKER STREET 布利克街

在纽约的格林威治村（Greenwich Village）。

不是 Bleeker，不过偶尔会有人拼错，甚至在当地的标牌上也有拼写错误的情况。

BRITTANY 布列塔尼

即法国的 Bretagne 大区。

Brittany 也是已故女演员布里塔妮·墨菲（Brittany Murphy）的名字。

不过，布兰妮·斯皮尔斯（Britney Spears）的名字不是 Brittany。

越来越多的父母很明显不怎么走心地给自己女儿取名叫 Britanny。

CAESARS PALACE 恺撒宫

酒店、赌场。

Caesars 中没有撇号，因为，恺撒创始人杰伊·萨尔诺（Jay Sarno）宣布，"我们都是恺撒（we're all Caesars）"。

---

[1] 该剧集设定的背景为纽约市。——译者注

CINCINNATI 辛辛那提

不是 Cincinatti。

COLOMBIA 哥伦比亚

南美洲国家。有两个 o。

有个 u 的 Columbia，是纽约一所大学的名字，是一家唱片公司的名字，是一家好莱坞电影制片厂的名字，是一个被称为华盛顿（Washington）的地区的别名，是海洋中的瑰宝的名字，还是代表美国的女性形象的名字①。

FONTAINEBLEAU 枫丹白露宫

是法国一座庄园（château）的名字，也是迈阿密海滩一家度假酒店的名字。

GRAND CENTRAL TERMINAL 中央车站

位于纽约市第四十二街（Forty-second Street）和公园大道（Park Avenue）交汇处（junction）、有宏伟的古典装饰风格（Beaux Arts）的建筑——是位于 junction 而不是 intersection（十字路口），因为街道交汇但没有交叉。

---

① 分别指：哥伦比亚大学（Columbia University）、哥伦比亚唱片（Columbia Records）、哥伦比亚影业（Columbia Pictures）、华盛顿哥伦比亚特区（Washington D.C.，D.C. 为 District of Columbia 的缩写）、歌曲《哥伦比亚，海中瑰宝》（"Columbia, the Gem of the Ocean"）、哥伦比亚女神（Columbia）。——译者注

这座建筑常被人称为 Grand Central Station，但它的名字并不会因为人们这样叫它而改变。话虽这么说，如果你要用 It's like Grand Central Station in here!（这里就像中央车站一样！）来描述一个繁忙或拥挤的地方，那你就这样说吧，因为大家都这么做，而且有时候，当你需要在约定俗成的说法与准确度之间二选一时，前者会更重要（outweigh①）。

LAGUARDIA AIRPORT 拉瓜迪亚机场

令人浑身难受的场所。

这个玩意儿是以传说中的纽约市市长菲奥雷洛·H. 拉瓜迪亚（Fiorello H. La Guardia）命名的，但机场的正式名称中是没有空格的。

说到这里，还要提一下：LaGuardia 中的 G〔或任何位于词汇中间的大写字母，不管是 MacDonald（麦当劳）中的 D、iPhone 中的 P 还是 PlayStation（索尼游戏站）中的 S〕的正式名称是 medial capital（中间的大写字母），不过它也可以被称为 camel case capital（驼峰拼写法大写，或者，更自我指涉的写法应该是 CamelCase capital）。

---

① 我本来写的是 idiom trumps accuracy（约定俗成胜于准确），但我现在可讨厌那个动词了。

MIDDLE-EARTH 中土大陆

书呆阿宅的天堂。

有连字符，earth 小写。

MISSISSIPPI 密西西比

有些人，包括在座的各位，不唱那首歌就拼不对这个词[①]。

PICCADILLY CIRCUS 皮卡迪利广场

所有都算上，有四个 c。

ROMANIA 罗马尼亚

Roumania 和 Rumania 的拼写方式都已经被淘汰了。

不过，如果你要引用多萝西·帕克（Dorothy Parker）的诗《评论》（"Comment"）的最后一句，毫无疑问它依然应该写作 And I am Marie of Roumania（我是罗马尼亚王后玛丽）。

SAVILE ROW 萨维尔街

不是 Saville。

---

① 应该指雷德·福利（Red Foley）演唱的歌曲"M-I-S-S-I-S-S-I-P-P-I"，歌曲第一句是口白 m-i-s-s-i-s-s-i-p-p-i，紧接着用形象的语言描述了 Mississippi 一词的拼写：by The M I crooked letter, crooker letter, I crooked letter, crooked letter I hump-back, hump-back I of Mississippi flowing down to New Orleans（crooked letter 意为"弯曲的字母"，指字母 s；hump-back 意为"驼背"，指字母 p；后一句意为"密西西比河流向新奥尔良"）。——译者注

SHANGRI-LA 香格里拉

詹姆斯·希尔顿（James Hilton）一九三三年的小说《消失的地平线》（*Lost Horizon*）中天堂般的藏区。注意连字符，注意大写的 L。一些词典把它写成 Shangri-la，l 小写，真是蠢到家了。当然是这个名字的创造者希尔顿的拼写最权威了。

TUCSON, ARIZONA 亚利桑那州图森市

不是 Tuscon。

其他在手稿中以还算过得去的频率出现的、被误写的社会文化历史知识点

ALICE'S ADVENTURES IN WONDERLAND《爱丽丝漫游奇境》

刘易斯·卡罗尔一八六五年的看似童真无虑的奇幻作品（deceptively lighthearted fantasy[①]）的全名，尽管不可否认的是，自从它出版以来，人们一直称它为 *Alice in Wonderland*。一八七一年的续集是《爱丽丝镜中奇遇记》（*Through the Looking-Glass, and What Alice Found There*）。你可以去掉标题的后半部分；不要漏掉 Looking-Glass 中的连字符。

---

① 我建议完全避免使用 "deceptively+形容词+事物" 结构，因为经常无法判断所描述的事物究竟是非常那个 "形容词" 还是完全不那个 "形容词"。例如，a deceptively large room 到底是指大房间还是小房间呢？

THE BEAUTIFUL AND DAMNED《漂亮冤家》

这部 F. 斯科特·菲茨杰拉德的小说，标题中只有一个 the。

THE BRIDGE OVER THE RIVER KWAI《桂河大桥》

皮埃尔·布尔（Pierre Boulle）的小说 *Le pont de la rivière Kwai* 的英文标题。[布尔也是《人猿星球》（*La planète des singes*）的作者，该书第一次以英文出版时名为《猴子星球》（*Monkey Planet*）。你可能最熟悉的是《决战猩球》（*Planet of the Apes*）这个名字。[①]]

大卫·里恩（David Lean）的那部电影是 *The Bridge on the River Kwai*（《桂河大桥》）。

BULFINCH'S MYTHOLOGY《布尔芬奇神话》

由名字中只有一个 l 的托马斯·布尔芬奇（Thomas Bulfinch）撰写，而非由名字中有两个 l 的雀形目鸟类[②]撰写。

THE DIARY OF A YOUNG GIRL《安妮日记》

安妮·弗兰克（Anne Frank）的日记首次在英文世界出版时使用的书名。

The Diary of Anne Frank（《安妮·弗兰克日记》）是一部

---

① 猴子不是猩猩；猩猩也不是猴子。猴子有尾巴。
② 指红腹灰雀（bullfinch）。——译者注

由弗朗西丝·古德里奇（Frances Goodrich）和艾伯特·哈克特（Albert Hackett）创作的戏剧，由它改编成的电影也叫这个名字。

FINNEGANS WAKE《芬尼根的守灵夜》

詹姆斯·乔伊斯的一部小说。你要么没读过，要么没读懂，或者两者都有，不管你跟别人聊天时是怎么说的。

没有撇号。

我再说一遍：没有撇号。

FLORODORA《芙罗洛多拉》

风靡一时的文化试金石、如今的晦涩文化小品、名字的拼法堪称冷知识且经常被人弄错①的《芙罗洛多拉》，是一部一八九九年在伦敦西区（London's West End）上演的音乐剧，一九〇〇年登陆纽约后甚至更为轰动，随后几十年中多次巡回和重演。［"小淘气（Little Rascals）"系列的爱好者可能还记得电影《小顽童1936》（*Our Gang Follies of 1936*）对它的致敬。］其中的大热歌曲《告诉我，美丽的少女（家里还有像你这样的姑娘吗？）》［"Tell Me, Pretty Maiden（Are There Any More at Home Like You？）"］，由六位穿着相同服装、手持阳伞的年轻女士表

---

① 也许是我最喜欢的晦涩冷知识文化小品，因此，虽然有点儿过了，我要用两个段落为它大书特书，另外加上这个脚注和接下来的三个脚注。

演，并由六位穿着相同服装、头戴高帽的男士伴奏。

据戏剧界传说（这个 rara avis[①]，经查证似乎是确凿的），所有芙罗洛多拉女孩（Florodora Girls）的原始成员都嫁给了百万富翁。替补的芙罗洛多拉女孩之一，伊夫琳·内斯比特（Evelyn Nesbit[②]），不仅钓到了大款，即那位少说也算是浪荡不羁的哈里·肯德尔·陶（Harry Kendall Thaw），而且在一九〇六年，陶在麦迪逊广场花园的一个屋顶剧场枪杀了内斯比特的情人、建筑师斯坦福·怀特（Stanford White），遗臭万年。自此，世纪审判就接踵而至，但不要把这次世纪审判与一九二一年萨科和万泽蒂（Sacco and Vanzetti）的世纪审判、一九二四年利奥波德和勒布（Leopold and Loeb）的世纪审判、一九三五年布鲁诺·豪普特曼（Bruno Hauptmann）的世纪审判或一九九五年 O.J. 辛普森（O. J. Simpson）的世纪审判混为一谈，谢天谢地，在那不久之后，二十世纪终于结束了[③]。

FRANKENSTEIN《弗兰肯斯坦》

玛丽·雪莱（Mary Shelley）的小说名［完整的标题是《弗兰肯斯坦；或，现代的普罗米修斯》（*Frankenstein; or, The Modern*

---

① 拉丁语，意思是"稀有的鸟"，也是表示某个事物不同寻常的一种做作说法。
② 不要和伊迪丝·内斯比特（Edith Nesbit）搞混了，她是以 E. 内斯比特（E. Nesbit）的笔名给青少年写了包括《铁路边的孩子们》在内的很多书的作家。
③ 二十世纪是什么时候结束的？不是一九九九年十二月三十一日，而是二〇〇〇年十二月三十一日。记清楚了！

Prometheus）]。也是一九三一年环球出品、詹姆斯·惠尔（James Whale）导演、鲍里斯·卡洛夫（Boris Karloff）主演的电影的名字[①]（这部小说有多个改编版本）。

"弗兰肯斯坦"这个名字，并不是科学家维克多·弗兰肯斯坦［Victor Frankenstein，在卡洛夫主演的那部电影及其之后很快问世的续集[②]中，这个角色叫亨利·弗兰肯斯坦（Henry Frankenstein）]用被保存在"藏尸之处……解剖室和屠宰场"的死尸的组织制造出来、使之有了生命的人造人的名字，尽管小说刚出版时这两个名字就被搞混了。雪莱把他称为 creature（生物）、monster（怪兽）、vile insect（肮脏的虫豸，这个挺妙）以及 daemon（半神半人的精灵）。在一九三一年的电影中，他的名字很简单——The Monster。

把弗兰肯斯坦制造出的怪兽称为"弗兰肯斯坦"是不对的，那些偏要这么做的人让我很生气。

GUNS N' ROSES 枪炮与玫瑰乐队

这支乐队的名字并不是 Guns 'n' Roses[③]，这可太烦人了，但我想，Axl（艾科索）的名字也是这么随便取的吧，更不用说

---

① 即《科学怪人》。——译者注
② 指《科学怪人的新娘》。——译者注
③ 'n' 表示 and，如 rock 'n' roll（摇滚）、fish 'n' chips（炸鱼薯条）等。——译者注

Slash（斯莱史）了[①]。

IMMACULATE CONCEPTION 圣母无原罪始胎

此处的问题不在拼写，而在定义。"圣母无原罪始胎"是一种信条，即耶稣（Jesus）未来的母亲马利亚（Mary），在她母亲的子宫里（通过标准的生物学方法）被怀上时就无染原罪。

"童女生子（virgin birth）"的教义[②]则是指，耶稣是通过圣灵（the Holy Spirit）怀上的，没有人类的父亲参与，而他的母亲，确实，依然是处女。

前者和后者是不同的。借用克里斯托弗·迪朗（Christopher Durang）笔下杀气腾腾的修女玛丽·伊格内修斯（Sister Mary Ignatius）[③]的话说："每个人都会犯这个错；这让我没了耐心。"

JEOPARDY!《危险边缘！》

有一个叹号！

JESUS CHRIST SUPERSTAR《耶稣基督万世巨星》

没有叹号。至于逗号，也是没有的。

---

① Axl Rose（艾科索·罗斯）为枪炮与玫瑰乐队主唱，Slash［艺名，其本名为索尔·赫德森（Saul Hudson）］曾担任乐队吉他手。——译者注

② Immaculate Conception 首字母大写。出于某些原因，virgin birth 一般不大写。

③ 出自克里斯托弗·迪朗的戏剧《修女玛丽·伊格内修斯为你解释一切》，另有电影《玛丽修女解释了一切》。——译者注

THE JUILLIARD SCHOOL 茱莉亚音乐学院

想要拼对这个名字，跟想登上它附近的卡内基音乐厅（Carnegie Hall）舞台的方法是一样的：练习。

LADY CHATTERLEY'S LOVER 《查泰莱夫人的情人》

D.H. 劳伦斯（D. H. Lawrence）的下流小说。

注意 Chatterley 中的第二个 e。

LICENCE TO KILL 《007 之杀人执照》

一九八九年的詹姆斯·邦德（James Bond）电影。普遍按照英式拼法，两个 c。

LOVE'S LABOUR'S LOST 《爱的徒劳》

美式不写 *Labour's* 的 u，是粗鲁无礼的做法；两个撇号，不管是漏了哪个，都是不对的，错了就是错了。

MOBY-DICK; OR, THE WHALE 《白鲸》

一八五一年，赫尔曼·梅尔维尔（Herman Melville）的这部小说的初版中，这个给人带来很多困扰的连字符出现在扉页上，但没有出现在其他地方。你可以用连字符把小说的标题连在一起，或者让这头鲸鱼的名字不带连字符，即 Moby Dick，没有问题。话虽如此，几乎每一部我能查到的改编电影，名字都去掉了连字符。

OKLAHOMA!《俄克拉何马！》

这部音乐剧由罗杰斯（Rodgers）和哈默斯坦（Hammerstein）创作，不要忽略剧名中的叹号，也不要忽略《俏红娘》（*Hello, Dolly!*）、《哦，加尔各答！》（*Oh! Calcutta!*）、《哦小姐！小姐！！》（*Oh Lady! Lady!!*）、《噼！啪！！噗！！！》（*Piff! Paff!! Pouf!!!*）等容易激动的百老汇戏剧作品名字中的叹号。

"OVER THE RAINBOW"《飞越彩虹》

米高梅公司（MGM）的头头路易斯·B.迈耶（Louis B. Mayer）曾想把《绿野仙踪》中的这首歌删掉，因为他觉得这首歌拖慢了影片的节奏。

somewhere 出现在歌词中；歌名中并没有这个词①。

THE PICTURE OF DORIAN GRAY《道林·格雷的画像》

非常值得引用的作家奥斯卡·王尔德的非常值得引用的②小说。

不是 Portrait。

不是 Grey。

---

① 指歌词 somewhere over the rainbow（在彩虹之上的某个地方）。——译者注
② "书无所谓道德或不道德。书要么写得好，要么写得不好。仅此而已。"即使对擅写诙谐警句的王尔德来说，这句话也堪称惊艳。

PUBLISHERS WEEKLY《出版人周刊》

出版界人士以惊人的频率将其误写作 *Publisher's Weekly*。

REVELATION《启示录》

《新约启示录》(The New Testament's Book of Revelation),
又名 Apocalypse。

不是 Revelations。

SEX AND THE CITY《欲望都市》

是 and,不是 in。

电视剧和电影都已经告一段落,我已经很长时间没有遇到
过这个名字——不管是写对了的还是没写对的,但随着女演员
辛西娅·尼克松(Cynthia Nixon)在二〇一八年初宣布将竞选
纽约州州长,这部作品再次成为人们关注的焦点。

除非你对这部作品狂热到永远不会弄错它的名字,否则,
最好是再三检查。我一直都是这么做的。

SHOW BOAT《演艺船》

埃德娜·费伯(Edna Ferber)的小说,杰尔姆·克恩
(Jerome Kern)和奥斯卡·哈默斯坦二世联合创作的同名音乐剧
据此改编而来。

由两个单词组成。

SUPER BOWL 超级碗

是两个单词。

"THE WASTE LAND"《荒原》

T.S. 艾略特一九二二年的诗。

按照现代拼写习惯，表示"贫瘠的土地"一词的标准写法是 wasteland。

既然说到这个话题：尽管按照标准的现代美国拼写法，四月可能确实是 cruelest（最残酷的）一个月，但艾略特写的是 cruellest[1]，如果你引用他的诗，就必须尊重他的拼写方式。

THE WONDERFUL WIZARD OF OZ《绿野仙踪》

弗兰克·鲍姆（L. Frank Baum）一九〇〇年关于旋风的幻想小说的全名。

故事女主角多萝西的姓氏盖尔（Gale），并没有出现在鲍姆的第一部关于奥兹国（Oz）的小说中，也没有出现在《仙乡奇境》（*The Marvelous Land of Oz*）一书中，它在这个系列[2]后来的几部中才出现。音乐剧《绿野仙踪》于一九〇二年在百老汇首演，当时剧中多萝西心爱的托托（Toto）被一头名叫伊莫金

---

① April is the cruellest month, breeding.——译者注
② 鲍姆共写作了十四部关于奥兹国的小说，《绿野仙踪》《仙乡奇境》分别是第一、第二部。——译者注

（Imogene）的母牛替换了，也许是因为在大剧院观众很难看清一只小狗吧。

不，不是真的牛。别傻啦。

WOOKIEE 伍基人

所有人都会搞错这个词。不是Wookie。

关于《星球大战》（*Star Wars*）这个话题，还要说明的是，lightsaber（光剑）是一个单词，dark side（黑暗面）是小写的（够奇怪的），A long time ago in a galaxy far, far away....的结尾是一个句号和三个省略号的点，尽管这只是半句话，并不是个完整的句子，星战人就喜欢这样。如果你在这些问题上挑事，他们会把你的手给剁了。真的。①

各种你不希望拼错的品牌名称和商标

在商标的长期发展过程中，它的大写字母往往会变成小写，从而从proper noun（专有名词）转变为——不，不是improper noun，虽然这种叫法很有趣——common noun（普通名词）；有时是因为创立商标的公司销声匿迹了，通常是因为商标成了那类商品的代名词，以至于谁也抵挡不了这种转变。因此，我们

① 砍手是星战中多次出现的标志性情节。——译者注

有了成为通用名称、不再被认为是商标的阿司匹林（aspirin）、玻璃纸（cellophane）、海洛因（heroin）、煤油（kerosene）、提词器（teleprompter）（以前的名字是TelePrompTer）、保温瓶（thermos）、拉链（zipper）以及——文字编辑们喜闻乐见的——垃圾箱（dumpster）[很久以前，它叫Dempster-Dumpster，是由Dempster Brothers（登普斯特兄弟）公司生产的]。

应该尽最大努力尊重现存的商标（以及拥有商标的公司），但我亲身体会到，试图说服一个作家说小塑料袋是Baggie而不是baggie，纯属白费口舌。①

更何况，拿掉商标中的大写字母、将商标动词化，被认为是不好的。因此，文字编辑们长期以来一直尝试（屡战屡败）阻止作者使用从施乐公司（Xerox Corporation）设计的复印机名称中演化来的普通动词。但现在几乎不可能再说，在谷歌（Google）网站上做的那件事不可以叫作googling。如果你一定要用一个商标做动词——不是说我赞同这样做，因为那样不对——我会建议你用小写。②

基本上，我只是希望你能正确地拼出或写对下面这些。

---

① 全名是Hefty Baggies Sandwich & Storage Bags，所以严格来说，没有Baggie这回事，更不用说baggie了。
② "凡事总有例外事务部"发言：我会说"寄了个包裹"是FedExed a package而不是fedexed a package（FedEx），即便我是用UPS快递寄的。

BREYERS 布鲁尔斯

这个冰激凌品牌的名字中是没有撇号的。不要和 Dreyer's^①混淆,它是有撇号的。

BUBBLE WRAP 泡泡纸

品牌名,也有人把它叫作 bubble pack。

CAP'N CRUNCH 嘎吱船长

不是 Captain。

想当年怀旧病预警:这个牌子总是特别能让我想起,在互联网时代之前,我会记下稿件中提到的所有家用品牌,然后拿着记事本去超市,在货架之间的过道里走来走去,盯着包装上的品牌名,确认稿子里的拼写有没有错。为了不让别人觉得我是个疯子,我也会在仔细观察和核实品牌名字之余,买点儿东西。

CRACKER JACK 饼干杰克

很多人(大多数人?)把这种经典的裹了糖的爆米花和花生的组合称为 Cracker Jacks,但这样叫就破坏了 buy me some peanuts and Cracker Jack / I don't care if I never get back(给我买些花生和

---

① 我总是觉得带括号的(no relation)烦人地可爱,但是:(no relation)(真的没有关系)。

饼干杰克 / 我不在乎我是否再也回不来了）这句话的韵脚，它也不是产品的正确名称。

CROCK-POT 慢炖锅

你可能根本不知道这是一个品牌名，你可能会把它拼成crockpot。可能通用的 slow cooker 对你来说比较方便。也可能不是。

DR PEPPER 胡椒博士

这个苏打汽水品牌的名字中没有句点，这在文字编辑的酒会上引起了广泛讨论。

FRIGIDAIRE 冰箱

很多人见到旧冰箱就管它叫 frigidaire，这证明了 Frigidaire这个冰箱品牌曾经的霸主地位，但如果你真的只是在谈论随便某台旧冰箱，那就叫它 refrigerator 吧。或者 icebox，如果您已有百岁高龄。或者 fridge，这个词简直信手拈来。

FROOT LOOPS 果脆圈

有意为制造滑稽效果而拼错单词（如 Froot①），叫作 cacography。

---

① 正确的单词是 Fruit（水果）。——译者注

HÄAGEN-DAZS 哈根达斯

该冰激凌制造商的名字并不是丹麦语，而是听起来像丹麦语的胡言乱语。

JCPENNEY 杰西潘尼

它的官方名称依然是 J. C. Penney Company, Inc.，所以假如你受不了挤在一起的 JCPenney，请放心使用更正式的版本。

JEEP 吉普

吉普车（Jeep）的名字后来是被威利斯 - 欧弗兰公司（Willys-Overland）注册为商标的，现在该车型由克莱斯勒公司（Chrysler）生产，但名字小写的越野 jeep 车自二十世纪初就已经出现了。因此，早于这个时间的这种车的名字，不应该写成商标的形式。

JOCKEY SHORTS 男用紧身短裤

Jockey 是他们的商标，但 shorts 不是。你可以把它们叫作 tighty-whitey。

KLEENEX 舒洁

其实说 tissue（纸巾）就好了。

KOOL-AID 酷爱牌饮料

drinking the Kool-Aid 这个短语形容固执并无脑地遵守某些信条，它肯定让卡夫食品公司（Kraft Foods）感到很头疼，特别是在一九七八年发生在琼斯敦（Jonestown）的吉姆·琼斯（Jim Jones）信徒集体自杀事件中，信徒们所喝的含有氰化物的饮料，有很大可能是用没那么有名的饮料牌子 Flavor Aid，而非用酷爱牌勾兑的。

MEN'S WEARHOUSE 男人衣仓

不是 Warehouse（仓库）。这是个谐音梗。听出来了吗？

ONESIES 宝宝衫

Onesies 是嘉宝童装（Gerber Childrenswear）的一个品牌，通常被称为 diaper shirt（尿布装）或 infant bodysuit（婴儿连体衣）。嘉宝公司坚信这个词是他们自己的，不应该泛化成 onesie；关于这个问题，亡羊补牢怕是来不及了，不仅是羊圈有了个大窟窿，而且羊都已经跑到大西洋的船上去了。

PING-PONG 乒乓球

当我了解到是先有的 ping-pong 这个表示乒乓球的词，后来它才成了商标，我就放弃了让作者把它的首字母大写的念头，他们总会被我气到。

PLEXIGLAS 宝克力

Plexiglas（宝克力）是品牌名称；plexiglass（树脂玻璃）则是由它衍生而来的想要浑水摸鱼的通用名称。

POPSICLE 冰棒

生产 The Popsicle 的公司还生产 Creamsicle（奶昔）、Fudgsicle（巧克力冰棒，注意 g 后面并没有 e）以及一种叫 Yosicle（酸奶冰棒）的东西。

PORTA-POTTY 移动公厕

移动公厕的品牌和与移动公厕有关的双关语一样多。也许你应该自己编一个商标名，然后检查一下它是否已经存在——比如我曾经，因为某些已经记不起来的原因，编造了一个叫 Vend-A-Loo[①] 的印度品牌。

POST-IT 报事贴

注意，i 是小写的。

Q-TIPS 棉签

通用词是 cotton swabs（棉签），联合利华（Unilever）的人

---

① 字面意思为"出售厕所"，读音近似 Vindaloo（一种印度的咖喱菜肴）。——译者注

对他们的商标的专有权非常强势。

你知道吗，Q代表的是Quality（品质）。

REALTOR 房地产经纪人

美国房地产经纪人协会（National Association of Realtors）的注册商标。并非每个房地产经纪人都是Realtor，而且我认为没有理由在写real estate agent就行的时候非要用realtor。

REDDI-WIP 喷射鲜奶油

我在努力想象他们公司的会议上，有人问："我们能把两个特别简单的词拼错成啥样？"

ROLLS-ROYCE 劳斯莱斯

有连字符。还有，它很贵。

7-ELEVEN 7-11便利店

一个数字、一个连字符以及一个单词。思乐冰（Slurpee）的老家。

SHEETROCK 石膏灰胶纸夹板

也可以选择通用词plasterboard（石膏板）、drywall（干式墙）或wallboard（墙板）。

STARBUCKS 星巴克

没有撇号。

STYROFOAM 泡沫聚苯乙烯

Styrofoam 是一种聚苯乙烯泡沫塑料的商标名称，它被用作保温材料。我们非专业人士常说的泡沫塑料杯子（styrofoam cup）、发泡胶保冷箱（styrofoam cooler）等物品，其实根本就不是用 Styrofoam 做的。

TARMAC 柏油路

这是个商标，但如果你妄图说服别人保留大写的首字母，我只能说祝你好运吧。

TASER 泰瑟枪

尽管佛罗里达大学的学生安德鲁·迈耶（Andrew Meyer）在拒捕过程中，可能会恭敬地用通用名词恳求道："Don't stun me with that electroshock weapon，Officer.（警官，不要用电击枪把我电晕）。"但实际上他哭喊的是 "don't tase me, bro（别电我，老兄）"。（我认为，从逻辑上讲，这个非官方动词的拼写应是 tase 而不是 taze。）①

---

① 二〇〇七年，美国参议员约翰·克里（John Kerry）在佛罗里达大学演讲时，该校学生安德鲁·迈耶在提问时被切断麦克风并被武力控制，他喊出的 "don't tase me, bro" 成为一句流行语。泰瑟枪是一种没有子弹的电击武器，tase 或 taze 由 taser 衍生而来，表示"（用泰瑟枪）电击"。——译者注

VOLKSWAGEN 大众汽车

留意那个 e；它前面有一个 o，但它是 e 不是 o。

XBOX 微软游戏机

不是 X-Box，也不是 XBox。

杂项

- 在十七世纪晚期殖民时期的马萨诸塞州，因巫术而被定罪和处决的人[①]，并不是像人们一直看到的某些人坚持认为的那样，他们不是被捆在火刑柱上烧死的，而是被吊死的。而拒绝对指控进行任何形式辩护的被告贾尔斯·科里（Giles Corey），被怪异地折磨致死——石头堆在他身上把他压死了。据说，他的遗言是带着挑衅的"再加点儿重量啊"。

- DEFCON 5（五级戒备状态）意味着"我有一点儿小问题，但其他都没事"。DEFCON 1（一级戒备状态）的意思是"我们马上要没命了"。没有 DEFCON 8、DEFCON 12 之类的东西。

- 《火山情焰》（*Krakatoa, East of Java*）是一部讲述火山喷发的

---

① 绝大多数是女人，但也有男人，不过人们常常忘记这件事。

电影，火山的名字已在片名中体现。令人遗憾的是，喀拉喀托火山（Krakatoa）其实在爪哇的西部（west of Java）。

- 西班牙的雨并非 fall mainly on the plain，而是 stays mainly in the plain[①]。

---

① 出自电影《窈窕淑女》，the rain in Spain stays mainly in the plain（西班牙的雨主要集中在平原上）是卖花女伊丽莎·杜利特尔（Eliza Doolittle）练习发音时说的句子。——译者注

第 十 二 章

可精简的词

编辑稿子时，删除字词的情况是很多的，要删的不只是那些像泡泡纸和包装填充物一样包裹住我们文章的 very、rather、quite 和多余的 that，要删的还有重复的信息——AS ESTAB'D（已经说过了）[①]，编辑会在页边礼貌地写道。

不过，很多重复是因为用了两个词来说明原本一个词就能说清楚的事情。我在下面列出了一些稍加留意就能避免的重复。你可能觉得其中一些重复得也太明显了——尽管如此明显，还是常常出现。另一些则有点儿玄乎——你那样写了也很可能不会有什么人发现的——但它们也还是应该被精简掉的。

不管是以上哪种情况，当你开始考虑你本人或你的文章是不是需要瘦身，而你的文章似乎更容易瘦下来时，这章讲的内容会是一个很好的开始。

（斜体字表示可以删除的部分。）

[①] As established 的简写。——译者注

ABM *missile*（ABM 导弹）

ABM 是 anti-ballistic missile（反弹道导弹）的缩写。

absolutely certain, *absolute* certainty, *absolutely* essential（绝对确定，绝对肯定，绝对必不可少）

added bonus（附加的额外津贴）

advance planning, *advance* warning（提前计划，提前预警）

all-time record（未被超越的纪录）

同理，不是 set a new record（创造新纪录），set a record 就可以了。

assless chaps（臀部无布料的皮护腿套裤①）

说的是那种服装。不是说后面不够翘的小伙子。我不确定这个词在你文章中——或者你的生活中——出现的频率高不高，但是，chap 本身已经包含了"臀部无布料"的意思。看看牛仔们穿的什么你就知道了。从后面看。

① chaparajos（皮护腿套裤，牛仔常穿的一种像裤子但臀部没有布料的护腿）简称 chaps，而 chap 还有"男人、小伙子"之意。——译者注

ATM *machine*（ATM机）

ATM是automated teller machine（自动柜员机）的缩写，可能有人会说，这个全称本来就够啰唆的了，我同意。

blend *together*（混合在一起）

cameo *appearance*, cameo *role*（客串出演，客串演员）

capitol *building*（国会大厦楼）

closed fist（紧握的拳头）

我想，a closed hand（攥紧的手），还算是那回事儿。但既然没有open fist（张开的拳头），也就没必要说*closed* fist。

close proximity（紧贴靠近）

和from whence（从什么时候开始，见下文）一样，close proximity也因为在很久很久之前就在人们的文章中出现而显得合情合理，但proximate就是close的意思，这没什么争议，所以如果你需要强调亲密，不妨找一个高明点儿的表达方式。

CNN *network*（CNN网）

CNN即Cable News Network（美国有线电视新闻网）。

consensus *of opinion, general* consensus（观点的一致，普遍共识）

consensus 一词含有 general 和 of opinion 的意思。不用画蛇添足。

continue *on*（继续下去）

航空公司喜欢这种说法。我不喜欢。

crisis *situation*（危机的局势）

depreciated *in value*（价值的贬值）

direct confrontation（直接的对峙）

disappear *from sight*（从视线中消失）

earlier *in time*（时间上早一些）

end product（最终的产物）

end result（最终的结果）

我能理解 midprogress result（中期成果）和 ultimate result（最终结果）之间的区别，但是 end result 太傻气了。

equally as, equally *as*（就像……一样）

这两个用哪个都可以，但不要一起用。《窈窕淑女》中，艾伦·杰伊·勒纳（Alan Jay Lerner）写的歌词 I'd be equally as willing for a dentist to be drilling / than to ever let a woman in my life（我宁愿让牙医在我嘴里钻洞 / 也不想有个女人在我生活中）经常被剧迷们认为是音乐剧歌词创作中的重大语法灾难之一——不止 equally as 有问题，than 显然也应该是 as 才对。而且，演唱这句歌词的角色是爱挑三拣四的语法学家亨利·希金斯，实在是让这一幕更令人哭笑不得了。

erupt (or explode) *violently* 猛烈地爆发（或爆炸）

exact same（完全一样）

诚然，exact same 成分冗余。诚然，我还是会这么说、这么写。

fall *down*（倒下）

不然呢，你还想往上倒吗？

fellow countryman（相同国家的同胞）

fetch *back*（拿回过来）

fetch 一个东西，不只是要拿到它，还要把它带回起点。问问狗狗就知道啦。

few *in number*（数量上较少）

fiction novel（虚构小说）

令人震惊。novel（小说）就是虚构的作品。正因为如此它才被称为小说。

不过，nonfiction novel（非虚构小说）并非乍看之下的矛盾修饰法（oxymoron）。这个词指的是由杜鲁门·卡波特（Truman Capote）凭借《冷血》（*In Cold Blood*）引领风骚的以小说手法创作的非虚构作品——尽管有时也有人主张是由他首创的，但事实并非如此。

我一度——还好，到目前为止，只有一度——遇到过 prose novel（散文小说）这个词，它和 fiction novel 一样是个会让人的脑子咣当一声的冗余词，但我最终意识到它其实是一个回溯词（retronym）①：这个词的使用者显然已经决定，在一个充斥着图像小说的世界里，将一部差不多十几万字、没有图片的小说作品称为 prose novel。

---

① "回溯词"是一个术语，由记者弗兰克·曼凯维奇（Frank Mankiewicz）创造于一九八〇年。它是指，一个词的意思曾经是清楚的，但后来变得模糊或过时（往往是由于技术进步），于是人们创造新词来代替这个旧词。例如：随着电子表（digital watch）的发明，一度被简单称为 watch 的手表变成了 analog watch（模拟表）。电吉他（electric guitar）出现后，木吉他开始被称为原声吉他（acoustic guitar）。在手机发明之前，没有人会把固定电话称为 landline。说回我的老本行，在平装书发明之前，人们没有理由把书叫作 hardcover book（精装书）；在更大、更纤薄、更昂贵的 trade paperback（高档平装书）出现之前，也没有人把普通平装本叫作 mass-market paperback（大众市场平装书，就是你在药店的旋转货架上看到的那种小小的书）。

请自重。不必把一部小说称为 prose novel，正如不需要把那种酒叫作 gin martini（杜松子酒马提尼）——由大量杜松子酒、尽可能少的苦艾酒混合而成的酒。马提尼本来就是加了杜松子酒的。都怪那些用伏特加（vodka）调马提尼的人，他们让这个词无故多了两个音节。

近来，有人只要见到篇幅相当于一本书的文字作品，就把它叫作 novel，哪怕作品是非虚构的。必须停止这种做法。

final outcome（最终结果）

follow *after*（跟着在后面）

free gift（免费的礼物）
典型的成分冗余，零售商和广告商很喜欢这种说法。

from whence（从……来自）
whence 的意思就是"从……地方"，所以 from whence 真是冗余得烦死人了。同样，这也是个有故事的短语，在钦定版《圣经》（King James Version of the Bible）的 I will lift up mine eyes unto the hills, from whence cometh my help[①]（我要向山举目，我的

---

① 《诗 121:1》。——译者注

帮助从何而来）中都能找到它的身影。所以我想，如果你也在讲你的（thine）眼睛和你的帮助从哪里来的事情，你也可以用from whence。

from whence 有种炫目（并且有目的性）的用法，见弗兰克·莱塞（Frank Loesser）为《红男绿女》（*Guys and Dolls*）写的歌词：take back your mink / to from whence it came（把你的貂皮大衣拿走／哪儿拿来的就哪儿拿回去）——出自与该场景发生地夜总会的俗丽气氛非常相称的一首歌曲。

frontispiece *illustration*（扉画插图）
frontispiece 指的就是在书籍扉页的前一页、通常和扉页左右相对的插图。

full gamut（全部整个范围）
gamut 是指某物的全部范围或领域，所以这个词不需要加修饰语。complete range（完整的范围）、broad spectrum（总的范围）、full extent（整个范围）之类的词同理。

fuse *together*（熔合在一起）

future plans（未来的计划）

gather *together*（聚集在一起）

是，我知道有 "We Gather Together（to Ask the Lord's Blessing）"（《我们同心聚集》①）和 "for where two or three are gathered together in my name, there am I in the midst of them"（马太福音 18:20，因为无论在哪里，有两三个人奉我的名聚会，那里就有我在他们中间）。但负负不得正，两个与神相关的语法错误相加，得不到一个语法正确的牧师。

glance *briefly*（简略浏览）

没错，普普通通的 glance 的意思已经包含了：简短。

HIV *virus*（HIV 病毒）

HIV 即 human immunodeficiency virus（人类免疫缺陷病毒）。

hollow tube（中空的管子）

我打赌你没想到这一条，对吧。

hourly (or daily or weekly or monthly or yearly) *basis* 以每小时（或每天、每周、每月、每年）的方式

integrate *with each other*（互相结合在一起）

---

① 基督教赞美诗。——译者注

interdependent *upon each other*（彼此互相依赖）

join *together*（结合在一起）

kneel *down*（下跪下来）

knots *per hour* 节 / 每小时
一节即为每小时一海里。

last *of all*（全部的最后）

lesbian *woman*（女同性恋女人）
拜托，各位。动动脑子啊。

lift *up*（举高起来）

low ebb（低落的低潮）
可能有人会得体地（可能还有些低沉地）提到 lowest
emotional ebb（最低的情绪低潮）这种说法，但 ebb 本身就含有
低落的意思了。

main protagonist（主要的主角）
我不觉得一个故事只能有一个主角，但是 main protagonist

的说法会让人很难受。

merge *together*（合并在一起）

might *possibly*（大概可能）

moment *in time*（一小会儿时间）
尽管有惠特妮·休斯顿的名曲在前[①]，这种说法依然是啰嗦的。

more superior（更加比……好）

Mount Fujiyama（富士山峰）
我们知道 yama 就是 mountain（山）的意思，可以将富士山称为 Fujiyama 或 Mount Fuji。

mutual cooperation（共同合作）

___ o'clock A.M. *in the morning*（上午的早上几点钟）
完全不可接受的说法。同理 P.M. in the evening（下午的晚上

[①] 指惠特妮·休斯顿演唱的歌曲《巅峰时刻》（"One Moment in Time"）。——译者注

几点）也不可以。

　　既然说到这个话题，让我们把 twelve midnight（午夜十二点）和 twelve noon（正午十二点）也解决掉吧——你只需要说 midnight 和 noon 就足够了。

orbit *around*（绕……轨道环行）

overexaggerate（夸大过了）
　　即便是拼写检查也会嘲笑这个词。

passing fad（暂时的一时潮流）
　　fad 的定义本身就包含了"持续时间短"的意思。fancy 则不一定（尽管它确实是肤浅、变化无常的），所以艾拉·格什温［the radio and the telephone / and the movies that we know / may just be passing fancies and in time may go（收音机和电视机 / 和我们知道的那些电影 / 可能都是过眼云烟，迟早会消失）］和科尔·波特［and it's not a passing fancy or a fancy pass（这不是一时的潮流，也不是一段炫目过往）］并没有错。

past history（过去的历史）

personal friend, *personal* opinion（个人的朋友，个人的观点）
　　personal，不管什么时候出现在哪里，一般都是删掉比留着

好[①]。比 my personal opinion（我的个人观点）更糟糕的只有 my own personal opinion（我自己的个人观点）。

PIN *number*（个人身份识别号码数字）

PIN 即 personal identification number（个人身份识别号码）。

plan *ahead*（提前计划）

***pre*plan（预计划）**

太可怕了。[②]

raise *up*（举高起来）

reason *why*（之所以……是因为）

我把它放在这里主要是想说它其实还好。通常可以不用 why，但也没有特别的理由不去用它。但 the reason is because（原因是因为）不行。那就有点儿过了。

---

① 我也想把 personal friend 这种错误用法的出现归咎于我们这个时代——人们有现实生活中的朋友，也有网友；但我做不到，因为我发现这个短语在十九世纪就有很多人用了。

② 很多带有 pre- 前缀的复合词，删去前缀也完全能正常表达意思，所以要保持警惕。有些人对 preorder（预订）颇有微词，但它确实有 order 表达不了的意思：如果我 order 了某样东西，我会希望它能尽快送达。如果我 preorder 了某样东西——比如说一本书——我知道它还没有上市，我需要等着。

regular *routine*（常规的惯例）

return (or recall or revert or many other things beginning with re-) back 归还回去［或者 recall（回忆）、revert（恢复）等很多以 re- 开头的词］

rise *up*（升高起来）
如果你觉得我是要向林－曼努尔·米兰达（Lin-Manuel Miranda）挑衅，说他在《汉密尔顿》（*Hamilton*）的《我的机会》（"My Shot"）中反复使用的 rise up 这个短语不对，那你就想错啦。

short *in length*（长度比较短）

shuttle *back and forth*（来回穿梭往返）

sink *down*（下沉下去）

skirt *around*（围着绕圈子）

slightly ajar（稍稍地微微开着）

sudden impulse（突然冲动）

surrounded *on all sides*（各方面包围）

swoop *down*（俯冲下来）

非要鸡蛋里挑骨头的话，swoop是一个向下的动作，所以
swoop down就有点儿多此一举了。但大家都这样说，所以我们就别
纠结了。我们还听惯了swoop up（猛扑上去、上升），比如swoop
up［或scooping up（铲起）］下落的球，或接住落下来的小孩等。

sworn affidavit（发誓的宣誓书）

undergraduate *student*（本科生学生）

undergraduate作名词已经很棒了。没必要把它当成形容词
来修饰它自己。

unexpected surprise（意外惊喜）

可怕。并且common（常见、俗气），两种意义上都是。

unsolved mystery（未解的谜团）

一旦破解了，就称不上谜团了，对吧。

*un*thaw（解冻）①

———————————

① thaw意为"融化"，un-作为前缀有否定含义，因此unthaw的意思其实是"冻上"，但将
unthaw用作thaw的同义词来表示"解冻"是常见说法。——译者

要讲道理啊。

usual custom（通常的惯例）

wall mural（墙上的壁画）
不，不是开玩笑，我真见过这么写的。

wall sconce（墙上的壁式烛台）
这个也是。

编校常见问题解答
问：你遇到过的最啰唆的冗余文字是什么？
答：简直就像昨天刚发生的一样。

He implied without quite saying.（他暗示着，没说什么。）

能遇到这样的句子我真是高兴极了，我几乎不忍心划掉 without quite saying 然后在页边空白处礼貌而简洁地注明"BY DEF①（顾名思义）"。

但我还是这么做了。

---

① by definition 的简写。——译者注

第 十 三 章

杂 记

以下是我觉得重要 —— 或者还算有趣，也可以说是奇怪——但找不到合适的地方放的东西。

1.

严格区分each other 和 one another，在表述发生在两人之间的事时用each other。

Johnny and I like each other.
约翰尼和我都喜欢对方。

在表述发生在不少于三人之间的事时，用one another。

Everybody get together, try to love one another right now.[①]

---

① 出自 The Youngbloods 乐队的歌曲《相聚》。——译者注

大家聚在一起，试着现在相爱。

又是一条由几个世纪前某些名不见经传的语法学家发明的合理性存疑的规则，不过，我乐意遵守这一条，特别是当许多作家显然在两种用法之间无规律地随意切换时。写作中的散漫随意，不像玫瑰上的雨滴和小猫咪的胡须，不是我喜欢的东西。如果你不遵守这个规则（或者让我们称它为那个"规则"），没有人能够批评你，但是如果你遵守了，谁也不能说你什么。

2.

If you only see one movie this year...

如果你今年只看一部电影……

普通人会把 only 这个词放到句子的开头。文字编辑往往会把那个 only 拎出来，然后扔到具有 only 性质的那个东西旁边。

If you see only one movie this year...

再比如：

普通人：You can only watch a movie ironically so many times before you're watching it earnestly.（要哭笑不得地看过一部电影许多次，你才能真正认真地看它。）

文字编辑：You can watch a movie ironically only so many times before you're watching it earnestly.

第二个句子是不是听起来有些生硬？也许是有点儿，但说实话，略显呆板的文字有某种张力，让我发自内心地感到兴奋。

我还觉得，文章风格紧凑一些没有关系，读者并不会太在意，但如果文章太松散，读者不仅会注意到，还会觉得不好。

此外，随意把only乱放，可能会完全歪曲句子的原意。

不过，在编辑小说，尤其是叙述偏口语化的小说，甚至小说中的对话时，我一般都会让only待在作者让它待着的地方。①

3.

约翰·肯尼迪遇刺后阴谋论四起，距今已近六十年，但我仍会继续告诫作家们，不要把别的草坡称为grassy knoll②。我认为，这仍然是一个沉甸甸的词，会令人分心。

4.

有一个又有趣又奇怪的事：namesake（同名的人）这个词

---

①　也适用于用just描述时间时，例如这两个句子的区别：I almost just tripped on the stairs（我刚刚差点儿摔倒在楼梯上）听起来非常自然，I just almost tripped on the stairs从意思上说则更合理。如果我说的这些能让你在每次要用only和just的时候多想一想，那我就算完成分内的事了。

②　指肯尼迪遇刺地点达拉斯迪利广场（Dealey Plaza）的草坡。——译者注

是双向的。也就是说，如果你以你爷爷的名字命名，你就是他的 namesake。他也是你的 namesake。谁会知道这种事呢。

5.

在二十世纪九十年代，似乎我每翻开一页稿子，都会碰到 inchoate（初具雏形的）和 limn（描绘）这两个词，于是它们每出现一次我就会颤抖一次。奇怪的是，我已经想不起来上次碰到这两个词是什么时候了。所以，请一定想办法把 inchoate 和 limn 用回来吧。我相当怀念它们。①

6.

应该像躲避瘟疫一样躲避陈词滥调。

7.

going into the water（下水，这个动作一般伴随着拍打、尖叫等欢乐的嬉戏动作）和 going in the water（在水中前进，一个通常伴随着心不在焉地盯着远方的动作，还有，不，你骗不了任何人）是有天壤之别的，我们不能无视这种差别。

into 是动作。

---

① 文字编辑的补充附录："我总是遇到并为之颤抖的词，则是形容烛光的 gutter（摇曳）和形容气味的 tang（强烈）；这两个词频频在虚构文学作品中出现，搞得我以为它们是随 MFA（艺术硕士学位）附赠的呢。"

in 是存在。

同理，jumping into a lake（跳进湖里，从岸上码头转移到水里）和 jumping in a lake（已经在水里，并踩水向上运动）也是一样的，但本国语言就是这样，没有人会觉得用于表示嫌弃的传统名句 Aww go jump in a lake（哪儿凉快哪儿待着去）有什么不对劲。

8.

turning in to a driveway（转入车道）和 turning into a driveway（变成车道）是有天壤之别的，前者是开车时的正常操作，后者是梅林①的戏法。

9.

兄弟俩，一个十五岁一个十七岁，十五岁的是 the younger（小一些的），不是 the youngest（最小的）；十七岁的是 the older 或者 the elder（大一些的），看你喜欢哪种说法，不是 the oldest（最大的），也不能说 the eldest。

至少有三个人时，才能用 -est。

英语嘛，毕竟是英语，它总有例外，比如 best foot forward②。

---

① DC 漫画人物，有 The Magician（魔术师）之称。——译者注
② 指习语 put one's best foot forward，意为好好表现、给人留下好印象，字面意思为"伸出最好的那只脚"。——译者注

10

如果你充满激情地狠狠爱着某样东西，那就是 love it no end。而常见的 love it to no end，指的是没有意义、没有结果地爱着某样东西。如果你就是要表达这个意思，那好吧。

11.

将俏皮话、故作深奥的句子、励志顺口溜和其他适合做成冰箱贴的鸡汤名言硬安在名人头上，已经不是什么新鲜事了——媒体人，尤其是报纸专栏作家，已经这样做了几十年了——但互联网让这个问题大大恶化，许多引语收集网站致力于不负责任地把假话包装得漂漂亮亮，于是粗心的人（或不关心这些的人）就把它吞了下去，又吐了出来，真是令人作呕。

举一个合适得不行的例子好了：二〇一七年七月，作家科林·迪基（Colin Dickey）偶然发现一条二〇一三年的微博，这条微博的作者是一个人的大女儿，而他后来当选了美国总统。

"如果事实与理论不符，就改变事实。"

——阿尔伯特·爱因斯坦

正如当时迪基自己发的推特所说："爱因斯坦从来没有说过这样的话，而这只会让这条推特更加完美。"

诚然，谷歌上能搜出数百条相关结果不假，但这句话不是出自爱因斯坦之口或其笔下。它只是某个人的一点儿小聪明，大概是为了赋予它分量，让它显得挺重要，才说它是名人说的，但在这个例子中，人家真的没说过这句话。

说到"把金句安在专家头上"，爱因斯坦只是经常有这种待遇的人之一。署名亚伯拉罕·林肯的句子，尤其是没有附上已发表的来源的，十之有五是假的；马克·吐温、奥斯卡·王尔德（王尔德自己已经说了成千上万句俏皮话，为什么还会有人借他的嘴讲话呢）、温斯顿·丘吉尔或者多萝西·帕克（和王尔德一样，这位也是个工业级别的机灵话生成器）也是如此。[①]

有一些验证引言真伪的方法：

- Wikiquote（维基语录），在这个网站上，几乎每个提笔写过字的人都有自己的条目，它不仅会列出作家的代表作，还会贴心地提供这些作品的出版来源的链接，它还提供了有争议的和错误引文的相关可靠信息，这也许对你更有帮助。

- 如果你想自己查询确认，可以利用搜索功能强大的books.google.com。如果你花了一些功夫，还是查不到某句引语被哪部出版物收录过，那么至少有理由怀疑它是捏造的。

- 我还要向你推荐加森·奥图尔（Garson O'Toole）运营的网

---

① 还有，以下排名不分先后：拉尔夫·沃尔多·爱默生、亨利·大卫·梭罗、伏尔泰、圣雄甘地和威廉·莎士比亚（鉴于他写过的每一个字都很容易查到，捏造他说过的话真是荒谬又无礼）。

站 Quote Investigator（准确的网址是 quoteinvestigator.com），他的推特是 @QuoteResearch，他周密可靠，不仅擅长揭穿虚假或错误的引文，还会尽其所能查阅各种资料，就像在资料中做时间旅行一样，查出被编造的引文是何时、如何首次出现的。

说了这么多，这些事情和写作有什么关系呢？

懒惰的作者，特别是商业书和自我帮助类书籍的作者[1]，经常把所谓振奋人心的箴言胡乱丢进他们的稿子里，这些句子是他们从网上或从已经出版的同样懒惰的商业书和自我帮助类书中摘抄的，于是它们像粪肥一样被撒播开来。

对于所有此类引语，兰登书屋的文字编辑必须搜索查证，确认引语是真实的或提出疑问。如果有一天，这样的做法变得无异于用苍蝇拍抵御蝗灾，那么，我们还是只能把自己能做的事做好。

在谎言被当作真理来传播的时代——往往是因为职业伪君子狂热地将对他们不利的事实打成无稽之谈——我恳求你们，不要继续制造和强化这些病毒般的签语饼[2]骗局了，它们的乏味无趣是对精神世界的贬低，它们的虚假不堪是书写史上的

---

[1]　我的一位前同事曾打趣道："自助类书籍的存在本身，就足以证明它们没什么用。"这句话与其说是真实，不如说是有趣，但打趣这件事本身更多是为了说明问题，而不需严格准确。

[2]　签语饼（fortune cookie），常见于国外中餐馆，通常于结账时附送。它是一种空心小甜点，里面藏有一张纸条，食客将签语饼掰开，就能看到纸条上诸如预言、祝福语、格言之类的话。——译者注

耻辱。

我可以提个建议吗？

用纸质笔记本或者在电子设备上给自己设一个摘抄本（commonplace book）——把你遇到的、觉得富有智慧或意义的片段记在上面——并把它放在手边以备将来使用，哪怕只是为了自己启发也好。（别忘了记下这些片段的出处。）那么至少，如果你发现自己有机会与世界分享你的智慧，并想偶尔用别人的聪明才智来装点你的文字时，你至少能提供一些新鲜的、真诚的东西。

12.

title case是指首字母大写的惯例——作品（书籍、书中章节、戏剧、电影——相信你已经明白了）的标题首字母大写，还有，报纸和杂志的标题中，所有重要单词的首字母要大写，一般都是这样，但也并非总是如此。

标题中什么样的单词算是重要的呢？

- 第一个词和最后一个词
- 所有的名词、代词、动词、形容词和副词

首字母不需要大写的单词有哪些？

- 冠词（a、an、the）

- 连词（and、but、if、or等）

接下来的就麻烦了。

那么，介词呢？

如果你像有些人那样，说"介词永远小写"，那当你遇到像《七雄攻忒拜》（*Seven against Thebes*）和《我曾和隆美尔并肩作战》（*I Served alongside Rommel*）这样的标题时，就会觉得行不通了。聪明人会赞成将较短的介词小写、较长的介词大写，前者有很多，包括at、by、but、from、into、of、to和with，后者如despite、during和toward。我承认四个字母的介词可能会让人困惑——我当然不会大写with的首字母，但是小写的over可能看起来没有受到足够的尊重。

这就说到下一个让人疑惑的事情了：你有没有注意到，我把but既算作连词，也算作介词？这是因为，根据你的需要，它确实可以作连词也可以作介词。好消息是，不管哪种情况，它都是小写的。但是but也可以作副词［意为"仅仅"，如he is but a stripling（他只是个年轻人）］或名词［如no ifs, ands, or buts about it（别问如果，别说还有，别说但是）］，也就是说如果你要这样用它，就要大写首字母。同样，over这个词也是既能当介词也能当副词（在板球运动中，它还是个名词①）。我可以向你保证，查词典来辨别off和near是介词还是副词（或形容、动

---

① 由同一投球手连续投出的六个球，即一轮投球。——译者注

词）、首字母要不要大写，是个令人头痛的过程。[你还会注意到，有些词典里会出现 particle（小品词①）和 determiner（限定词②）这样的术语，但这并不会让事情变得简单。] 尽管我不太愿意耸耸肩承认"拿不准的话，跟着感觉走就好"，但这确实就是我想说的。如果有人试图纠正你，你就直视对方的眼睛说："我是把它用作副词的。"然后赶紧走开。屡试不爽。

另外：

- 尤其不要忘了，一些非常重要的词是非常简短的。请确保将 It 的首字母大写（更不用说那些 He、She、His 和 Hers 了），尤其要确认 Is 和 Be 的首字母大写了，这是两个大佬级别的单词，如果首字母小写③，堪称标题界的一种犯罪。

哦，还有：

- 有一种叫动词词组（phrasal verb）的东西，它的意思是，相信大家都猜到了，一种短语形式的动词，通常包括介词或副词，或者介词加副词，当动词词组出现在标题中时，它

---

① 指与动词构成动词词组的副词或介词，如 tear up（撕开）中的 up。——译者注
② 限定词置于名词之前，起限定作用，如 the、my 等。——译者注
③ 你知道吗？之所以大写字母（majuscule）被称为 uppercase letter，小写字母（minuscule）被称为 lowercase letter，是因为在活字印刷（即手工排版）时代，大写字母的字模使用频率较低，因此被存放在装有其他字模的盒子上方。不要混淆了 uppercase 和 top-drawer（顶层抽屉），后者源于家居用语，是存放贵重物品的地方。

的每个词的首字母都要大写，比如：

Hold On to Your Hats! (《抓紧你的帽子!》)

［而 *The Mill on the Floss* (《弗洛斯河上的磨坊》) 中的 on 是小写的。］

再比如

Stand By for Updates (《等待更新》)

［而 *The House by the Lake* (《湖边小屋》) 中的 by 是小写的。］

更不必说：

- 有些人选择将临时说出的、用连字符连接的复合词的每一个词的首字母都大写，而只将固定复合词中的第一个词的首字母大写，于是，可能会出现像

  My Mother-in-law Enjoyed a Death-Defying Ride on a Merry-go-round

  (《我的岳母在旋转木马上视死如归地转了一趟》)

  这样看起来疙疙瘩瘩的标题。如果为了视觉上的美观，把 law、go 和 round 的首字母大写 (当然，in 不大写)，也不

算错。

总之：

● 很多时候，我赞同把标题里的每个倒霉单词的首字母都大写，但当我见到下面这种标题时：

The Fault Is Not In Our Stars But In Our Stars' Salaries（错不在我们的明星，而在我们的明星的薪水上）①

我就退缩变卦了。

13.

问：对于将woman（女性）用作形容词代替female（女性的）的做法，你的看法是？这种现象正变得流行，例如用woman candidate代替female candidate（女候选人）。

答：人们也不常说man candidate（男候选人）；就只是说candidate。我想，这种省略男性性别的说法体现了一种奇怪的观念，即默认人类是男性（male）②。或者男人（man）。

---

① 化用了小说名《星运里的错》（*The Fault in Our Stars*）。——译者注

② 在职业生涯之初，我经常在手稿中遇到这样一种心照不宣的观念：默认人类是白人。也就是说，只有当人物不是白人时，作者才会特别指明他们的种族。如今人们还是经常会碰到这样的观念：不加修饰地使用man——比如，在关于"男人喜欢女人做什么，不喜欢女人做什么"的文章中——来指heterosexual man（异性恋男人）。但这是一种偏见。

和你一样，我确实也越来越多地看到woman被用作形容词；不知道是不是因为在一些人看来，female这个词看起来特别有生物属性，就好像female cashier（女性收银员）是用她的子宫来给顾客算钱似的。话说回来，把woman用作形容词并不是什么新鲜做法。即使是此时此刻，我也在一边打字，一边看佩格·布莱肯（Peg Bracken）一九六〇年颇具颠覆性的精彩作品《我恨厨房》（*The I Hate to Cook Book*），里边提到了your women guests（你的女客人）。不过你要特别小心，不要话锋一转把女人称为a female。female作为一个名词，没有什么褒义，听到的人也不会觉得是什么好话。

下面这段出自克莱尔·布思·卢斯（Clare Boothe Luce）的戏剧《女人们》（*The Women*）：

西尔维娅：我为什么要嫉妒玛丽？

南希：因为她很满足。满足于她现在的样子。

西尔维娅：什么样子？

南希：一个女人（a woman）。

西尔维娅：那以我现在这种讨厌的状况①，算是什么呢？

南希：女的（a female）。

还有，我必须强调：你是否在描述职业时指明性别，不关

---

① 她的意思是怀孕了。我只是个传话的，不要怪我。

我的事。你如何描述，才归我管。该死的，吉姆，我是个文字编辑，又不是社会学家[1]。

14.

纽扣衬衫（button-down shirt）是指其领尖纽扣扣在胸口的衬衫。不是指一排扣子从颈部扣到腰部的老式衬衫。如果它碰巧是正装衬衫，就叫它 dress shirt 吧［顺便说一句，大可不必把一件衣服称为 long-sleeve dress shirt（长袖正装衬衫），因为根本就没有 short-sleeve dress shirt（短袖正装衬衫）这种东西］，也可以叫 button-front shirt 或者 button-up shirt，我无所谓的。

15.

遵守规则是 toe the line，不是 tow the line。

16.

表示赞同的激情叫喊[2]（ejaculation[3]）是"Hear，hear!"不是"Here，here!"

---

① 化用了《星际迷航》经典台词"Dammit Jim, I'm a Doctor, not a..."（该死的，吉姆，我是个医生，又不是……）。——译者注

② ejaculation 有"突然说出"之意，也有"射精"之意。——译者注

③ 随便啦。

17.

形容被煤气灯照亮的街道，用gaslit。

动词gaslight——一九四四年米高梅出品的同名惊悚片中，查尔斯·博伊尔（Charles Boyer）对英格丽·褒曼（Ingrid Bergman）所做的事，他打压她对现实的正常认知，让她误以为自己精神有问题——的过去式是gaslighted。

18.

形容根深蒂固的那个词不是deep-seeded，虽然它听起来很有道理的样子，但我相信了解植物如何生长的人并不会这么认为。正确的说法是deep-seated。

19.

遇到紧急情况，打911。

与这个数字有关的那场灾难发生的日期，则是9/11。（在世界上其他地方，这个日子都被写作11/9，但我们美国人在日期的写法上固执得吓人。）

20.

甘蓝不是Brussel sprout，而是Brussels sprout。

21.

转了一百八十度①叫作颠倒。如果你转了三百六十度，那就又回到了一开始的方向。

22.

stupider（糊涂的）和 stupidest（糊涂的）也是单词。

23.

我很清楚，我的工作不是编辑你每天说出口的日常口语，但是，比如说，当有人问你：

"Do you mind if I sit beside you?（你介意我坐在你旁边吗？）"

如果你不像现在每个人都会回答的：

"Yes！Please do！（介意！请坐！）"

而是回答：

"Of course not！Please do！（当然不介意！请坐！）"

---

① full 180（整整一百八十度）这个词算是重复吗？说 I did a 180（我转了一百八十度）不就行了吗？当然是，当然行。可又有什么办法呢。

我就谢天谢地了。

24.

有一次，在一份来自英国的手稿中，我遇到了这样一句对话：

"Oh, well, tomato, to-may-to."

我看了足足半分钟，才反应过来这是个什么东西。

郑重声明，虽然英国人的确是把 tomato 读成中间带 ah（啊）的[①]，但他们的 potato 读法和我们的一样，中间发 ay（欸）音。艾拉·格什温——他写的那句 you like potato and I like po-tah-to / you like tomato and I like to-mah-to（你喜欢土豆，我喜欢马铃薯；你喜欢番茄，我喜欢西红柿）——是非常聪明的，但并不符合实际。

顺便说一句，根据艾拉·格什温在《那时的歌词》（*Lyrics on Several Occasions*）一书中所说，的确有个不清楚情况的英国歌手，

---

① 　tomato（西红柿）的英式发音为 [təˈmɑːtəʊ]（to-mah-to），美式发音为 [təˈmeɪtoʊ]（to-may-to）。to-may-to, to-mah-to 是一句习语，出自下文提到的歌曲《分道扬镳》，意为不管你怎么读 tomato 这个词，指的都是同一种东西，引申为实质相同，只是称呼不同罢了。——译者注

在《分道扬镳》（"Let's Call the Whole Thing Off"）^①的开头唱的
是 you say eyether and I say eyether / you say nyther and I say nyther
（你说要么，我说要么；你说都不，我说都不）^②，这个旧闻是真
的。我持保留态度。

25.

　　我越发频繁地发现，对于用 we 指代自己的这一用法，有
人认为这里的 we 是第二人称的"你"。这不对。用 we 来自我指
代——除非你是维多利亚女王，否则你就不应该这样说^③——
时意思是第一人称复数的"我们"。第二人称是 you，正如一
位作家写过的那样，you are not the kind of guy who would be at a
place like this at this time of morning^④（你不是那种，在早晨这个时
候，会出现在这种地方的人）。

26.

　　《哈姆雷特》里的那句台词不是 methinks the lady doth protest

---

① 这是一首男女对唱歌曲，讲述了一对情侣在生活方式上有很多差异、一度想要分手但
终究还是离不开对方的故事。歌词中使用了大量有两种读音的单词，表现两个人的不同习
惯。——译者注
② 歌词原文为 you say either and I say either/you say neither and I say neither，正确读法为 you say
eether and I say eyether/you say neether and I say nyther（你说要么，我说要嘛；你说都不，我说
全不）。——译者注
③ 一种古老的用法，相当于 the royal we，国王或女王的自称。——译者注
④ 出自美国作家杰伊·麦金纳尼的代表作《如此灿烂，这个城市》，全书都以第二人称口
吻叙事。——译者注

too much，而是 the lady doth protest too much，methinks（这位女士抗议得太多了，私以为）。而且，如果你不是已经死了有四百年，并且打算用 methinks 这个词来表现耍无赖般的聪明劲儿，就请你不要这样说啦。

27.

用 pulchritudinous 一词表示 beautiful（漂亮的）的含义，不是很好。某些时候，当像我这样的人没有留神时，它就试图把自己重新包装成 buxom（丰满的）的意思，并且一度得逞。如果你愿意，也可理解成 zaftig（体态丰腴的），即使你不愿意——我想，如果你喜欢丰乳肥臀的女性，那么也说得通①。但最近我看到它越来越多地被用作 fat（胖）的同义词，而且是贬义词，好了，重新定义就到此为止吧。fat 的同义词有很多，有些是比较好的——包括 bovine、stout，还有（我最喜欢这个，因为一位艺术史教授用它形容雷诺阿画的裸女）fubsy——我想，这些就足够了。

---

① 在意第绪语中，pulkes 是大腿的意思，尤其指婴儿（或鸡）的丰满喜人的大腿。也许因为一些善意的犹太语言学家——别盯着我看——把 pulkes 和 pulchritude 混为一谈，才导致了现在这种局面。

尾声——算是告一段落吧

我想，一本书是没办法写完的。你只是停笔了。

这么久以来，在所有的文学作品中，我最喜欢的结尾，一直是弗吉尼亚·伍尔夫《到灯塔去》中的这一句：

It was done; it was finished. Yes, she thought, laying down her brush in extreme fatigue, I have had my vision.

画好了，结束了。是的，她精疲力竭地放下手中的画笔，想道，我终于画出了我心中的幻景。

我现在没有莉莉·布里斯科那么确信写好了、结束了，但我和她一样疲惫。

这本书之前叫过《最后一句话》(*The Last Word*)，但出于各种很有道理的原因，这个书名很快就被弃用了，其中一个原因是没有哪句话是最后一句话。

不存在没有例外的规则（好吧，大多数情况下是这样），不存在天衣无缝的想法（至少我是这样），总有一些话是你想说但忘了说的。

没有最后一句，只有下一句。

我喜欢的

除了书中已经提到的信息资源，我还向你推荐：

西奥多·伯恩斯坦（Theodore Bernstein）的 *Miss Thistlebottom's Hobgoblins*（《西斯尔博顿老师的淘气鬼》），这是我读过的语言方面最迷人、最聪明、可读性最强的书之一。

还有这些收录了广博的知识、非常值得收藏的网站，我经常用：

Grammarist（grammarist.com）

帕特里夏·T.奥康纳（Patricia T. O'Conner）和斯图尔特·凯勒曼（Stewart Kellerman）的 Grammarphobia（grammarphobia.com）

乔纳森·欧文（Jonathan Owen）的 Arrant Pedantry（arrantpedantry.com）

科里·斯坦珀（Kory Stamper）的 Harmless Drudgery

（korystamper.wordpress.com）

Online Etymology Dictionary（etymonline.com）

米尼翁·福格蒂（Mignon Fogarty）的 Quick and Dirty Tips
（quickanddirtytips.com/grammar-girl）

斯坦·凯里（Stan Carey）的 Sentence first（stancarey.wordpress.com）

约翰·E. 麦金太尔（John E. McIntyre）的 You Don't Say
（baltimoresun.com/news/language-blog）

致　谢

我从来没有在欠别人东西时还这么开心、这么心怀感激，现在终于到了我偿还的时候了。

我的老师 Gerry Pagliaro 教会我如何玩转单词，我的教授 Linda Jenkins 和 David Downs 教给我词汇的原理。

圣马丁出版社的 Meg Drislane 给了初出茅庐的我一个机会，不仅让我拥有了第一份校对和文字编辑的工作，而且给予我细心、亲切的指导和慷慨的鼓励。

之后，Amy Edelman 继续指导我，并说了一句意义重大的话："如果你想成为一名自由职业者，我能确保你的办公桌上总是有工作可做。"之后又加码邀请我加入兰登书屋的文字编辑部。对一个初出茅庐的制作编辑来说，没有比她更好、更明智、更支持我的老板了。

很荣幸，早年我在兰登书屋时，周围的同事们业务精湛、高度专业，特别是 Mitchell Ivers、Sono Rosenberg、Jean McNutt、Virginia Avery、才华横溢的 Jim Lambert、永恒的 Bob

Loomis、Kathy Rosenbloom、Deborah Aiges，以及后来成为我的知己、同行者和密友的 Kenn Russell。在对的时候，我遇到了 Dan Menaker，虽然当时我们都不知道，但正是他，最终给了我创作这本书的契机。还有 Lee Boudreaux、Sharon Delano、Laura Goldin、Libby McGuire、Timothy Mennel、Susan Mercandetti、Jennifer Smith、Benjamin Steinberg、Mark Tavani、Bruce Tracy、Jane von Mehren 和 Amelia Zalcman 等同事也是我在对的时刻遇到的对的人，他们对我的意义还远不止这些。

　　我很荣幸能与几十位极具天赋的作者携手合作，我尽最大努力为他们和他们的作品提供支持、关注和照顾，同时，他们也给予了我很多。我特别向以下作者致敬：Gail Buckley、Michael Chabon、E. L. Doctorow、David Ebershoff（后来他成为我的同事，他太优秀了）、Janet Evanovich、Brenda Fowler、Leonard Garment、Jesse Green、Gerald Gunther、Fred Hobson、Frances Kazan、Lauren Kessler、Tom King、Michael Korda、Elizabeth Lesser、Robert K. Massie、Patrick McGrath、Nancy Milford、David Mitchell、Edmund Morris、Angela Nissel、Whitney Otto、Suzan-Lori Parks、Thomas Perry、Michael Pollan、Peter Quinn、Frank Rich、Sam Roberts、Isabella Rossellini（我们的故事说来话长，而且很精彩）、Nancy Rubin、Richard Russo、Lisa See、Nancy Silverton、Elizabeth Spencer、Peter Straub、Calvin Trillin。

　　过去几年，我的事业之舟得到了无数灯塔的指引和保护。我无法在此感谢每一个我想感谢和应该感谢的人，因此，这份简明扼要（说实话，并不算）的名单就像一次提喻 [①]（synecdoche），我保证会在有机会时进一步面对面地对这些朋友表达感激之情：

Ryan Adams、Sam Adams、Robert Arbuckle、Kevin Ashton、Mark Athitakis、Nathalie Atkinson、Dan Barry、Roland Bates、John Baxindine、Tom Beer、Adam Begley、Matt Bell、Jolanta Benal、Brooks Benjamin、Melanie Benjamin、Eric Berlin、Jesse Berney、Glenda Burgess、Allison Burnett、Isaac Butler、Rosanne Cash、Kashana Cauley、Alexander Chee、Nicole Chung、Sarah Churchwell、Donald Clarke、Meg Waite Clayton、Nicole Cliffe、Jon Clinch、Clare Conville、Isabel Costello、Nick Coveney、Gregory Crouch、Quinn Cummings、Anne Margaret Daniel、Kevin Daly、Sir William Davenant、Dexter Davenport、A. N. Devers、Colin Dickey、Nathan Dunbar、Rhian Ellis、Teressa Esposito、Stephen Farrow、William Fatzinger, Jr.、Tim Federle、Adam Feldman、Charles Finch、Toby Finlay、D. Foy、Chris Geidner、Eve Gordon、Elon Green、Matt Greene、Elizabeth Hackett、Rahawa Haile、Alex Halpern、Josh Hanagarne、Liberty Hardy、Quentin Hardy、Benjamin Harnett、Mark Harris、Scott Jordan Harris、Jamey Hatley、Bill Hayes、Meredith Hindley、

---

① Synecdoche，提喻法、举偶法，用局部代表整体或用整体代表局部的修辞手法。——译者注

Elliott Holt、Alexander Huls、Brian Jay Jones、Molly Jong-Fast、Guy Gavriel Kay、Joe Keenan、April Kimble、Julie Klam、Brian Koppelman、Rick Kot、Kalen Landow、Victor LaValle、J. Robert Lennon、Kelly Link、Laura Lippman、Brian Lombardi、Laura Lorson、Lyle Lovett、Lisa Lucas、Kelly Luce、Sarah Lyall、Jon Maas、Susan Elia MacNeal、Ben Mankiewicz、Josh Mankiewicz、Lily Mars、Max Maven、Alicia Mayer、Walter Mayes、Theodore McCombs、John McDougall、Jenny McPhee、Jennifer Mendelsohn、Susan Scarf Merrell、Lincoln Michel、A. R. Moxon、Laurie Muchnick、Jennifer Mudge、Tomás Murray。

让我喘口气。

Phyllis Nagy、Patrick Nathan、Farran Smith Nehme、Sally Nemeth、JD Nevesytrof、Sandra Newman、Maud Newton、Celeste Ng、Liz Nugent、Daniel José Older、Kerry O'Malley、Annette O'Toole、Pippin Parker、Bethanne Patrick、Nathaniel Penn、Sarah Perry、Lisa Jane Persky、Megan Phelps-Roper、Arthur Phillips、Andrew Pippos、Ivan Plis、Seth Pollins、Lily Potkin、Charlotte Prong、Paul Reid、Leela Rice、Mark Richard、Ben Rimalower、Michael Rizzo、Doug Robertson、Isabel Rogers、Helen Rosner、Gabriel Roth、Eric Ruben、Tim Sailer、Luc Sante、Mark Sarvas、Michael Schaub、Lucy Schaufer、Will Scheffer、Amy Scheibe、J. Smith-Cameron、Justin St. Germain、Levi Stahl、Daniel Summers、Claudette Sutherland、Quinn Sutherland、Sam Thielman、Paul

Tremblay、Peternelle van Arsdale、Eileen Vorbach、Ayelet Waldman、Tim Walker、Amanda Eyre Ward、Todd Waring、Katharine Weber、Sarah Weinman、Kate Williams、Shauna Wright、Simon Wroe、Stephanie Zacharek、Laura Zigman、Jess Zimmerman、Stefano Zocchi、Renée Zuckerbrot。

不是有个诗人说过一个名句"等等，我才刚刚开始"吗？

我向 Wordsmith Twitter 的成员们致敬，这是一个奇特的团体，让我能紧跟新趋势，我在很多事情上都依赖他们，感谢 Mark Allen、Colleen Barry、Ashley Bischoff、Emily Brewster、DeAnna Burghart、Jeremy Butterfield、Stan Carey、June Casagrande、Iva Cheung、Karen Conlin、Katy Cooper、Jon Danziger、Allan Fallow、Emmy Jo Favilla、Mignon Fogarty、James M. Fraleigh、Nancy Friedman、Joe Fruscione、Henry Fuhrmann、Peter Ginna、Jennifer Gracen、Jonathon Green、Sarah Grey、James Harbeck、Andy Hollandbeck、Ross Howard、Martyn Wendell Jones、Blake Leyers、Gretchen McCulloch、John McIntyre、Erin McKean、Lisa McLendon、Howard Mittelmark、Lynne Murphy、Lauren Naturale、Mary Norris、Jonathon Owen、Maria Petrova、Carol Fisher Saller、Heather E. Saunders、Laura Sewell、Jesse Sheidlower、Peter Sokolowski、Daniel Sosnoski、Dawn McIlvain Stahl、Kory Stamper、Eugenie Todd、Christian Wilkie、Karen Wise、Ben Yagoda。

感谢 Keili Glynn 和 Jori Masef 让我活得很好，这本不是他们必须做的事；感谢 Christina Sekaer 和 Noa Phuntsok 一如既往的支持。

感谢 Catherine Boyle、Gregor Gardner 和 Katharina Tornau 的宝贵指导。

向 Alan Bowden、Hannah Bowden、Joe Chiplock、Kathleen Daly、Alison Fraser、Ron Goldberg、Ruth Hirshey、Rupert Holmes、Susan Kartzmer、Mark Leydorf、Paraic O'Donnell、Deanna Raybourn、Sabrina Wolfe、Jacob Yeagley 和 Jeff Zentner 献上我无言的爱。

怀念 Kenn Hempel、Victor D'Altorio 和 Martha Lavey。

我继续向 Her Grace Duchess Goldblatt[①]宣誓效忠，感谢她无尽的爱、同情心、慷慨的精神馈赠和智慧，没有比她更真实的朋友了。

Victory Matsui、Cal Morgan、Cassie Jones Morgan 都是这部作品在至关重要时刻的至关重要的读者，Jon Meacham 以最好的方式让人们知道了他的存在。

感谢 Mathew Lyons，他以他的善意和才华赐予了我一份最珍贵的礼物：书名。

感谢我的缪斯女神 Amy Bloom、Rachel Joyce、Yiyun Li、Elizabeth McCracken，还有那个藏身于阴影中，但时不时让我知

---

① 推特上的一个虚构人物账号 @DuchessGoldblat，自称是一位具有皇家血统的作家，住在纽约的（虚构）小镇 Crooked Path。——译者注

道她就在那里关注着我的缪斯。

特别的感谢献给特别的 Sanyu Dillon，她也许不知道某个中午她看似不经意的一句话为我带来了什么，但也许，她用这种方式帮助了我。

我想不出合适的措辞来感谢 Kate Medina、Connie Schultz、Elizabeth Strout 和 Ann Wroe，但我会在今后尽力展现我的忠诚和热爱。

我很感谢我部门的同事们，多少日子我们在合作中度过，编出了一本又一本优秀的书，这都是他们的功劳：Pam Alders、Ted Allen、Rebecca Berlant、Matt Burnett、Evan Camfield、Kelly Chian、Nancy Delia、Paul Gilbert、Penny Haynes、Laura Jensen、Dylan Julian、Vincent La Scala、Steve Messina、Loren Noveck、Beth Pearson、Jennifer Rodriguez、Leah Sims、and Janet Wygal。特别感谢我的战友、本书强大的制作编辑 Dennis Ambrose。

感谢我能力夺目的经纪人 Jennifer Joel，从我们第一次吃早餐的那天起，她就一直支持着我，孜孜不倦——她有无比的耐心、动人的亲和力，永远做我的后盾。在我觉得自己写不出、完不成这本书的日子里，她让我确信我有能力也终将完成这本书。于是，我做到了。

我从极其出色的编辑 Noah Eaker、Ben Greenberg 和 Molly Turpin 的指导中受益匪浅，他们在必要的时候（天哪真的是必要的），为我字斟句酌、安抚我的神经、鞭策我、轻轻拍拍我的脑袋，他们在很长一段时间里都不知道接下来会碰到谁：是麻利高效的编辑主管，还是濒临崩溃的作者。

Gina Centrello、Lisa Feuer 和 Susan Kamil 是我的指挥、我的向导、鼓励我的人、我的朋友，他们支持我写作本书，更在这本书之外用各种方式在其他方面支持我。他们为我创造和维护的一席之地，正如他们所说，改变了一切。

Tom Perry 和 Andy Ward 是演艺界最勤奋的两个人，当然也是最聪明的。也是最善良的。也是最有脑子的。

Carole Lowenstein 为本书设计的字体是如此合我心意，以至于当我第一次看到她欣喜地挥舞着的那沓打样稿时，我就知道那正是我多年来一直希望看到的东西，她恰如其分地让它呈现出精致的效果。

封面也实现了我梦寐以求的一切设想，我希望书的内涵也不辜负包裹住书本的那份机智和优雅。这要多谢 Jamie Keenan and Joe Perez。

制作经理 Richard Elman 知道如何将一本书变成一本真正的书：一件有形的、可触摸的、有血有肉的事物，看起来很美，拿在手里很舒服。我替我的书感谢他。

我的宣传人员 Melanie DeNardo 为将我的作品推荐给世界做了重要的工作，反之亦然；音频制作人 Kelly Gildea、导演 Scott Cresswell 和工程师 Brian Ramcharan 让我的声音得以传播出去。

Bonnie Thompson 是（字面意义上的！）文字编辑的文字编辑，我很感激她在给我打气的同时，还善意地指出了我所有的坏习惯；在我的想法需要被人质疑的时候，她坚决不同意我的意见，让我不再没完没了地离题万里，她给我带来了秩序，并且时不时地，哦，只是提出了一点儿关于文字的小建议，但都是如此惊人的恰当，以至于我别无选择，只能将其挪用塞进稿子里。我相信她知道我会这样做。

还要感谢校对人员 Kristin Jones、Kristen Strange 和 Rachel Broderick，感谢他们的检查、标注和对细节的修正。

感谢 Chris Carruth，感谢他做的索引工作及职责范围之外的其他工作。

接下来，我还想感谢很多人，如果可以，我恨不得把兰登书屋的通讯录贴在这里，但我必须感谢这本书的特别共同创造者，向他们表达我的感激：Rachel Ake、Jennifer Backe、Janice Barcena、Maria Braeckel、Heather Brown、Porscha Burke、Jessica Cashman、Dan Christensen、Susan Corcoran、Denise Cronin、Andrea DeWerd、Toby Ernst、Barbara Fillon、Deborah Foley、Lisa Gonzalez、Michael Harney、Mika Kasuga、Cynthia Lasky、Leigh Marchant、Matthew Martin、Sally Marvin、Caitlin McCaskey、Catherine Mikula、Grant Neumann、Tom Nevins、Allyson Pearl、Paolo Pepe、Matt Schwartz、James Smith、Philip Stamper- Halpin、Bill Takes、Patsy Tucker、Katie Tull、Erin Valerio、Sophie Vershbow、Stacey Witcraft、Katie Zilberman、Theresa Zoro。

我发现，我不能用形容词和副词来谈我的家庭这个话题，因为家庭是一个太大的概念，内容太丰富了，无法修饰。那么，简单说吧：Diana Dreyer、Stanley Dreyer、Nancy Dreyer（还有已故的 Joan Koffman）、Gabriel Dreyer、Sam Hess、Julie Toll、James MacLean、Emma MacLean、Henry MacLean、Diane Greenberg，谢谢你们站在我这边。

特别感谢 Sallie，因为她给了我教科书般的无条件的爱，她也是一个非常好的女孩儿。

最后，感谢 Robert Schmehr，我的旅伴、我的心、我的灵魂，我每天早上第一个念头、每晚睡前最后一个念头，都是关于你的。Robert，这本书你等很久了。我把它献给你。

图书在版编目（CIP）数据

好的英语：反套路英语写作 / (美) 本杰明·德雷
尔著；陈天然译. -- 北京：九州出版社，2023.8
ISBN 978-7-5225-1883-1

Ⅰ.①好… Ⅱ.①本… ②陈… Ⅲ.①英语—写作—
自学参考资料 Ⅳ.①H315

中国国家版本馆 CIP 数据核字 (2023) 第 101592 号

Dreyer's English: An Utterly Correct Guide to Clarity and Style
Copyright © Benjamin Dreyer 2019

著作权合同登记号：01-2023-2831

好的英语：反套路英语写作

作　　者	〔美〕本杰明·德雷尔　著　陈天然　译	
责任编辑	陈丹青	
封面设计	柒拾叁号	
出版发行	九州出版社	
地　　址	北京市西城区阜外大街甲35号（100037）	
发行电话	（010）68992190/3/5/6	
网　　址	www.jiuzhoupress.com	
电子信箱	jiuzhou@jiuzhoupress.com	
印　　刷	嘉业印刷（天津）有限公司	
开　　本	880毫米×1092毫米　　32开	
印　　张	13.75	
字　　数	296千字	
版　　次	2023年8月第1版	
印　　次	2023年8月第1次印刷	
书　　号	ISBN 978-7-5225-1883-1	
定　　价	68.00元